贸易开放与劳动力流动的
机制与作用研究

刘晨 ○ 著

上海社会科学院出版社
SHANGHAI ACADEMY OF SOCIAL SCIENCES PRESS

目 录

第一章 导论 … 1
第一节 研究背景 … 1
第二节 本书结构设计 … 5
第三节 创新与不足 … 7

第二章 文献综述 … 9
第一节 贸易自由化与劳动力市场的理论与实证 … 9
第二节 社会分层与流动的相关理论 … 16
第三节 中国社会分层与流动机制的演变 … 21
第四节 总结 … 26

第三章 贸易开放与城镇劳动力流动：职业地位获得 … 28
第一节 引言 … 28
第二节 传导机制 … 29
第三节 计量模型、指标选取和数据来源 … 35
第四节 计量结果分析 … 39
第五节 贸易开放与劳动者阶层地位的提升 … 47
第六节 结论 … 60

第四章 贸易开放与农村劳动力流动：非农就业的路径选择 … 62
第一节 引言 … 62
第二节 数据来源和计量方法 … 67
第三节 计量结果分析 … 69
第四节 贸易开放与贫困减少：基于外出务工人员的检验 … 80
第五节 结论 … 91

第五章　贸易开放、劳动力迁移与工资差距 ········ 93
第一节　引言与文献综述 ········ 93
第二节　计量模型、指标选取和数据来源 ········ 99
第三节　计量结果讨论 ········ 101
第四节　劳动力迁移与福利差距 ········ 111
第五节　结论 ········ 121

第六章　贸易开放、异质性劳动力市场与城市工资提升 ········ 123
第一节　引言 ········ 123
第二节　文献综述与作用机制分析 ········ 124
第三节　计量模型、指标选取和数据来源 ········ 130
第四节　计量结果与讨论 ········ 133
第五节　跨国公司与不同户籍工资的检验 ········ 144
第六节　结论 ········ 148

第七章　主要结论与今后研究方向 ········ 151
第一节　主要结论和政策建议 ········ 151
第二节　今后研究方向 ········ 155

参考文献 ········ 156

附表 ········ 178
A. 1865—1928年中国贸易总额和贸易指数 ········ 178
B. 1882—1910年部分开放口岸的海关收入 ········ 179

第一章
导　论

　　大量研究发现,提升经济开放程度对加速劳动力流动,提高劳动者收入水平均具有重要意义,因此本书全面研究了贸易开放对国内城镇、农村劳动力就业及工资变动的影响,并分析了贸易开放对社会流动的长期作用。

第一节　研究背景

　　1978年开始的改革开放,开启了中国经济由计划经济体制向市场经济体制转型、由封闭向开放转型的序幕,也打破了计划经济经济体制下政治因素在社会分层与职业地位中的决定性地位,市场力量开始在社会分层中发挥积极作用。随着经济转型的深入展开,民营经济在资源分配方面正扮演日益重要的角色,重塑着社会群体间的经济利益分布,其市场权力与公共部门的再分配权力共同成为社会阶层演化的动力基础(刘欣,2005)。

一、经济开放的进程

　　20世纪70年代末开始的改革开放,是中国经济发展和贸易投资增长的重要转折点。首先,开放战略直接促进了对外贸易额的迅速提高。中国货物进出口总额1980年为570亿元,1990年增至5 560亿元;2000年和2010年分别达到3.9万亿元和20.2万亿元;2019年进一步达到31.54万亿元。在贸易总额不断增长的同时,贸易结构进一步优化。2015年,中国货物进出口总额达到约24.6万亿元,其中出口总额约14.1万亿元、进口总额约10.4万亿元,工业制成品比重占出口总额的95%以上,进口中工业制成品占比达到71.4%;2019年,机电产品一项占出口比重已接近60%。其次,外商投资不断增长,对中国的进出口做出了重要贡献。中国实际利用外资额已从1985年的47.6亿美元增至2018年的1 349.7亿美元,外资企业资产占规模以上工业企业资产总额的20%以上,主营业务收入的24%、利润总额的23%、税收总额的20%以及贸易总额的

50%左右。[①]2018年,中国外资企业达到96万家,实际使用外资累计达到2万亿美元。最后,经济特区和沿海开放城市发展迅速,在促进贸易、吸引外资、增加就业等方面的作用至关重要。2014年,4个经济特区和15个沿海开放城市贸易类商品销售总额达到19.6万亿元,占全国贸易类商品销售总额的40.8%;限额以上贸易企业法人数为32 998个,占全国贸易企业法人数的28.9%;外商投资方面,2014年上述地区的外商投资企业数量为11 137家,占全国各市外商投资企业总数的57.7%,实际使用外资金额735.11亿美元,占全国各市实际使用外资金额的36.6%。因此中国的贸易和投资主要集中在沿海开放城市,其他地区的占比相对较小。

由此可见,对外开放战略促进了经济特区、沿海开放城市的兴起,推动了对外贸易的迅速开展,而对外贸易的增长有三个显著影响:首先,由于劳动力数量和价格的比较优势,东部沿海地区出口加工型制造业快速发展,尤其是民营经济迅速崛起。研究显示,民营经济集中在东部地区劳动密集型行业,尤其是纺织、轻工、电子等出口加工型行业,2003年民营企业固定资产占纺织业总资产的72.7%,轻工业和电子业分别占70.7%和65.6%(王劲松等,2005)。民营经济在资源配置方面正扮演日益重要的角色,正在重塑社会群体间的经济利益分布。其次,东部沿海开放地区对非熟练劳动力的需求大幅上升。随着人口流动限制的进一步降低,大量劳动力从农村进入城市、从内地向沿海流动(陆铭,2011;段成荣等,2013)。贸易开放促进了劳动力流动、增加了劳动者就业机会,通过新的劳动分工形成了复杂的职业网络,促进了流动人口获得市场技术,也有利于其职业地位提升和社会阶层的流动。最后,对外贸易的开展促进了市场惯例和商业规则的传播。贸易开放不仅通过职业网络提升了劳动者的职业技能;也深刻影响了劳动者的市场行为,推动了契约精神、市场竞争等认知观念的传播,有利于市场化商业惯例的形成。根据世界银行《2008年中国营商环境报告》,中国对外开放程度较高的东南沿海地区,其市场竞争、商业惯例、契约制度的执行情况等均明显优于内陆省份,也是市场化程度最高的地区。

二、社会开放程度的变化

一般而言,社会开放性指的是社会中的各群体是否拥有同等的向上流动

[①] 数据来源:根据《国家统计年鉴2019》相关数据计算。

的机会。如果人们在社会中可以相对轻易地改变自己的地位,我们将这一社会系统称作开放型社会;而如果人们较难改变自己的地位,我们将这种社会系统称作封闭型社会。社会流动指个体或群体由一个社会阶层转移至另一个阶层,其实现可分为两种途径:第一,社会变革改变了劳动分工,产生了新的就业岗位,破坏了旧的社会秩序,改变了资源分配;第二,劳动者的天赋类型和个人努力等因素的不同也会使其在职业声望、社会地位等方面不断变动,从而产生社会流动(迈克尔·休斯等,2011)。

计划经济体制时期,为了实现迅速的工业化,中国实行典型的二元经济体制,高度集中的计划经济体制和国家统筹的社会分配体制将劳动者组织成为各种群体,城市和农村均建立了集体化的社会组织。这一时期的社会分层主要可概括为经济上国有和集体的二元结构、社会上城市与乡村的分割、工作层级上的干部与工人的两分法等,社会流动受到严格限制(Bian, 2002)。在城市,劳动力实行终身雇佣制,国家决定工资、社会福利,将劳动者纳入国家再分配体制,与国家联系紧密的单位拥有更优厚的政治待遇、更好的经济利益和更高的社会声望(Zhou, 2004)。工作组织可以分为:(1)政府机构、国有企业,它们是再分配制度的主要受益者;(2)集体企业,受到地方政府和社会团体的支持,其社会权力相对较弱;(3)私营经济,利益和权力均处于国家再分配体制之外,数量极少。因此在不同工作单位将会有不同的福利和社会权力,成为城市劳动者社会分层的决定因素。在农村,集体的人民公社制度将劳动者限制在土地上,集体所有的公社制度为农村劳动者提供了基本的健康、医疗和教育,农村劳动者不允许向城市流动,因此户籍制度是理解城乡劳动力市场分割的关键。

20世纪70年代末开始的改革开放进程,既是经济的工业化和现代化过程,也是社会开放和流动程度不断增强的过程。首先从农村开始,人民公社制度的取消和家庭承包责任制度的引进提高了农民从事生产的积极性,生产效率迅速提高,农业产量稳步增长,农民生活水平有了显著改善,农村也因此出现了大量剩余劳动力。随着城市部门的市场化改革启动,严格的单位系统和户籍限制开始放松,政府允许农民进入城市从事经营活动,为劳动力在非公共部门就业提供了广阔空间,也拉开了农村劳动力向城市流动的序幕。

在此过程中,农村劳动力的非农就业不仅是减轻贫困、增加农民收入的关键举措,也是促进产业结构调整、实现城镇化和城乡协调发展的必然选择(宁光杰,2012;章元等,2012)。20世纪80年代以来农村家庭承包经营的推行一方面瓦解了原有的人民公社制度,另一方面也使劳动生产率大幅提高,农业所需的劳动力大量减少。因此,国家出台相关政策,鼓励在农村建立乡镇企业,发展非农经济吸收剩余劳动力,推动经济增长和就业,提高农村劳动力的非农就业水平。这一措施促进了农村经济增长和农民就业,但随后由于技术水平、资源限制等问题,乡镇企业的作用达到了极限。在 20 世纪 80 年代,农村人口向城市流动,为经济特区等地劳动密集型产业提供非熟练劳动力成为趋势。但是直至 80 年代末,政府对城乡人口流动的限制仍然较为严格(West and Zhao, 2000)。20 世纪 90 年代开始,城市工业部门的发展尤其是东部沿海开放城市的工业化使其对劳动力的需求迅速增加,农村劳动力进入城市成为劳动力流动的必然趋势。随着对人口迁移限制的大幅降低,农村非熟练劳动力进入城市,成为经济发展的重要推动力量。

因此,通过发展乡镇企业、鼓励加工贸易、促进农村劳动力进城务工等途径,中国在改革过程中推动农村剩余劳动力向工业部门和城市转移,增加了农民收入、促进了产业结构调整。从 1990 年至 1997 年,城市流动人口从 2 500 万增至 3 700 万;而从 2000 年至 2010 年,流动人口从 1.21 亿增至 2.21 亿;2018 年进一步增至 2.41 亿人。[①]

在城市劳动力市场,民营经济开始崛起,拓宽了劳动力就业渠道,大量劳动者开始进入私营部门,成为市场中产阶层的重要来源。根据表 1.1 可见,

表 1.1 城镇人员不同所有制的就业情况

年 份	国有单位 人数	国有单位 比例	集体单位 人数	集体单位 比例	私营和其他单位 人数	私营和其他单位 比例
1952	1 580	0.64	23	0.01	883	0.36
1962	3 309	0.73	1 012	0.22	216	0.05
1970	4 792	0.76	1 424	0.23	96	0.02
1978	7 451	0.78	2 048	0.22	15	0.00
1985	8 990	0.70	3 324	0.26	456	0.04
1995	11 261	0.65	3 147	0.18	2 875	0.17
2000	8 102	0.54	1 499	0.10	5 387	0.36
2005	6 448	0.37	810	0.05	10 163	0.58
2015	6 208	0.34	481	0.03	10 069	0.56
2018	5 740	0.33	347	0.02	11 171	0.65

• 数据来源:1995 年及以前数据来源于《国家统计年鉴 1999》,以后年份来源于《国家统计年鉴 2019》。

① 1990 年和 1997 年流动人口数据来源于 Meng(2012),其余年份来源于《国家统计年鉴 2019》。

20世纪50年代的集体化和公私合营之后,城市私营企业就业比例大幅下降。1962年,中国城市私营经济就业比重仅为5%,而国有单位就业比例高达73%。改革开放之初,这一比例仍未发生较大变化。1985年,城镇私营经济就业比例仅为4%;1995年这一比例上升至到17%。随着20世纪末的国有企业改制和城市第三产业发展,2000年城市私营经济就业比重上升至36%,同时国有经济比重下降至54.06。2015年,国有单位就业比例下降至17%,私营和其他单位就业比例升至82%。可见,随着市场化程度的提高,城市私营单位创造了80%以上的就业岗位,为提升就业水平做出了重大贡献。

三、经济开放性与社会开放性:可能的关系

在改革开放以来的社会分层变化中,最重要的一个方面是中国经济中市场部门为劳动者提供了向上流动尤其是成为市场中产阶层的机会(Zhou, 2004)。刘欣(2005)进一步分析了中国社会阶层分化的动力,认为市场经济的发展提升了新兴中产阶层的市场权力,推动了收入分配的市场化转型。此外,近代以来的贸易开放也促进了社会流动机制的变化。据梁若冰(2015)的研究,中国口岸的开放和贸易的发展对近代工业化和市场制度发展起到了至关重要的作用,推动了近代商人阶层的崛起。因此,贸易开放通过市场化进程尤其是民营经济发展提升了非公共部门劳动者的市场权力,为劳动者职业地位获得和阶层变动提供了基础性条件。

同时应当认识到,计划经济体制时期再分配部门的政治权力仍然在社会分层中占据不可忽视的位置。在从计划经济向市场经济转型的过程中,虽然生产剩余更多地通过市场分配,不再由国家机构垄断,但由于原有制度的路径依赖性,地方政府和国有企业仍是地方经济活动的参与者(Oi, 1995; Walder, 1995)。因此,公共部门在劳动者工资、社会福利等方面明显高于非公共部门;更重要的是,公共部门属于体制内人员,存在较高的进入门槛,与体制外的非公共部门劳动力市场有清晰的界限(Meng and Zhang, 2001);两部门在就业、收入、待遇等方面的不平等也是中国收入分配差距扩大的关键原因(Bian and Logan, 1996)。

第二节 本书结构设计

为了深入讨论贸易自由化对劳动力流动的影响,笔者将劳动力分为城市

和农村人口,分别探讨贸易开放对其职业和地位流动的作用。根据马克斯·韦伯(Marx Weber)和伦斯基(G. Lenski)的定义,社会流动的度量分为劳动者职业地位、社会权力和个人收入,因此我们分别用这三类指标衡量其社会地位的变动情况。

本书的具体结构安排为:

主要部分可以分为两类内容,即第三章和第四章集中讨论贸易开放对劳动者职业地位的作用,第五章和第六章讨论贸易自由化对劳动者收入的影响。

第三章分析了贸易开放对城市劳动者的作用,研究了贸易自由化程度提高对其职业地位和阶层地位的作用;我们借鉴社会学中的制度、权力、网络和认知的概念,讨论了作为制度变迁的贸易开放在社会权力、职业网络、认知能力等方面对劳动者职业地位和阶层地位获得的影响。

第四章讨论了贸易开放对农村劳动者的影响,将非农就业分为本地非农工作、省内务工、省外务工三类,分别讨论了贸易自由化的就业效应对不同劳动者非农务工地区、时间、收入等方面的作用。对于进入城市的务工人员,笔者进一步讨论了贸易自由化对其贫困减少的作用。

第五章讨论了贸易自由化对劳动力迁移及其收入的作用,研究了贸易开放程度的提高对劳动者省内迁移和省外迁移的作用,以及在此过程中户籍制度、部门差异、劳动力契约等对劳动力流动、收入和社会福利的影响。

第六章进一步讨论了城市户籍制度对贸易开放导致的工资溢出效应的作用。我们深入分析了户籍制度对城镇劳动者和流动人口的差异化影响,讨论了贸易开放对劳动者工资获得机制、技术和非技术人员和不同契约劳动者的作用,分析了户籍和部门制度在工资决定方面的作用。

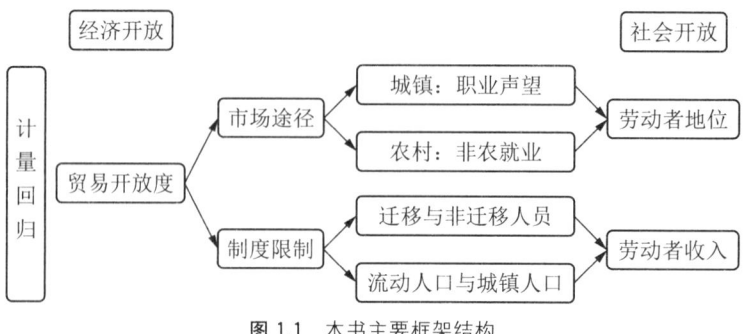

图1.1 本书主要框架结构

第三节 创 新 与 不 足

本节在研究背景基础上,分析了主题选取、研究方法等方面的创新和不足,为进一步的研究提供方向和思路。

一、本书的创新

首先,在主题方面,笔者通过研究贸易自由化与劳动者职业地位的关系,深入讨论了经济开放性对社会开放性的影响,分析了从再分配体制向市场体制转型过程中,不同因素对劳动者社会流动的作用差异。尤其是讨论了在经济开放过程中,贸易自由化进程如何改变了社会群体间的权力和利益分布,促进了农村劳动力非农就业、为城市劳动者提供了向上流动的机会,促进了市场中产阶层的发展。同时,笔者也发现,原有再分配体制中的制度性因素,例如户籍制度、部门制度等仍对劳动力流动具有限制作用,尤其限制了农村和流动人口的工资、福利的提升,这也导致了城市人口与农村人口在生活机遇的重要方面仍然存在重大差异。

其次,在变量度量方面,笔者根据劳动者的年龄和省份计算劳动者个人所受贸易开放程度的作用,可以较好地体现经济开放度在时间和地区方面的变动对个人生活机遇的影响。具体而言,选择1950—2013年各省贸易开放度与劳动者年龄和所在省份进行匹配,计算出劳动者在不同年份和省份受到贸易自由化的影响。在工具变量方面,笔者使用历史数据和地理数据相结合的办法构建了工具变量,即采用1865—1928年全国进出口总额数值和指数衡量贸易增长,同时将各省到三大通商口岸或各沿海省份的地理距离的加权平方作为地理变量,来度量各省历史上的贸易开放程度变化情况。笔者认为,这样的工具变量构建可以兼顾各省份贸易的地理和历史情况,同时有较强的外生性。

二、缺陷与不足

第一,在分析框架方面,经济社会学理论要求分析劳动者社会地位的变动及影响因素,尤其需要对不同时期影响社会流动的再分配制度、市场制度进行深入研究,通过长时期的分析考察其对劳动者个人生活际遇的作用。但是,本书对相关因素的研究不够全面,对市场转型论和新制度主义理论的讨论不够深入,仅对人力资本和政治资本回报率的差异进行了比较,而未对其背后的社会变迁动力机制进行解释。

第二,在研究方法方面,没有详细地使用不同时间节点的数据进行比较分析,尤其没有利用事件史的分析方法对劳动者学习、工作期间的生活机遇变化进行解释。这一方面由于时间有限,难以全面讨论,另一方面也与数据结构有较大关系。我们下一步将利用 CHNS 调查数据构建面板数据,以深入讨论劳动者生活机遇的动态变迁过程。

第二章
文 献 综 述

近年来，随着贸易理论的不断发展，大量文献研究了贸易自由化对劳动力市场的作用等问题，取得了重要进展。国际贸易理论与实证对贸易自由化在劳动力市场中的影响进行了全面分析，从产业间贸易、产业内贸易、产品内贸易角度，研究了劳动者就业分布、工资水平、部门和企业间流动等多个层面，并就不同技术类别、所有制、行业、资本密集度的差异化影响进行了讨论。最近的研究结合劳动力市场摩擦、工作匹配等理论进一步探讨了其对劳动力市场制度的作用，得到了显著结论。

第一节 贸易自由化与劳动力市场的理论与实证

不同时期的贸易理论对贸易自由化与劳动力市场的关系均进行了深入研究，本节回顾了相关理论框架下的实证研究和结论。

一、新古典贸易理论

新古典贸易理论与分配效应的模型为 H-O 模型及与之相关的要素回报导致生产价格变化的 S-S 定理。H-O 理论认为，对于发展中国家而言，基于要素禀赋优势的贸易自由化将导致熟练劳动密集商品进口增加，熟练劳动力工资下降；而非熟练劳动力密集的商品出口增加，非熟练劳动力回报增加。因此，发展中国家非熟练劳动力充裕，应该期望贸易自由化来支持非熟练劳动力回报的提升、降低熟练劳动力的相对工资水平。H-O 模型的重要意义在于，这一模型的一般均衡分析为贸易自由化与劳动者就业与收入分配的关系建立了标准的分析框架，成为理论与实证研究的基础。但是，在发展中国家的贸易自由化与劳动者工资的差距的研究中，大量结果与 H-O 理论并不一致。对这一现象的解释有劳动力市场不完全、技能偏向型技术进步、技术和工资溢价、资本的国际流动等方面。

第一，新古典贸易理论对要素禀赋的基本预测是相对要素价格上升，部门因此扩张,发展中国家将扩大其具有比较优势的产业,例如劳动密集型产业,非熟练劳动力工资因此上升。但是,由于发展中国家劳动力市场的不完全性,大多数研究并未发现发展中国家的贸易自由化实现了资源在部门之间的再配置。例如,Hanson 和 Harrison(1999),Feliciano(2001),Attanasio、Goldberg 和 Pavcnik(2004)的研究均认为发展中国家的劳动力市场缺乏足够弹性,在产品和劳动力的配置方面并未发生显著变化。相比而言,Grossman(1986)和 Revenga(1992)发现,在美国劳动力市场,劳动者工资敏感性更强,贸易冲击对劳动者工资的作用更加显著。可能的原因在于,发展中国家的产品和劳动力市场不健全,且存在大量不平等的制度机制,抑制了劳动力市场对贸易自由化的反应。

第二,技能偏向型技术进步导致高技术劳动力相对需求增加。Wood(1995)、Thoening 和 Verdier(2003)的研究认为,贸易自由化导致的激烈竞争可能促使企业参与技术研发,促进技术进步。在实证方面,在自由化程度更高的地区,可能出现更显著的技术进步。Attanasio et al.(2004)的研究显示,在哥伦比亚的贸易自由化进程中,关税减让程度最大的部门对技术型劳动力需求的增长也最为显著。此外,在阿根廷、巴西、墨西哥和印度等国的研究均报道了行业内高技术劳动力比例增加(Sanchez-Paramo and Schady,2003;Kijima,2006),这表明发展中国家实现了劳动者技能偏向型的技术进步。所以,发展中国家劳动力市场的不完全性导致了劳动力部门间配置的变化缓慢,不断发展的技能偏向型的技术进步使得高技术劳动者相对工资进一步上升。

第三,由于贸易自由化可能提升发展中国家的技术水平,所以可以通过行业的技术和工资溢价对发展中国家劳动者工资产生影响。在短期,劳动者不能在部门间流动,关税降低导致行业工资下降,尤其在劳动力市场不健全的发展中国家更是如此(Heckman and Pages,2000)。同时,贸易自由化可能通过行业生产率的变化影响工资水平。如果关税下降和竞争程度增加提升了国内行业的技术水平、增加了对高技术劳动力的需求,则可能提升对高技术工人的工资溢价。但对于这一观点的实证检验结果并不一致。Feliciano(2001)对墨西哥的研究发现了关税降低和工资溢价的正向关系,而 Goldberg and Pavcnik(2004)对哥伦比亚的检验认为关税与工资溢价为负向影响。

第四,贸易自由化也可能通过提升资本流动水平影响国内劳动力市场。H-O 理论及其对劳动力市场的作用前提是资本和劳动在国内完全流动,而在国际间是不流动的,但这与发展中国家资本账户开放和国际资本流动的现实并不一致。因此,有研究指出,如果全球化导致发展中国家资本流入,而且跨国公司和国际投资增加了对高技术劳动力的需求,那么资本流动增加将导致高技术劳动力需求增加。Cragg and Epelbaum(1996)对墨西哥的研究和Behrman et al.(2000)对拉美国家的研究均发现贸易自由化增加了资本流动、促进了资本流入,从而增加了对资本密集产品和高技术劳动力的需求。

此外,有研究从劳动力需求弹性角度讨论了贸易自由化的作用,Slaughter(1997)利用美国制造业行业数据,估计了美国贸易自由化对熟练和非熟练劳动力的影响,发现在1958年至1991年间,贸易自由化对非熟练劳动力的需求弹性影响更大,对熟练劳动力影响较小。Hasan等(2003)对印度劳动力市场进行了检验,发现进口增长对国内劳动力需求弹性作用显著。所以,贸易自由化对劳动力需求数量和弹性的影响均较为复杂,可能与劳动力市场发展程度、技术进步、国际资本流动、劳动力需求弹性等因素均有关系,尤其在发展中国家更为复杂。

二、产业内贸易与异质性企业贸易理论

H-O理论假设贸易产品为最终品,但随着产业内贸易和生产外包的不断发展,研究者逐步放宽了这一假设,将中间品生产纳入模型,Feenstra and Hanson(1997,1999,2003)将最终产品的生产按照技术密集度分解为中间品环节,使企业可以通过外包部分生产环节来实现生产成本最小化。所以,贸易自由化使发达国家将部分中间品生产环节转移到发展中国家。虽然这一生产环节的转移在发达国家被认为是非技术劳动力密集型生产,但在发展中国家,将增加其技术劳动力的需求,结果是,外包活动增加了发达国家和发展中国家内部的技术劳动力平均工资,在两个国家均导致了技术溢价。

虽然大量数据显示外包活动转移到发展中国家是普遍现象,但外包影响工资不平等的只发现于中国香港地区和墨西哥的劳动力市场。Feenstra and Hanson(1997)发现在墨西哥,美国公司的外包生产导致墨西哥熟练劳动力需求增加和工资提高。Hsieh and Woo(1995)对中国香港地区的研究发现随着内地FDI自由化政策的实施,大量香港企业将生产环节向内地转移,从而提升了香港地区的高技术劳动力需求。

中间品贸易和生产外包是跨国公司全球生产链的重要组织方式,近年来随着全球价值链的兴起,跨国公司的产品内分工日益成为产品内国际分工的

主要途径,对东道国产业结构、就业水平和劳动者工资产生了深远影响(Shepherd, 2013)。在全球价值链分工模式下,跨国公司加强了产业间的垂直关联,即通过上游的中间品购买和下游的产品销售与东道国企业形成了产业间垂直分工模式,不仅对行业内企业也对相关行业的企业有显著影响(Antras and Chor, 2013)。大量文献证明了跨国公司与国内企业在生产率(Javorcik, 2004)、劳动力需求(Görg et al., 2006)等方面的关联效应,而价值链分工模式下跨国公司对东道国劳动者工资的作用更成为国内外学者关注的焦点(Shingal, 2015)。

跨国公司通过垂直关联效应影响工资水平的关键途径是提升价值链相关行业的生产率和人力资本,而这与东道国发展水平、技术能力等密切相关(Rodríguez-Clare, 1996),某些情况下可能较小甚至为负。首先,如果国内企业与跨国公司技术差距较大,或者跨国公司从母公司或其他国家进口中间品,并将产品销往国际市场,这都将降低跨国公司与国内相关产业的关联程度,对劳动者工资的影响很可能并不明显(Smarzynska, 2002; Lin et al., 2009)。其次,由于技术、资本等方面的优势,跨国公司有可能在行业内具有垄断权力,而其所需的中间品为竞争性市场,跨国公司可能采取削减价格等措施对东道国企业造成损害,从而对劳动者工资产生负向作用(Xu et al., 2012)。最后,为了保护专有技术,跨国公司可能与上下游企业达成排他性的技术转移安排,从而降低与国内产业的关联程度和对工资提升的作用(Lin and Saggi, 2007)。

随着异质性企业贸易理论不断发展和企业、产品等微观层面数据的不断出现,最近的研究关注焦点转向了贸易自由化对部门内部劳动力流动和产品质量提升对国内劳动力市场的影响。

有关贸易自由化对异质性企业作用的研究发现,在贸易自由化之后,劳动力实现了部门和行业内部的再配置(Haltiwanger et al., 2004)。同时,贸易自由化的一个重要结果是企业产品质量的提升,因为贸易自由化促使进口竞争部门的企业提升技术水平、增加差异化产品。如果为出口市场的生产比国内市场有更高的技术密集程度,那么出口需求增加将提升技术劳动力的相对需求,因此产品质量提升增加了技术溢价。对美国的研究显示,美国企业的出口属于技术密集型活动(Bernard and Jensen, 1997)。Zhu(2005)的研究发现,当一国实现了从低技术密集品出口到高技术密集品出口的转变时,由技术溢价导致的国内的工资不平等程度也相应增加。

一般认为,出口企业对高技术劳动力的需求可能通过雇用新的、更高技术的劳动者或提升现存劳动力的生产率两种方式进行调整。Verhoogen(2007)对墨西哥出口企业的研究也发现,墨西哥比索贬值促进了企业出口,而出口企业也实现了产品质量提升和多样化,对高技术劳动力的需求主要通过提升企业内部劳动力技术水平来实现。

此外,在部分发展中国家,贸易自由化的技术溢价可能与特定的职业回报相联系。Cragg and Epelbaum(1996)发现在墨西哥,贸易改革在一定程度上形成了对高技术劳动力的需求,从而增加了专业技术人员和管理人员的职业补贴。Kijama(2006)发现在印度对管理者、技术劳动力的回报增加。

三、贸易自由化与劳动力家庭决策

对贸易自由化与劳动力市场的大部分研究均聚焦于贸易自由化通过中间品和最终品以及技术变化对劳动力市场的影响,而较少关注贸易自由化通过家庭生产和消费渠道对农村劳动者非农工作参与的作用。由于不发达国家大量劳动力存在于农业部门,且劳动力的生产和服务活动在家庭农场,产品供家庭消费,所以贸易自由化将通过家庭消费和非农工作参与产生作用。例如,在越南,大约90%的劳动力从事家庭生产活动,其中19%的劳动者有工资性工作(Edmonds and Pavcnik, 2006)。

家庭消费可能同样对劳动者福利产生影响。贸易自由化可能通过获得更多数量和更低价格的可贸易商品,同时将对不可贸易商品的需求转变为对可贸易商品的需求,来影响劳动者福利,这也可能增加社会的不平等程度。Porto(2006)利用一般均衡框架检验了阿根廷贸易自由化进程对家庭消费的影响。结果显示,关税降低导致了低技术密集度商品的价格上升,而这些商品在底层劳动者消费中占有较大比例;同时,可贸易商品价格变化降低了非贸易品价格,因此富人对此获益更多。结果是,通过消费渠道,贸易自由化可能增加了不平等程度。

四、跨国公司与劳动力市场

由于技术进步和交易成本的降低,近年来产业内和产品内贸易迅速发展,跨国公司成为促进贸易增长的主体。根据跨国公司理论,跨国公司与东道国同一行业内劳动者工资关系的理论机制可分为劳动力需求效应和技术溢出效应。其中,劳动力需求效应即跨国公司对劳动力市场的影响,又可分为直接和间接效应两个方面:(1)直接效应。一般而言,跨国公司进入将增加对东道国的劳动力需求,在劳动力市场均衡的情况下将提高工资水平。Driffield and Girma(2003)和 Driffield and Taylor(2006)用英国行业和地区数据发现,跨国公司可以影响劳动力需求和工资水平;Ernst(2005)指出墨西哥的劳动密集型跨国公司增加了当地就业,提升了整体工资水平。(2)间接效应。由于在技术水平、人力资本、资本密集度等方面的优势,跨国公司的工资将高于国内企业,这提高了劳动者尤其是高技术劳动者的谈判和议价能力,对国内企业形成了竞争压力,从而对劳动者工资形成正向影响。Tomohara and Takii(2011)指出,跨国公司的高工资行为对国内企业产生了竞争效应,提高了劳动者的基准工资水平。

相对于劳动力需求效应,技术溢出效应较为复杂,它是指跨国公司通过示范效应、人员流动效应等渠道对国内企业技术和劳动者工资造成的影响。一方面,跨国公司的高技术产品将对国内同一行业的企业产生示范作用,促使国内企业通过模仿改进技术和管理,提高劳动生产率和劳动者工资(Gorg and Greenaway, 2004)。另一方面,跨国公司的研发、培训等活动提高了劳动者的人力资本,而劳动力从跨国公司向国内企业的流动将产生溢出效应,从而提升国内企业的人力资本和工资水平。Fosfuri et al. (2001)和 Dasgupta(2010)指出,劳动力流动是跨国公司知识溢出效应的重要机制;Poole(2013)发现劳动力在跨国公司和本国企业的流动提升了当地整体工资水平。

但是,在提高劳动力需求和产生技术溢出效应的同时,跨国公司也可能对劳动者工资产生负向作用。首先,由于存在技术等方面的优势地位,跨国公司有可能加剧与当地企业的市场竞争,产生挤出效应,使低效率企业退出市场(Kosova, 2010),从而提高失业率、降低整体工资水平。其次,在不完全竞争情况下,跨国公司不仅产生挤出效应,甚至可能掌握劳动力市场的垄断权力,把劳动力价格限制在较低水平上,这进一步限制了劳动者工资提升的空间(Brown, Deardorff and Stern, 2003)。最后,就东道国而言,发展中的东道国政府在国家间、行业间的引资竞争可能会忽视劳动者权益,进而对劳动者工资产生向下的扭曲作用(Neumayer and Soysa, 2006)。

实证研究方面,大量文献检验了跨国公司对不同国家和行业劳动者工资的作用,但并未得出一致结论。较早的研究如 Aitken et al. (1996)对墨西哥和委内瑞拉、Feliciano and Lipsey(1999)对美国制造业、Girma et al. (2001)对英国制造业的研究,均未发现跨国公司与国内工资的正向作用。Gorg and

Greenaway(2004)总结了跨国公司工资溢出作用的渠道,认为跨国公司对行业内的水平溢出效应并不明显。近年来,更细致的研究发现跨国公司的工资溢出效应可能与行业、地区、投资方式等因素密切相关。例如,在英国电力行业,在跨国公司进入的地区工资溢出效应显著为正(Driffield and Girma, 2003);在跨国并购方面,美国公司对英国制造业的并购对非熟练劳动力工资提升有重要作用(Girma 和 Görg, 2007);国内公司与跨国公司技术差距较大时,工资溢出效应可能更加明显(Pittigli 等,2015);外国投资可能对转型国家的工资溢出效应更加显著(Barrell and Holland, 2000;Bedi and Cieslik, 2002)。

但是,上述研究多利用企业层面的数据,没有控制劳动者的异质性和选择效应,因此会造成估计结果的有偏和不一致性(Hijzen et al., 2013)。因此越来越多的文献开始使用雇主—雇员的匹配数据和 PSM 方法,以控制劳动者个人特征,结果仍然有较大差异。Martins(2004)、Heyman et al. (2007)对葡萄牙和瑞典的研究认为,在控制了劳动者自选择效应后,工资溢出效应不再显著;但部分研究仍发现有较小的正向工资溢出效应,如 Andrews et al. (2007)、Huttunen(2007)等;而 Earle et al. (2012)对匈牙利的研究发现,工资溢出效应仍然显著为正。

相对于跨国公司在产业内的水平溢出效应,其在产业间的垂直关联效应可能更为普遍(Kugler, 2006)。Javorcik(2004)对立陶宛、Kosova(2010)对捷克的研究均发现,跨国公司与上下游行业的垂直关联可以更有效地提高国内企业的生产率。因此,前向和后向关联也是 FDI 影响国内劳动者工资的重要途径。就后向溢出而言,为了获得中间品供给,跨国公司将对上游行业的外包企业提供技术援助、管理支持及人员培训等(UNCTAD, 2001),提升其劳动生产率和人力资本,从而提高国内企业的工资水平;在前向溢出方面,为了增强对东道国市场的渗透能力,跨国公司将与下游关联企业保持信息和技术的沟通合作,促进下游企业改进技术、提高生产率,这对劳动者工资也将产生正向影响(Kugler, 2006)。

在跨国公司关联效应的实证方面,有较多文献考察了垂直关联对国内企业生产率的作用。研究者对印度尼西亚制造业和化学及制药行业分别进行了检验,均发现了跨国公司与国内企业生产率存在显著的垂直关联效应(Blalock and Gertler, 2007; Suyanto et al., 2009),Wang(2013)对加拿大企业的研究也得到了相似结论。而 Lopez(2008)和 Gorodnicjenko 等(2007)则认为,跨国公司在智利和东欧国家的后向关联效应较强,而前向关联较弱甚至为负。Girma et al.(2007)进一步指出,垂直关联效应是否存在与跨国公司的出口程度等因素密切相关。同时,也有文献考察了垂直关联对环境技术的影响,发现垂直关联效应对东道国企业提升技术、减少污染排放具有重要意义(Albornoz et al.,2009)。相比之下,现有文献对垂直关联的工资效应关注较少,仅有 Hoi and Pomfret(2010)对越南的研究发现,跨国公司通过垂直关联促进了工资水平提升,且关联效应大小与行业企业特征有关。

第二节 社会分层与流动的相关理论

贸易理论对劳动力流动的研究侧重于就业、工资等问题,我们应意识到,经济理论的出发点是假设的行动者——经济人,这就意味着理论分析抽象掉了劳动者的社会背景和社会属性。所以经济学的相关分析未能就贸易自由化对劳动者社会地位、社会流动等方面做出较多探讨。相较而言,经济社会学理论放松了经济人假设,考虑了人的社会属性,认为经济活动是社会活动的形式,即嵌入社会的行动,经济制度是社会制度的建构,任何经济行动都会更广阔地影响个人行为及其社会地位。在这方面,国内外学者对市场化转型与社会分层、对转型时期的收入不平等、职业地位获得等问题进行了深入讨论,形成了"市场转型论""政治经济同步演化论""市场国家互动论"和"选择性流动论"等多种解释路径;经济学的理论和实证研究也从多个角度对贸易自由化和劳动力市场的关系进行了分析,其中新贸易理论、劳动力市场匹配理论等均深入刻画了贸易自由化对就业、工资的作用机制,且得到了实证经验的支持。

一、工业化社会的流动理论

西方国家有关社会分层与流动的研究主要是根据工业化进程和市场社会的发展进行的。市场社会的分层主要依据个人的人力资本和家庭的社会地位等因素,经济地位的改善来源于工业化及其与之相伴的结构变化带来的市场机会,这些结论符合西欧和美洲工业国家随着市场化的发展而兴起的公民权利运动和普通劳动者社会权利逐步提升的进程(Zhou,2004)。个体在社会分层中的重要性使社会分层理论主要关注劳动者个体因素(教育、工作经验、性别、年龄、技术)以及家庭因素(父辈职业地位、收入水平、社会资本、关系网络)等。应当注意到,对劳动者出身和职业地位等结构性条件的关注暗含的假设为,分层机制在代际间及个体生命历程中是相对稳定的。Tilly(1998)指出,对个体因素的过度关注忽略了群体的社会关系、历史制度等因素,大量在个人生命历程中持续的,以及在不同社会互动中均存在的不平等,是社会类型存在的结果,而非个体因素的产物。

因此,市场社会的分层理论为社会流动研究提供了一个基本框架和参照体系,但对中国等市场转型国家却不完全适用。因为在转型国家,原有社会分层是依照再分配经济体制而非市场经济进行的,其基础是政治权威而非市场制度。为了深入分析中国在转型时期的社会流动,我们必须将分析的重点转向更广泛的经济和社会制度变革。

"再分配"经济这一概念首先由卡尔·波兰尼(Karl Polanyi)提出,即在再分配经济中,生产者和消费者都被纳入以中央计划为中心的垂直关系体系,生产者的产品交付中央进行分配。

Szelenyi(1978)构建了一个关于社会主义国家的分层理论,强调在计划经济体制下,劳动力价格由国家决定,当工资由国家而不是市场控制时,生产者剩余将由中央通过国家预算进行分配。在这一过程中,再分配部门扩张了自己的权力。在非工资的补偿方面,再分配权力的影响更加明显,例如住房、教育、补贴、健康和养老计划等。在再分配体制的社会流动方面,Szelenyi指出,在再分配体制占主导地位的社会,存在两种向上流动的路径,分别为政治忠诚度和受教育程度的提高。这一精英生成机制意味着计划经济体制下有两种独立的职业路径:一种是进入权力机构的行政管理人员,另一种则是拥有较弱权力的专业技术职位。

Szelenyi的理论阐述了社会主义再分配体制下的社会分层机制,但并未形成对不同社会的分层机制的统一分析框架。Tilly(1998)构建了一种考察社会分层和流动的新的分析思路。他认为,社会中的行动者指的是社会类型或群体,而非个人。Tilly指出,那些在人的一生和组织的历史中持续的、从一种社会互动延续到另一种社会互动的持久的不平等,是群体成员通过集体努力,旨在维持或提高其自身优势地位的结果,而并非是因为个体特征、倾向和表现所带来的结果。因此,Tilly认为,社会类型及其边界是解释社会分层的关键。在社会建构过程中,社会类型的标志会起到集体身份认同、社会封闭和社会排斥的作用。这种类型的例子主要有民族、宗教、籍贯、职业、教育水平、年龄、公民身份等。

二、市场转型论及其争论

对于由计划经济体制向市场经济体制转型的国家,其社会分层和流动可分为"市场转型论"和新制度主义理论。"市场转型论"由 Nee(1989)首先提出,并在 Nee(1991, 1996, 2000)等文章中进行了修正与完善。市场转型论认为,计划经济体制的生产剩余由再分配权力所有者垄断,而从计划经济体制向市场经济体制转型的过程中,生产剩余不再由分配者垄断,而更多由市场完成,人力资本等自致因素的作用将高于政治地位,直接生产者的市场权力比再分配权力更具优势;因此,市场的发展提高了直接生产者的职业地位和流动机会。

Nee(1989)指出,尽管 Szelenyi(1978)研究了社会主义的再分配过程,但并未解释为什么市场化进程将有利于生产者,也没有考虑权力和特权转移的内在过程。因此,Nee 提出了市场转型的三个基本议题:(1)市场转型议题,如果生产剩余不再由再分配者垄断,而是更多地通过市场和交换进行,直接生产者将获得更多的市场权力;(2)市场激励议题,市场机制对直接生产者提供了激励,而再分配制度降低了对生产者的激励;(3)市场机会议题:从再分配体制向市场体制的转型将包括权力、激励和机会的改变。市场转型理论认为,直接生产者在转型中获得了提升收入和社会地位的机会。这三个理论命题将导致的结果可概括为:(1)再分配权力相对于市场权力的降低;(2)人力资本回报率增加;(3)市场为劳动者提供了新的机会。Nee(1996)检验了这一理论,发现在中国农村,生产者从市场机制中获益,获得利润机会增加,且社会分层机制发生了变化,生产者的机会更加多样化。

"市场转型论"引起了激烈争论。一方面,Nee 及其支持者强调新兴市场体制对分层结构的影响(Nee and Matthews, 1996; Cao and Nee, 2000);另一方面,很多学者认为,"市场转型论"考虑了新兴市场制度可以形成新的利益,但没有考虑现存政治、经济和社会制度的路径依赖效应;同时,政治权威的存在、官僚机构的讨价还价以及政府在经济风险和收益方面的干预仍将发挥重要影响,因此政治资本的价值可能并未下降(Rona-Tas, 1994; Walder, 1995; Bian and Logan, 1996; Parish and Michelson, 1996; Szelenyi and Kostello, 1996; Xie and Hannum, 1996; Raymo and Xie, 2000; Zhou, 2000)。例如,部分学者认为,政府尤其是地方政府对经济有很强的影响力,至少在地方层面,政府是成熟的经济活动者,而不仅仅是管理和服务者(Oi, 1995)。

Oi 指出,地方政府在提升本地经济方面拥有特权和利益,所以能够对城市居民提供相对较高的福利和公共服务,尤其是在城市,单位也为其劳动者提供福利,劳动力市场并非完全竞争的,所以地位优越的劳动者仍具有结构性优势。不仅政府在经济中发挥着重要作用,在转型进程中,市场本身也可能成为不平等的来源。

在实证方面,大量文献检验了市场化转型中再分配权力和市场权力的变化趋势。Bian and Logan(1996)利用天津居民收入数据的检验发现,尽管市场体系成为劳动者收入的重要影响机制,但政府部门仍然是收入的重要因素;尤其是干部对阶层分布和收入均有显著作用。除了对政治权力和再分配制度的作用的质疑外,Xie and Hannum(1996)甚至没有发现中国城市人力资本回报率提高的证据。

这种对转型时期社会流动机制的截然不同的理论解释,引起了学者的广泛关注。Nee(1996)进一步修正了相关理论,指出不同类型劳动者的收入同时上升,但速度较慢。同时,其他学者从政治市场的变化(Parish and Michelson, 1996)、政治制度再形成(Stark, 1996)以及工作类型的组织安排(Zhou et al., 1996)等方面出发,认为经济转型进程和市场制度是嵌入于现存政治、经济和社会制度中的,对转型进程中资源分配的解释必须考虑现有制度安排和互动过程。此外,Szelenyi and Kostello(1996)和 Walder(1996)从市场和不平等关系的角度总结了转型以来的社会流动问题,认为市场的平等效应只有在定义的本地市场中才起作用,当市场更为深入地渗透进社会时,不平等的程度反而增加;同时,直接生产者在对本地市场的参与中获益,但如果资本形成变为可能,也可能造成不平等的二元体系。

三、新制度主义理论

Zhou(2000)指出,"市场转型论"没有考虑新旧制度之间的互动,也没有考虑新旧利益集团对经济的不同影响,据此认为,在市场化转型过程中,政治和经济是共同演化的。在这一过程中,国家具有关键性地位。首先,市场的扩张不是自我进化的过程,经济行为体现和受限于社会机制和历史变迁的路径中(Granovetter, 1985; Hamilton 和 Biggart, 1988),结果是经济制度的变化最终反映了相互竞争的利益集团和制度之间的妥协。Zhou 指出,这里应该使用制度经济学对经济的定义,即"在历史上演化的、开放的体系,且受到不断积累的因果过程的影响",而非仅聚焦于一般均衡理论(Hodgson, 1994)。

对于制度之间相互作用的机制,Nee 的市场转型理论认为,现存再分配制度和新兴市场制度之间的竞争是演化的核心。市场扩张引进了新的资源配置机制和经济活动组织形式。再分配经济依赖既有规则来保持其对经济活动的优势地位。由于市场体制相较于再分配体制更具优势,转型的发展将增加其在经济中的比例。因此,现存市场经济与社会再分配经济的竞争,削弱了再分配体制。

对于这一作用机制,Zhou 指出,一个同样重要的机制是制度环境。任何制度变迁最终都依赖于政治舞台上的多样化利益。虽然新兴利益集团与市场体制相联系,但既有利益集团仍占有大量优势,它们掌握着政策制定和实施的过程,同时拥有组织能力来保护和提升自身利益(Shirk,1993；Lieberthal 和 Lampton,1992),经济活动是在既有规则下的市场规则中进行的。因此,我们必须考虑国家在转型进程中的作用。从市场的制度逻辑来看,市场制度的竞争优势将导致国家政策向有利于相关利益的政策发展,但由于国家在经济发展和国家财富中有自己的利益,所以转型进程中将形成新的利益集团。

这一过程的结果是政治和市场的共同演化。非国有部门的增长对国家收入的贡献促进了市场扩张,政府从分配者逐渐转向管理者,国有企业被推向了市场竞争。在这一过程中,政治和市场是相互改变的。Zhou(2004)的实证研究发现,教育回报率在私人部门显著上升,同时社会地位的回报率在再分配部门仍然显著,这显示了转型所具有的复杂性。

Wu and Xie(2003)进一步超越了市场转型论的框架,不再聚焦于政治资本和人力资本回报率的变化,而是开始关注制度变迁如何影响劳动力的流动和社会地位等问题。他们指出,尽管制度结构在决定社会分层和流动方面有重要作用,但是不同部门的教育回报率有很大差异,所以他们基于劳动力职业的分类,建立了劳动力从国有部门向市场部门流动的模型。文章的实证研究证实了市场部门教育的回报率更高的观点,但这仅仅适用于较晚进入市场的劳动力。所以,从再分配经济向市场经济转型是一个复杂的社会过程,仅仅以人力资本相对回报率的变化不能刻画一种制度逻辑的影响。文章认为,我们对社会行为者在市场转型中的动态过程应有更加全面的了解,而不是假定再分配/市场部门的二分法,并将部门之间的差别简单归结为抽象的"市场力量"或"社会权力"。

根据这一思路,Wu and Xie(2005)运用倾向得分匹配法,研究了劳动者从国有部门进入市场部门的问题,发现这可归结为劳动者的自选择效应,而与市场特征无关。Wu and Xie(2008)进一步分析了单位在中国城市转型中的作用,认为目前中国社会分层的决定因素仍是单位体制,劳动者的收入明显取决于单位性质和金融状况。

四、最近的实证研究

自从"市场转型理论"及其争论开始以来,部分文献在市场转型论和新制度理论的框架下,探讨了人力资本和政治资本回报率的变化,而所得结果具有较大差异。

由于检验社会分层与流动的个体取向的方法受到了诸多质疑,学者们开始关注劳动力市场部门、行业、企业等方面的影响(Baron and Bielby, 1980)。Bian(1991, 1994)首先对转型时期社会结构分割进行研究,指出结构分割是复杂社会的普遍现象,在中国,进入核心部门而非工作本身构成了阶层地位获得的主要目的。所以对地位获得和流动的研究应聚焦于工作单位而非单一的职业因素。同时,随着市场经济的发展和社会流动性的增强,越来越多的文献进一步发现更广泛的社会流动机制例如部门分割、户籍制度、职业差异等因素对劳动者职业地位的重要作用。这些研究发现,在一定程度上,个人的特征取决于其所在的部门、户籍、所有制等结构性因素。公共部门和非公共部门、城镇户籍和农村户籍、国有企业和非国有企业之间都存在着显著差别。

在这一分析路径上,近期的研究讨论了公共部门和非公共部门的收入差距及变化趋势、户籍制度对社会分层的作用、城镇和农村劳动者的职业获得差异等方面,部分研究更加深入地分析了个人层面变量对职业和收入的作用。研究发现,劳动者的职业获得和收入不仅受人力资本等因素的影响,也受到结构性因素的作用;改革开放以来的贸易和外国投资增长,为提升就业水平和劳动者收入创造了重要空间,成为促进劳动力流动和改善收入分配的重要动力。

第三节 中国社会分层与流动机制的演变

中国社会分层和流动机制在改革开放后发生了深刻变化,从计划经济体制下以单位为主体的分层体制向市场驱动的社会流动转变。

一、再分配体制下的社会分层

国家社会主义制度的吸引力主要在于它对社会经济平等状况做出的承

诺。工业革命开始后,随着欧洲工业化和城市化的迅速推进,欧洲各国普遍出现了贫困化和不平等加剧的现象,在整个19世纪,贫困化始终是社会问题的核心。赤贫者的形象支配了19世纪政治经济学的讨论,对贫困化原因和方案的研究塑造了边沁、马尔萨斯、马克思、欧文等人的思想,而他们的思想也对20世纪的社会主义实践产生了深远影响(卡尔·波兰尼,2009)。

20世纪初,社会主义的苏联建立了计划经济体制,将所有资源由中央分配,形成了与市场体制完全不同的分配制度和组织形式。如果说市场经济体制下的社会分层与流动反映的是市场逻辑,那么国家社会主义再分配则是由政治逻辑支配的,因此不同类型的劳动者之间的不平等程度首先表现了政治上的考虑。

因此,Lin and Bian(1991)指出,在计划经济体制下,控制社会资源的部门有更强的社会权力,这种权力构成了社会分层的基础。他们把再分配体制下的组织结构分为三个类型:一是政府机构、公共组织和国有企业,它们构成了具有再分配权力的部门,享有大部分分配利益;二是集体企业,从属于地方政府,可以接受地方政府的支持与赞助,在再分配体制中享有部分优势;三是私营和个体企业,它们处于国家的再分配体制之外,处于边缘地位。

从整个社会层级方面而言,Bian(2002)将改革开放前的中国社会结构主要分为:(1)城市与乡村的分割;(2)经济上的国有集体二元结构;(3)职业上的干部与工人两分法。首先,户籍分割方面,自户籍制度建立以来,农村劳动力不允许自由流动,大量农村人口集中在农业生产活动,目的在于确保城市的农产品供应和工业的资本积累,这对于工业化进程而言是必要的(Meng,1997)。在农村,劳动者雇佣与收入和以公社为基础的生产系统相联系,集体所有的公社制度覆盖了健康、医疗和教育;在城市,企业采取终身雇佣制,国家决定劳动者工资级别,同时单位负责劳动者个人福利,建立了覆盖全面的社会福利系统。其次,所有制方面,将私营企业实行国有化,国有和集体企业分别隶属于不同级别的政府部门,通过中央计划进行资源分配,在所有经济单位中均出现了等级结构。在国有企业,工人的工资级别、福利保障、升迁机会等均由所属政府机构决定。相对而言,集体企业并未受到国家直接的行政控制,但依然会受到政府部门的多种规制。再次,劳动者职业分为干部和工人,干部包括各级管理人员,他们在个人收入、社会福利、晋升前景等方面均高于工人阶层,而且工人很难实现向干部身份的转变。

Zhou(2004)指出,不论社会各群体的分层地位如何,国家政策变化都能够对个人生活机遇和社会流动产生重大影响。国家战略和政策的转变通常导致社会的机会结构和资源分配方式,对不同阶层群体和个人产生了不同作用。Whyte(1985)研究了中国计划经济体制的不同时期,发现在20世纪50年代,国家的工业化和经济增长为劳动者创造了大量就业机会,提升了普通劳动者向上流动的速度。而后来的经济增长停滞,对各阶层劳动者的地位变化均产生了负面作用。因此,国家战略和政策变化对普通劳动者将显著改变其就业机会,而20世纪80年代以来的改革开放对社会分层与流动具有更加重要的意义。

二、市场化转型与社会流动

Nee(1989)指出,市场化转型引入了新的资源配置机制,削弱了原有的再分配体制。直接生产者从市场中获益的机会增加,社会分层机制开始发生变化,劳动者向上流动的机会更加多样化。同时,人力资本回报率开始上升(Bian and Logan,1996),成为决定劳动者社会阶层地位的重要因素。由于市场机会的增加、私营企业迅速发展,市场中产阶层开始兴起。刘欣(2005,2010)指出,由于中国的市场化转型是在既有结构基本不变、在体制外培育新的市场力量的过程,因此原有的公共部门再分配权力与新兴的非公共部门市场权力共同构成了阶层变动的动力。所以,新兴市场中产阶层包括私营企业所有者、管理人员,以及企业的技术型劳动者,他们构成了市场权力的重要所有者。此外,工业化推动的资本深化促使大量农民工进入城市和工业部门,为提升农民收入、减轻农业贫困起到了关键作用(章元等,2012)。

市场化转型以来,社会分层和流动在多个领域发生了重要变化。其中最重要的方面是民营经济的兴起,并且在资源分配和社会群体间利益分布方面占据越来越重要的地位。另一个明显的特征是,教育水平和技术水平较高的劳动者有更大比例进入市场部门,这显示了市场制度对人力资源的竞争,削弱了传统的国家再分配的制度基础,成为促进社会流动、改变社会分层的主要机制。

中国的市场化转型首先从农村开始。一方面,1978年左右实行的家庭承包经营显著提升了农业生产率,提高了农民生活水平。另一方面,大量农村隐性失业成为严重问题。因此,政府鼓励农村建立乡镇企业、发展劳动密集型产业,吸收剩余劳动力。这一措施促进了农村经济增长和农民就业,但随后由于技术水平、资源限制等问题,乡镇企业的作用达到了极限。在20世纪

80年代,农村人口向城市流动、增加城市服务需求,为经济特区等地劳动密集型产业提供非熟练劳动力成为必然趋势。但是直至80年代末,城乡人口流动仍然极其严格(West and Zhao, 2000)。90年代中期,城市经济迅速增长,对劳动力需求也开始上升,因此人口流动的限制大幅降低。尤其是中国加入世界贸易组织后,劳动密集型产品出口促进了农村劳动力的非农就业,流动人口大幅上升。

城市经济的改革始于20世纪80年代。伴随着知识青年的返城,城市就业岗位不足,因此政府首次鼓励劳动者以自我雇佣、自主经营形式创业。改革开放之前,城市经济中几乎所有劳动者均在国有或集体部门,自我雇佣人员极少。所有劳动者均从属于所在单位,且为终身雇佣制,工资由国家计划决定。因此,计划经济体制将所有劳动者均纳入了国家控制的就业体系中。1980年,私有和个体经济就业的劳动者占全部劳动者比例仅有1%。这一体制排斥了市场竞争,降低了劳动者的积极性和生产效率。在90年代中期大约有半数国有企业处于亏损状态。政府推动了国有企业改革,将大量劳动密集型产业推向市场,只保留战略性行业和基础行业。这一措施使得国有企业在工业产出的比重从1990年的90%下降至2008年的30%左右。在城市改革和国有企业重组过程中,数千万国有企业职工失业,这也促进了城市私营部门的发展。到2000年,国有集体企业就业人员比重为64%,私有和个体经济比重为36%。2018年,城市国有集体经济就业人员比例为35%,而私营个体经济达到65%以上。①

在从计划经济体制向市场经济体制转型的过程中,虽然生产剩余更多的是通过市场分配,不再由国家机构垄断,但由于原有制度的路径依赖性,地方政府和企业是地方经济活动的重要组成部分(Oi, 1995；Walder, 1995)。因此,公共部门在劳动者工资、社会福利等方面明显高于非公共部门；更重要的是,公共部门属于"体制内"人员,存在较高的进入门槛,与"体制外"的非公共部门劳动力市场有清晰的界限(Meng and Zhang, 2001)；两部门在就业、收入、待遇等方面的不平等也是中国收入分配差距扩大的重要原因(Bian and Logan, 1996)。

三、社会流动的制度障碍

虽然改革开放以来社会流动不断加强,但劳动者仍面临着各种流动障

---

① 数据来源:《国家统计年鉴2001》《国家统计年鉴2019》。

碍。这包括户籍限制、部门差异、所有制差异、职业地位等,而这些差异化形式可概括为"社会类型"的差异,即各类群体对社会资源和机会拥有不同的获取与分配权力(Lamont 和 Molnar, 2002)。Tilly(1998)和王丰(2013)均指出,不同社会类型的存在和对资源的索取权的差异是构成社会流动与分层障碍的制度因素,因为这些社会类型的成员所具有的特征使其拥有比其他群体更多的社会资源和上升机会,机会囤积和寻租成了最重要的不平等来源。例如,中国的市场化转型在鼓励民营经济发展的同时,国有部门和非国有部门间的差异也有上升趋势。

在中国的转型进程中,户籍制度对社会分层与流动一直具有重要影响。20世纪80年代,农村家庭承包经营的推行一方面瓦解了原有的人民公社制度,另一方面也使劳动生产率大幅提高,农业所需的劳动力大量减少。与此同时,城市工业化推动的资本深化增加了劳动力需求,大量农民工进城务工,成为流动人口。在此进程中,农民原有依托土地和公社的农村保障制度瓦解,而城市并未给予农民工与城镇人口相同的职业和福利标准。然而,中国的人口流动和农村人口城市化仍然受到严格限制。城市仍然控制流动人口的工作、职业、福利保障和社会服务,流动人口的工作更有可能是城市人口所不愿从事的工作(West and Zhao, 2000;Meng, 1997),其失业保险、养老保险和教育等方面均与城市人口有明显差距。吴晓刚等(2014)的研究指出,流动人口的职业歧视主要在工资获得方面,职业隔离成为劳动力市场的显著特征。在工资获得方面,Frijters et al. (2011)研究了上海户籍制度导致的工资差异,发现1995年流动人口工资为当地人口的50%,其中47%不能由可观测因素解释;2009年两组人群工资差异扩大到60%,不可观测因素占比也增加到53%。

在城镇居民中,公共部门与非公共部门也存在显著差异。20世纪90年代中后期,大量公有制企业面临亏损境地,大范围的企业改制使国有集体企业员工"买断工龄",即职工不再享受原有企业的任何工资及福利待遇,其住房、教育、医疗、养老等各种待遇与原有企业彻底脱离。大规模的下岗分流使公有制企业职工身份由单位人向社会人转化。与此同时,部分国有行业却依然拥有计划经济时期特殊的各种福利待遇,转嫁了社会福利成本、加剧了社会不公平(邱登科,2006)。据《中国职工福利保障指数报告》,2016年中国福利保障指数在行业、所有制之间差距较大,其中金融业等部门最高保障指数超过72,而民营企业指数最低(69),这进一步反映了再分配体制下不同类型的边界对社会资源分配仍然发挥着重要作用。

近年来,中国城市开始了覆盖城市居民的养老、医疗等保险,但这与公共部门的缴费义务、给付标准等都有较大差距。以养老保险为例,公务员和全额拨款的事业单位在编人员没有缴费义务,退休金根据工龄和在职期间的最高工资按比例由财政发放。纳入城镇职工基本养老保险的从业人员不但要承担缴费义务,而且还面临与个人账户资金运营相关的市场风险。在医疗保险方面,目前存在城镇职工基本医疗保险、城镇居民基本医疗保险和新型农村合作医疗保障并存的制度,各种保障制度在覆盖范围、保费金额、福利待遇等方面有明显差异。

公共部门和非公共部门的差异还体现在单位制度中,不同单位在福利待遇等方面差距较大。在改革开放之前,城市劳动者住房的90%是由单位提供的,而且70%的公有部门单位如国有企事业单位均开办学校,提供全面的保障制度(王丰,2009)。在市场化转型过程中,不同单位在资金获得、技术能力和市场优势等方面的差别,直接决定了它们在市场竞争中的起点和地位。即使在20世纪90年代,工作单位仍是影响劳动者收入的重要因素(Bian and Logan,1996)。

因此,由于各种类型的制度障碍对劳动者流动的限制作用,中国劳动力的流动程度仍然较低。20世纪90年代末,中国城市劳动者就业的平均年限为19.9年,而波兰为17.5年,日本为11.3年,美国为7.4年(Knight and Song,2005)。其主要原因在于,各种类型的边界如工作的组织依附性和职业地位,在改革时期均被重新整合进各类经济实体,并且用来作为在同一工作中区分内部人和外部人的标准。因此,在研究中国市场化转型时期社会分层与不平等的起源和结构时,必须要对中国计划经济体制时期的社会结构和分层特征进行深入分析(王丰,2013)。

第四节 总 结

随着贸易理论的不断发展,新古典理论、产业内贸易理论、异质性企业贸易理论等均对贸易自由化与劳动力市场的关系进行了深入研究,尤其侧重于研究贸易自由化与劳动者就业、工资等方面的作用,主要发现贸易自由化对劳动者的影响可能与国内技术水平、溢出效应、资本流动、劳动力市场需求弹性等因素有关,而企业的技术密集度、资本密集度、产品质量、出口程度等也可能对就业、流动等产生影响,同时劳动力市场的摩擦程度可能对劳动者工作匹配有明显作用,成为决定劳动者就业的重要变量。同时,贸易自由化也可能通过家庭生产和消费渠道对农村劳动者非农工作参与产生作用,这一作用在发展中国家尤其是存在剩余劳动力的国家更加明显。

同时,我们应意识到,经济理论的出发点是假设的行动者——经济人,这就意味着理论分析抽象掉了劳动者的社会背景和社会属性。所以经济学的相关分析未能就贸易自由化对劳动者社会地位、社会流动等方面做出较多探讨。相较而言,经济社会学理论放松了经济人假设,考虑了人的社会属性,认为经济活动是社会活动的形式,即嵌入社会的行动,经济制度是社会制度的建构,任何经济行动都会更广阔地影响个人行为及其社会地位。在这方面,国内外学者对转型时期的收入不平等、职业地位获得等问题进行了深入讨论,形成了"市场转型论""政治经济同步演化论""市场国家互动论"和"选择性流动论"等多种解释路径。

因此,经济学的理论和实证文献侧重于贸易自由化对劳动者就业、工资等方面的影响,对于贸易开放提升与劳动者的社会职业声望、对社会阶层的影响等问题并未讨论;经济社会学的相关研究对市场化转型与劳动者社会分层、社会流动的关系进行了深入分析,形成了多种解释路径,但并未分析贸易自由化对劳动者社会流动的影响。作为社会转型进程中市场机制的重要组成部分,贸易自由化推动了市场化进程,改变了原有的再分配制度、赋予劳动者经济权力,从而使劳动者教育程度、技术水平、工作经验等成为决定工资水平和社会流动的关键变量。贸易开放促进了劳动力流动、增加了劳动者就业机会,通过新的劳动分工形成了复杂的职业网络,促进了流动人口获得市场技术,也有利于其职业地位提升和社会阶层的流动。但由于中国仍存在着劳动力流动的较多障碍,尤其是户籍制度、部门差异、所有制结构等方面,对农村劳动力向城市流动形成了制度壁垒,这也是现阶段城乡差距、收入不平等和社会分层的重要成因。

据此,笔者拟从经济社会学视角,深入探讨贸易自由化对劳动力流动的作用机制和影响大小。研究表明,只有不断推动市场化转型进程、推动贸易自由化,进一步融入世界经济,同时打破原有阻碍社会流动的制度障碍,才能促进社会流动、推动现代化进程,实现向现代社会的转型。

第三章
贸易开放与城镇劳动力流动：
职业地位获得

改革开放以来,贸易开放对城镇劳动力的生活机遇产生了重要影响,包括劳动者职业变动、工资收入和认知能力等方面,成为推动社会流动的重要途径。本章讨论了贸易开放对城镇劳动力流动的作用和机制,并得出了较为显著的结论。

第一节 引 言

1978年开始的改革开放,开启了中国由计划经济体制向市场经济体制转型、由封闭向开放转型的序幕,市场力量开始在社会分层中发挥积极作用。民营经济在资源分配方面正扮演日益重要的角色,重塑着社会群体间的经济利益分布,成为劳动力流动和职业地位变动的推动力。

在此进程中,贸易发展既是中国对外开放的重要标志,也是经济市场化的推动力量,对提升就业水平、促进私营经济发展、增加劳动力流动等起了关键性作用。据相关研究计算,2000—2007年仅出口增长就增加直接就业岗位3 411万个,其间接就业效应更加显著(卫瑞等,2015)。此外,对外贸易在提升劳动者的职业技能和企业的技术水平、产品质量等方面均具有显著作用(Rodriguez-Clare,1996),是提升国内技术水平的重要因素。然而,现有研究集中于对外贸易的经济影响,尤其是对产品市场和劳动力市场的作用机制,而对于贸易开放对整个社会的分层结构和社会流动的影响问题,相关文献没有充分关注。笔者认为,贸易开放作为经济转型进程中的重要制度变迁,必然改变了劳动者个人生活机遇和社会的流动机制,改变了社会群体间的相对经济地位。

因此,笔者利用经济社会学中对社会行为分析的制度、权力、网络和认知四种机制,全面探讨了作为制度变迁的贸易开放在社会权力、职业网络、认知能力等方面对劳动者职业地位获得的影响。首先,贸易开放提升了地区经济发展水平,改变了社会群体间的权力和利益分布,为劳动者职业地位提升创造了条件;其次,贸易开放促进了劳动力流动,将劳动者融入市场化的职业网络社会分工体系,为劳动者获得较高职业地位提供了机会;最后,贸易开放传播了市场化的认知结构,有利于提升劳动者的认知能力、激励市场化的行为惯例,提升了自致因素在职业地位获得中的作用。所以,贸易开放深刻改变了劳动者的生活机遇,对提升社会整体的开放性水平具有显著影响。

在计量方法方面,笔者利用历史数据和地理数据相结合的办法构建了省份贸易开放度的工具变量,对贸易开放对劳动者职业地位的影响大小、作用机制和时间、地区、行业差异等方面进行了全面探讨,得到了较为显著的结论。我们发现,省份贸易开放度提升1%,劳动者职业地位可提升1.4—3个单位,这一作用对东部地区、工业和建筑业的年轻劳动力更加显著。

第二节 传 导 机 制

本节分析了劳动者职业地位的现有研究,讨论了贸易开放对劳动者职业地位的作用机制,并提出了基本假设。

一、劳动者职业地位获得的理论与实证研究

贸易开放与劳动者职业地位获得的研究较为丰富,尤其对经济社会学的理论和实证进行了全面讨论。

1. 劳动者职业地位的相关理论

经济社会学理论认为,市场扩张不是一个自我演变的过程,经济活动是嵌入并受制于社会环境和制度变迁路径的历史进程(Stark and Bruszt, 1998)。因此,经济制度的变化不可避免地对社会群体和个人的生活机遇产生重要影响。对中国而言,随着市场化改革和对外开放的发展,社会分层结构与再分配机制发生了巨大变化,制度变迁和社会转型对个人职业地位和阶层流动的影响也成为广泛关注的问题。

一般而言,对劳动者职业地位获得的理论研究可分为工业化理论范式和新制度主义范式。其中,Blau和Duncan(1967)的职业地位获得模型是工业化范式的经典理论。地位获得模型指出,社会分层由两种机制产生:自致机制与继承机制,分别指从家庭关系和通过提升人力资本获得的社会地位;在工业化社会中,自致机制是社会分层形成的主要途径。而对于由计划经济体

制向市场经济体制转型的国家，Szelenyi等人提出了新制度主义范式。Szelenyi et al. (1998)指出,经济社会的整合机制"嵌入"于不同制度背景之中,原有的再分配制度和改革中的市场制度共同决定了转型国家劳动者的生活机遇与职业地位。因此,工业化理论范式主要关注人力资本等个体因素对社会流动的作用,而制度主义则强调了社会结构性因素对阶层分布和职业地位的影响。

与上述两种侧重点不同的理论类似,对中国社会分层和职业地位的研究也可分为"市场转型论"和新制度主义理论。"市场转型论"认为,在从计划体制向市场经济转型的过程中,生产剩余不再由分配者垄断,而更多由市场完成,人力资本等自致因素的作用将高于政治地位,直接生产者的市场权力比官僚阶层的再分配权力更具优势。因此,市场的发展提高了直接生产者的职业地位和流动机会(Nee, 1989、1991)。但是,新制度主义学者指出,市场化转型必须考虑复杂的社会背景,而原有制度结构具有路径依赖性。市场化转型是嵌入于既有社会制度中的制度变迁过程,再分配体系的政治优势将继续保持(Bian and Logan, 1996)。在此基础上,刘欣(2005)将产权制度纳入分析框架,认为公有产权的保持使公共部门享有再分配权力。因此,研究中国的劳动者职业地位问题,必须将市场化的流动机制与转型中的权力结构结合起来,才能全面考察市场转型进程中的劳动者职业分层与流动。

2. 劳动者职业地位获得的实证研究

实证方面,对市场化转型与劳动者职业地位的研究中,部分文献在市场转型论和新制度理论的框架下,探讨了人力资本和政治资本回报率的变化,而所得结果具有较大差异。Nee(1989)、刘精明(2006)、刘和旺等(2010)认为政治资本的回报率随市场化程度的提高而降低;但Bian和Logan(1996)、Zhou(2000)认为市场转型具有路径依赖效应,政治资本将保持其优势地位。但是,上述文献并未处理回归中的内生性问题,因此结果可能存在偏误。为解决这一问题,Li等(2007)利用倍差法计算表明,政治资本对劳动者个人收入的影响并不明显;而Appleton等(2009)利用样本选择模型,发现政治资本的回报率在20世纪90年代呈上升趋势。

随着市场经济的发展和社会流动性的增强,越来越多的文献进一步关注了更广泛的社会流动机制例如部门分割、户籍制度、职业差异等因素对劳动者职业地位的影响。例如,Zhao(2002)、尹志超等(2009)考察了转型时期公共部门和非公共部门的分层问题,发现近年来公共部门的工资明显高于非公共部门,且差异呈扩大趋势;张义博(2012)则指出,在20世纪90年代,非公共部门在收入方面更有优势,而近年来公共部门的收入优势更加明显。在户籍方面,大量文献认为户籍制度是劳动者阶层地位获得的重要影响因素。严善平(2006)和Sicular(2007)指出,户籍歧视是造成劳动力市场分层的制度性因素,Zhang(2010)和梁琦等(2013)认为户籍制度阻碍了劳动力流动;谢桂华(2014)发现对农村劳动者而言,城镇户籍对提升劳动者职业地位有重要作用;Aftidi et al. (2012)则进一步认为户籍歧视影响了居民的社会认同,扩大了流动人口和城镇人口的社会认同差异。在代际职业流动方面,吴晓刚(2007)则认为户籍制度是解释中国代际职业流动率较高和城乡结构性不平等的关键变量。由此可见,现有研究一致认为部门分层和户籍制度增加了劳动力流动的壁垒,扩大了收入差距,提高了劳动者职业地位获得的成本,甚至降低了社会认同和代际流动。

此外,近年来部分文献更加细致地考察了个人层面变量如劳动者教育、性别、单位等对职业地位获得的作用。王威海等(2012)和吴晓刚等(2014)分别研究了教育分流和教育机会的不平等对职业地位的影响,边燕杰等(2006)、Xie和Wu(2008)探讨了单位壁垒对劳动者收入分层的作用机制,吴愈晓(2011)研究了性别差异与职业隔离的关系。上述文献认为教育、性别、单位等也是影响劳动者职业地位和职业分层的重要机制。

因此,在市场化转型进程中,劳动者的职业地位不仅受人力资本、政治资本等因素的影响,也受制于社会制度中结构性因素的变动。但是,现有研究集中于部门、户籍、单位等与劳动者职业直接相关的流动壁垒,而对于中国经济开放对劳动者职业地位的影响则关注较少。20世纪70年代末开始的对外开放,是中国市场化转型进程的重要组成部分。对外贸易和外商投资的迅速增长既改变了经济结构,也增强了市场化改革的制度基础,提升了劳动者的经济权力,为劳动者职业地位提升创造了重要空间。因此,我们将利用制度变迁和阶层变动的分析框架,深入探讨经济开放对劳动者职业地位获得的影响机制与作用情况。

3. 贸易开放与劳动者职业地位的相关文献

由于经济学理论假定了市场主体的完全理性和孤立于社会的个体属性,所以相关文献并未深入研究制度环境与经济行为的互动过程,而对贸易开放与劳动力市场的关系问题进行了广泛探讨,尤其集中于贸易开放的收入效应、技术溢出效应、就业效应等方面,例如毛日昇(2009)和唐东波(2012)对贸易开放与就业增加的机制、陈波等(2013)对出口与工资差距的关系、陈维涛等(2014)对出口复杂的人力资本效应的研究等。上述研究发现,贸易开放通过溢出效应和前后关联效应增加了国内制造业就业、提升了高技术劳动者工资,有利于促进城镇和农村劳动者的人力资本投资,是增加就业、提升劳动者技术水平的重要力量。

经济学文献主要关注贸易开放对劳动力市场的微观作用,而对于贸易开放对社会结构和劳动者阶层地位的讨论主要集中在对中国近代化的研究方面。例如,郝延平(1988)在对近代中国商人阶层的研究中指出,19世纪中期开始的通商口岸促进了贸易开放,推动了买办制度的发展和近代商人阶层的兴起。陈锦江(2010)进一步研究了近代商人的组成和阶级结构,发现对外贸易给商人阶层带来了新的经济价值观念和资本基础,对整个商人阶层社会地位的上升具有重要作用。金观涛等(2011)则从传统社会结构角度分析了通商口岸及对外贸易的发展对士绅城市化的积极影响,而士绅的城市化是现代商业网络和资本主义企业发展的巨大动力。因此,通商口岸和对外贸易的发展推动了近代商人阶层的崛起,成为中国早期工业化的领导力量之一。

通过分析上述文献可发现,开放型经济的发展在增加劳动者就业、提升人力资本等方面发挥了重要作用,有力地促进了经济市场化进程;而近代贸易开放对中国早期工业化和社会变迁也产生了积极影响。但是,对于改革开放以来劳动者就业和工资提升对职业声望、社会阶层的影响等问题,经济学的实证文献并未讨论。经济社会学理论认为,个体行动嵌入于社会角色之中,人们的经济行为是更广泛意义上的社会行为;贸易开放导致的就业增加、技术水平和人力资本提升等必然影响劳动者的职业地位和社会阶层,随着中国贸易开放程度的提高,这一效应将更加显著。

二、贸易开放与劳动者职业地位获得:历史背景

近代的贸易开放和通商口岸网络促进了商人阶层地位的提升,而20世纪末的经济开放同样对社会结构产生了重要影响。改革开放之前,高度集中的计划经济体制反映的是再分配逻辑,管理阶层的再分配权力使其在社会资源分配中占据优势地位。Bian等(2002)认为,改革开放前的社会结构可以分为地域上的城市和农村、经济上的国有和集体经济、工作中的干部和工人等层级,且不同层级由户籍制度、单位制度等进行分割,劳动力难以自由流动。在

农村,劳动力雇佣与以公社为基础的生产系统相联系,集体所有的公社提供了基本的生活保障;在城市,企业实行终身雇佣制,工资、福利由国家统一规定,实行全民覆盖的保障服务。这种将大量劳动力限制在农业部门和严格区分劳动者身份、限制劳动力流动的做法,对于新中国成立后急需的资本积累和工业化进程有其必要性,但也存在效率低下、社会开放性不足等诸多弊端,对经济发展造成了过高的制度成本。

20 世纪 70 年代末开始的经济改革首先从农村开始,人民公社制度的取消和家庭承包责任制度的引进提高了农民从事生产的积极性,生产效率迅速提高,农业产量稳步增长,农民生活水平有了显著改善,农村也因此出现了大量剩余劳动力。随着城市部门的市场化改革启动,严格的单位系统和户籍限制开始放松,政府允许农民进入城市从事经营活动,为劳动力在非公共部门就业提供了广阔空间,也拉开了农村劳动力向城市流动的序幕。与此同时,对外开放促进了对外贸易的迅速增长,为劳动者提供了大量就业岗位,成为劳动力流动的重要经济背景。

三、贸易开放对劳动者阶层地位的作用机制

经济社会学理论将对经济行为的解释纳入制度、权力、网络和认知四种制度的一般分析框架,而这四种机制可以形塑各种社会行为。具体而言,制度为个体行为提供了标准和参照;权力形塑了个体维护自身利益的能力;网络是社会行为的载体,规范了社会角色的行为;认知位于个体意识之中,构建了个体认知结构的框架。四种机制的互动变迁是解释个体与社会行为互动的关键。就中国而言,对外开放战略作为社会制度变迁的重要组成部分,通过社会权力变化、职业网络形成和认知能力的改变对劳动者生活机遇和职业地位产生了巨大影响。

首先,经济制度与社会权力的作用方面,贸易开放作为市场制度转型的推动力量,提升了地区的市场化水平,增强了民营和中小企业所有者的市场权力,使市场制度得以强化,为市场中产阶层的兴起和职业地位的提升创造了条件。Zhou(2004)指出,在改革开放以来的社会分层变化中,最重要的一个方面是中国经济中市场部门尤其是私有企业、外资企业和混合所有制企业的重要地位。因此,贸易开放通过市场化进程尤其是民营经济发展提升了非公共部门劳动者的市场权力,为劳动者职业地位获得和阶层变动提供了基础性条件。我们可以得到假设 1。

假设1：贸易开放提升了地区市场发展水平，改变了社会群体间的权力和利益分布，为劳动者职业地位提升创造了基础性条件。

其次，在经济制度与社会网络的关系方面，贸易开放创造了大量劳动力需求，并通过直接和间接就业效应促进了劳动力流动；这一现象的直接结果是使劳动者融入了市场化的经济分工体系，而市场化分工是传播现代经济惯例的关键。因此贸易开放通过劳动力流动促进了劳动者经济行为的规范化和制度化，对劳动者职业能力和职业地位的提升产生了积极作用。研究表明，2000—2007年，生产国际化增加国内就业约3 200万人，出口扩张增加就业3 411万人（卫瑞等，2015）。由于溢出效应和关联效应，其间接就业效应可能是直接效应的2—3倍。多项研究（许和连等，2007；Du et al.，2012）发现跨国公司与国内企业有显著的垂直关联效应，贸易和外资企业通过对上下游企业的技术援助、人员培训等合作传播了新的职业技能，提升了劳动者人力资本水平（Rodríguez-Clare，1996）。因此，经济开放促进了劳动力流动，劳动力流动又是形成现代职业网络、传播市场惯例和提升劳动者职业地位的重要因素。

假设2：贸易开放促进了劳动力的跨区域流动，将劳动者融入市场化的职业网络和分工体系，为劳动者获得较高职业地位提供了重要机会。

最后，在经济制度与认知模式的发展方面，贸易开放传播了市场化的认知结构，有利于提高劳动者对市场制度的认知能力和人力资本回报在职业地位获得中的作用。对外贸易不仅扩大了就业、增强了劳动者社会权力，也传播了市场效率、劳动契约、商业规则等市场制度化的行为惯例，这种商业惯例通过市场的进一步发展得以制度化。尤其在开放程度较高的东部地区，其营商环境和市场制度更加完善。在这一过程中，认知能力和模式符合市场惯例的劳动者将可能获得更高的职业地位。同时，贸易开放和市场制度的建立也提升了人力资本在职业地位中的作用（Nee et al.，1989）。根据Blau和Duncan的地位获得理论，自致性因素和继承性因素是劳动者职业地位获得的最重要条件；伴随着工业化和市场化水平的提高，自致性因素将在劳动者职业地位的决定中占主导地位。市场转型论认为，市场化转型增强了市场机制在资源分配中的作用，近年来大学毕业生有更高概率进入非公共部门，这也显示出社会对市场认知的改变和人力资本在市场部门中的重要作用（Zhou，2004）。

假设3：贸易开放传播了市场化的认知结构，有利于劳动者建立符合现代商业规则的行为惯例，提升了劳动者的认知能力和人力资本在职业地位获得中的作用。

综上可见，贸易开放作为中国现代化转型中制度变迁的重要表现，在经济方面推动了市场化转型进程、促进了民营经济发展,增加了劳动力需求、促进了劳动力流动和转移,同时传播了市场化的商业惯例,推动了市场规则的制度化。更为重要的是,贸易开放不仅促进了经济增长和结构变化,也对社会结构和社会分层机制产生了多方面的作用,改变了社会分层的机制与动力,主要表现在:社会权力方面,贸易开放通过市场化和民营经济发展提升了市场中产阶层的社会权力和非公共部门的社会地位,使市场权力成为阶层分化的重要基础;职业网络方面,贸易开放将流动人口融入现代职业网络和分工体系,有利于其劳动技能和职业地位的提升;认知模式方面,贸易开放强化了市场规则的认知框架,增强了市场机制在资源分配中的作用,有利于相关劳动者职业地位的获得和提升、促进人力资本的回报。

第三节 计量模型、指标选取和数据来源

本节通过计量模型设计和指标选取,讨论了劳动者受贸易开放影响程度、职业地位的度量和基本回归模型的设计,并讨论了内生性问题的处理。

一、计量模型

这里重点关注贸易开放对劳动者职业地位的影响,所以关键问题是如何测量劳动者受贸易开放的影响程度。一般而言,经济开放程度因地区差异、年份差异而有较大变化,因此不同地域和年龄阶段的劳动者受市场开放的影响也必然不同。为了准确刻画这一差异,我们用劳动者不同年龄阶段所在省份的贸易开放度进行加权,计算方法如下:

$$\ln trade_{i,c,t} = \ln(\sigma_t \sum_t trade_{c,t})$$

其中,$\ln trade_{i,c,t}$ 表示个体 i 在省份 c 和时间 t 受贸易开放的影响程度,$trade_{c,t}$ 表示省份 c 在年份 t 的市场开放度,σ_t 为不同年份的权重。市场开放度用当年省份进出口贸易额与 GDP 的比重表示。我们选取劳动者出生、14岁时以及当前年份的省份贸易开放度进行加权,得到劳动者在不同时间和地点受贸易开放的影响程度。[①]由于改革开放之前全国开放程度差异较小,且省

[①] 笔者对劳动者出生年份、14岁以及当前年份的权重取值分别为0.3、0.3和0.4,同时计算了取其他权重的情况,结果没有明显差异。

份数据统计缺失较多,所以1983年以前的省份贸易开放度用全国贸易开放度近似表示。贸易数据和GDP数据来源于历年《国家统计年鉴》和各省统计年鉴,各年的汇率值用PWT8.1的汇率值计算。

对于劳动者职业地位,韦伯(M. Weber)和伦斯基(G. Lenski)将其分为社会权力、社会声望和市场机会三个方面。最近的文献主要有两种做法:一是将劳动者细分职业按照国际标准职业分类表转换为职业声望值,即16—90的连续变量(李强等,2014);二是按照EGP分类的6类或10类职业编码将其分为不同阶层,以衡量阶层间的流动(Eriksson et al., 1979; Ganzeboom & Treiman, 1996)。两种方法的侧重点有所不同,前者注重衡量劳动者在市场中的职业声望,后者侧重于劳动者的社会权力和地位。我们认为,由于改革开放以来中国的工业化和市场化进程迅速提升,市场机制在资源分配和职业地位决定中的作用日益重要,且贸易开放作为市场制度的重要体现,主要影响劳动者在市场中的职业地位,所以我们使用按照国际标准职业分类的职业声望值代表劳动者的职业地位。

由于本节的解释变量为贸易开放程度,被解释变量为职业声望,所以基本的计量模型可表示为:

$$ISEI_i = \beta_1 \ln trade_i + \beta_2 X_i + \beta_3 Z_{c,j,t} + \mu_i$$

其中,$ISEI_i$表示职业声望,$\ln trade_i$表示受贸易开放的影响程度;X_i表示个体层面控制变量,包括性别、年龄及年龄平方项、婚姻状况、教育程度以及户籍、部门和契约状况等;$Z_{c,j,t}$表示省份、行业和年份变量,包括省份人均GDP水平、人力资本水平和劳动力密集程度,以及行业、年份虚拟变量;μ_i及ε_i为残差项。

二、数据来源与描述

我们的数据来自中国人民大学进行的"中国综合社会调查"(CGSS)的抽样数据。从2003年开始,该调查组每年选取28个省级行政区的超过10 000户居民进行连续性横截面调查,采用分层多阶段抽样方法,其中2010年、2012年和2013年分别得到有效样本11 783份、11 765份和11 438份。每年的问卷设计均覆盖了教育、工作、家庭等多个方面,尤其对劳动者的职业、行业等有详细分类,是研究劳动者社会地位和流动的权威性样本。由于职业地位是以非农业工作来计算的,所以我们仅保留各年份18—60岁且有非农职业的劳动者,并剔除了相关变量缺失观测值,得到有效样本总数为 11 950 个。

在控制变量的选取方面,根据劳动者地位获得理论,劳动者地位主要由自致性因素和继承性因素决定,因此我们选取父亲职业声望、家庭其他成员的平均收入代表继承性因素,教育程度代表自致性因素的作用;同时控制了劳动者性别、年龄、政治面貌等个体差异以及户籍状况、部门差异等制度结构的影响。

由于解释变量贸易开放度为省份层面变量,而地区经济发展水平、人力资本水平等均可能对劳动力市场的发展状况、竞争程度等产生影响,从而影响劳动者阶层地位,所以我们在控制变量中进一步加入了劳动者所在省份的人均 GDP 水平、省际人力资本水平和劳动力密集程度(Hering and Poncet, 2010)。同时,不同行业、年份的劳动者在职业地位等方面可能存在差异,所以我们进一步加入行业、年份虚拟变量控制不同行业和年份的影响。省份层面的数据来源于历年《国家统计年鉴》。表 3.1 列出了各变量的基本统计描述。

表 3.1 变量的基本统计描述

变量	描述	单位	平均值	标准差	最小值	最大值
贸易开放度	各省份历年进出口贸易占 GDP 比重	log	−1.640	0.850	−3.390	0.783
贸易开放度	各省当年贸易比重与全国历年贸易占比乘积	log	−2.586	1.065	−4.715	−0.319
职业地位	个人职业声望值	log	3.672	0.357	2.773	4.500
个人特征变量							
父亲职业	父亲职业声望值/100	[—]	0.338	0.160	0.16	0.90
家庭平均收入	家庭中其他成员平均收入/100	log	0.078 3	0.035 9	0	0.129
性 别	1 为男性,0 为女性	[—]	0.603	0.489	0	1
年 龄	劳动者年龄	[—]	39.516	10.296	18	63
年龄的平方/100	劳动者年龄平方/100	[—]	16.675	8.270	3.24	39.69
婚姻状况	1 为已婚,0 为未婚	[—]	0.824	0.381	0	1
教育程度	1 为小学,2 为初中,3 为高中,4 为大学及以上	[—]	2.632	0.947	1	4
契约状况	有劳动合同为 1,没有劳动合同为 0	[—]	0.424	0.494	0	1
部门状况	在公共部门为 1,非公共部门为 0	[—]	0.214	0.410	0	1
户籍状况	城镇户籍为 1,农村户籍为 0	[—]	0.558	0.497	0	1
虚拟变量							
人均 GDP 水平	劳动者所在省份的人均 GDP 水平	log	1.464	0.475	0.271	2.299
人力资本水平	所在省份高中生及以上劳动者比例	log	2.851	0.142	−3.336	−2.458
劳动力密集度	所在省份劳动年龄人口占人口总数比重	log	−0.282	0.053 0	−0.412	−0.190
行业虚拟变量	将四位行业代码合并为 11 个二位行业	[—]	5.302	3.142	1	11
年份虚拟变量	调查年份的虚拟变量	[—]	2 011.697	1.236	2 010	2 013

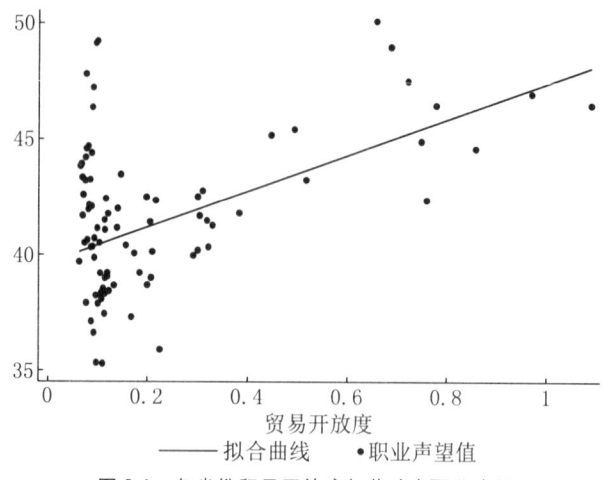

图 3.1 各省份贸易开放度与劳动者职业声望

图 3.1 显示了各省份贸易开放度和劳动者职业声望均值的线性关系。从图中可发现，劳动者受贸易开放程度的影响与职业地位有较强的正相关性，即贸易开放度较高的省份，其劳动者一般也拥有较高的职业地位。这说明贸易开放度的提升对劳动者职业地位获得可能存在正向影响。

三、内生性问题与稳健性检验

变量的内生性问题是计量模型必须考虑的关键问题。内生性的来源主要有忽略变量和逆向因果两大类。由于本节的解释变量贸易开放程度为省份层面数据，而被解释变量职业声望值为个人层面数据，且贸易开放度包含滞后多期的数值，所以逆向因果问题较小。对于忽略变量问题，因为贸易开放度与省份经济发展水平、人力资本水平等其他因素密切相关而造成结果的有偏和不一致性，所以需要找到与省份贸易开放度相关性较强，而与其他变量不相关的工具变量。一般而言，贸易开放度的工具变量主要有以到海岸线的地理距离衡量的地区国外市场接近度（黄玖立等，2006）和地区历史上的开放程度（Fang and Zhao，2009），且大多数文献的时间跨度较短或所含地区较为有限。我们的贸易变量涉及自1950年到2013年的省份贸易开放程度，所以工具变量的选取较为困难。由于数据和资料的限制，我们使用历史数据和地理数据相结合的办法构建了工具变量。在近代历史上，洋务运动和通商口岸的开设促进了对外贸易的快速增长，尤其是在19世纪末20世纪初期的发展最为迅速；这与中国改革开放前后贸易发展的情况较为相似。[①] 所以我们采用

---

① Keller 等人对近代上海的贸易状况进行了深入研究。参见 Keller et al.(2013)。

1865—1928年全国进出口总额和进出口指数衡量这一阶段贸易的增长;[①]同时以天津、上海和广州三大通商口岸为中心,测算各省会城市到最近港口的地理距离,并将各省划分为北方地区、中部地区和南部地区,计算三个区域各自所含通商口岸的关税总额占全国的比重作为权重,乘以各省到最近港口的距离,得到其加权的地理距离。[②]最后,我们将加权地理距离乘以 1865—1923年的贸易增长数值,得到各省份在这一历史阶段的贸易开放程度。所以历史上各省份贸易开放度的计算公式为:

$$trade_{c,t} = w_r \times \left(\frac{1}{D_{ic}+D_{ii}} \times 100\right) \times trade_t$$

其中,D_{ic} 为各省份到最近港口的地理距离,D_{ii} 为三大港口的内部距离;我们将地理距离取倒数乘以 100,并按照各地区海关总税收额占全国的比重 w_r 进行加权,海关税收数据采用 1882—1910 年全国 48 个通商口岸的关税收入(不包括中国台湾地区的淡水和台南),数据来源于滨下武志(2006);$trade_t$ 为 1865—1928 年全国进出口总额和进出口指数;进出口总额数据、进出口指数数据来源于 Hisao(1974)、滨下武志(2006)和郑友揆(1956)。

稳健性检验方面,由于在贸易开放度指数计算的过程中,我们假设 1983 年以前全国各地区开放程度相同,而事实上各地区改革开放之前的开放程度仍存在差异;所以为了检验结果的稳健性,我们使用各省份目前的贸易开放程度代表省份开放度,用国家层面 1950 年以来的贸易指数代表开放程度的变化情况,用两者乘积表示省份开放度的发展,因此劳动者所受贸易开放度的影响可表示为:

$$\ln trade_{i,c,t} = \ln(\sigma_t \sum_t trade_c \times tradecountry_t)$$

其中,$trade_c$ 表示问卷年份各省贸易开放度,$tradecountry_t$ 为 1950—2013 年全国贸易开放指数,我们选取时间 t 为劳动者出生时、14 岁时和当前年份。

第四节 计量结果分析

本节分析了基本回归结果、工具变量和稳健性检验,以及贸易开放对不

[①] 从 1865 年至 1895 年,中国贸易总额增长较慢;而从 1895 年后,对外贸易有了迅速发展。尤其是从第一次世界大战时期到经济大萧条之前的 20 余年是增长最快的时期。
[②] 19 世纪,上海、天津和广州为中国三大主要港口和开放城市,而汉口、九江等地内陆口岸主要以内河航运为主;通商口岸关税总额的计算我们采取 1882—1910 年各通商口岸关税历年总额。

同劳动者的差异化影响。

一、基本回归结果

表3.2报告了贸易开放度与劳动者职业声望的基本回归结果。结果显示,省份贸易开放度提升1%,劳动者职业声望将提升1.4个单位,表明贸易开放对劳动者职业地位获得的重要作用。

表3.2 贸易开放与劳动者职业地位的基本回归

解释变量	(1)	(2)	(3)	(4)	(5)
贸易开放度	2.404***	1.936***	−0.0161	1.116***	1.434***
	(15.12)	(12.41)	(−0.11)	(4.78)	(5.99)
父亲职业地位		21.88***	7.728***	7.644***	6.217***
		(23.58)	(8.71)	(8.63)	(8.10)
家庭人均收入		28.66***	7.235**	7.398**	7.679**
		(7.64)	(2.10)	(2.15)	(2.42)
性别			−2.132***	−2.150***	−0.00102
			(−8.97)	(−9.04)	(−0.00)
年龄			0.0597	0.0596	0.137*
			(0.69)	(0.69)	(1.70)
年龄平方/100			−0.116	−0.0973	−0.230**
			(−1.08)	(−0.90)	(−2.31)
婚姻状况			0.660*	0.705*	0.599*
			(1.79)	(1.91)	(1.72)
城镇户籍			0.890***	1.013***	0.862***
			(3.24)	(3.68)	(3.43)
公共部门			3.682***	3.720***	0.406
			(10.64)	(10.78)	(1.19)
初中教育程度			2.977***	3.188***	2.644***
			(9.94)	(10.50)	(8.97)
高中教育程度			10.45***	10.66***	8.103***
			(27.51)	(27.84)	(22.85)
大学及以上			18.12***	18.39***	14.39***
			(37.78)	(38.06)	(31.65)
省份人均GDP水平				−1.826***	−1.444***
				(−4.00)	(−2.61)
省份人力资本水平				−0.911	−1.439*
				(−1.01)	(−1.72)
省份劳动力密集程度				−6.762**	−1.458
				(−2.07)	(−0.45)
行业虚拟变量	无	无	无	无	有
年份虚拟变量	无	无	无	无	有
R^2	0.0186	0.0789	0.3173	0.3196	0.4346
N	11 950	11 950	11 950	11 950	11 950

• 注:*、**和***分别表示估计值在10%、5%和1%置信水平下显著。以下各表同。

同时，父亲职业地位和家庭其他人平均收入对劳动者职业声望也有显著影响，性别、年龄和婚姻状况对职业地位的影响较小。其中，父亲职业地位提升1个单位，劳动者自身的职业声望将提升0.62个单位；家庭人均收入增长1%，劳动者职业地位将提升0.08个单位，表明继承性因素即家庭环境在劳动者职业地位获得中仍占有重要位置。

此外，干部身份和劳动者教育程度也是决定职业地位的重要因素。一般而言，干部身份比非干部身份职业地位高4.7个单位；而初中、高中和大学教育程度的劳动者比小学教育程度高1.6、8.1和14.4个单位，说明随着教育程度的提高，劳动者职业地位有了更高比例的提升，也表明自致性因素在劳动者职业地位获得中的决定性地位。在制度变量方面，城镇户籍比农村户籍劳动者职业地位高0.86个单位，而部门差异并不显著，说明户籍制度仍是劳动力市场职业歧视的重要来源。省份变量方面，省份人均GDP水平和人力资本水平均为负且显著，表明在经济发达和人力资本水平较高的地区，劳动力市场竞争更加激烈，获得较高职业地位也更加困难。

二、工具变量和稳健性检验

由于忽略变量等因素的影响，解释变量贸易开放程度可能存在内生性问题，所以我们采用工具变量法进行了检验。因为地区的经济开放程度有很强的路径依赖特征，所以工具变量采用1865—1928年的全国贸易总量和贸易指数与各省份到主要港口的加权地理距离相结合的方法，这样可以有效地避免贸易开放度与其他变量的相关性。表3.3第(1)和(2)列结果显示，贸易开放度对职业地位的作用有了显著提升，即省份贸易开放度提升1个百分点，则劳动者职业地位将提升3个单位左右。同时，我们使用全国1950—2013的贸易开放度与省份当前开放程度结合的方法进行了稳健性检验。表3.3第(3)—(5)列的结果显示，贸易开放度对劳动者职业地位的影响为1.1—2.3个单位，与基本回归结果的差异较小。

表3.3 工具变量和稳健性检验结果

解释变量	工具变量法		稳健性检验		
	(1)	(2)	(3)	(4)	(5)
贸易开放度	3.007*** (5.35)	3.004*** (5.35)	1.075*** (5.55)	2.266*** (5.35)	2.266*** (5.35)
父亲职业地位	6.217*** (8.10)	6.217*** (8.10)	6.232*** (8.12)	6.248*** (8.14)	6.248*** (8.14)

(续表)

解释变量	工具变量法			稳健性检验	
	(1)	(2)	(3)	(4)	(5)
家庭人均收入	7.015**	7.016**	7.746**	7.150**	7.151**
	(2.21)	(2.21)	(2.44)	(2.25)	(2.25)
教育程度					
初中	2.789***	2.789***	2.612***	2.722***	2.722***
	(9.34)	(9.34)	(8.86)	(9.16)	(9.16)
高中	8.112***	8.112***	8.117***	8.141***	8.141***
	(22.85)	(22.85)	(22.86)	(22.89)	(22.89)
大学及以上	14.27***	14.27***	14.47***	14.43***	14.43***
	(31.21)	(31.22)	(31.81)	(31.70)	(31.70)
省份变量					
人均 GDP 水平	−3.972***	−3.968***	−1.367**	−3.835***	−3.834***
	(−4.11)	(−4.11)	(−2.40)	(−4.07)	(−4.06)
人力资本水平	−1.956**	−1.955**	−0.988	−1.012	−1.012
	(−2.25)	(−2.25)	(−1.18)	(−1.21)	(−1.21)
劳动力密集度	0.118	0.115	−1.901	−0.800	−0.801
	(0.04)	(0.04)	(−0.58)	(−0.25)	(−0.25)
个人控制变量	有	有	有	有	有
行业虚拟变量	有	有	有	有	有
年份虚拟变量	有	有	有	有	有
Partial R^2	0.1785	0.1785	—	0.2131	0.2130
F 统计量	2189.48	2189.8	—	2710.35	2707.9
R^2	0.4324	0.4324	0.4343	0.4325	0.4325
N	11950	11950	11950	11950	11950

三、贸易开放与劳动者职业地位的作用机制

笔者发现,贸易开放通过提高地区市场化水平、促进人口流动、提升劳动者人力资本等途径对劳动者职业地位产生了重要影响。

(一)贸易开放与地区市场化水平

我们认为,在贸易制度与社会权力的关系方面,贸易开放通过促进地区经济发展和提升市场化程度,提升了非公共部门的社会权力,改变了地区权力和利益的分配格局,从而有利于劳动者职业地位提升。表3.4对这一假设进行了检验,我们用市场化指数与产业结构衡量地区市场经济发展水平,并计算了贸易开放对市场部门的作用。第(1)至(4)列的结果显示,贸易开放显著改变了地区的市场化指数和产业结构,促进了劳动者职业地位提升;同时贸易开放对市场部门劳动者有显著影响,对非市场部门的作用不显著。第(5)和(6)列仅对市场部门劳动者进行了检验,与基本回归结果没有显著性差

异,表明贸易开放通过提升市场化水平提升了劳动者职业地位,尤其对市场部门劳动者职业地位获得提供了更广阔的空间。

表 3.4 贸易开放、地区市场化水平与劳动者职业地位

解释变量	基本回归		工具变量		市场部门	
	(1)	(2)	(3)	(4)	(5)	(6)
贸易开放	−0.076 0	−0.047 8	0.045 4	4.193***	1.029***	1.146***
	(−0.20)	(−0.13)	(0.03)	(5.19)	(3.56)	(3.90)
贸易开放与市场部门						
市场部门	−0.533	−0.542	−0.553	−0.759**		
	(−1.55)	(−1.58)	(−1.59)	(−2.16)		
贸易开放×市场部门	1.309***	1.397***	1.748***	1.819***		
	(4.07)	(4.33)	(3.88)	(4.02)		
贸易开放与地区市场经济						
市场化指数	0.351***		0.330		0.307**	
	(2.60)		(0.93)		(2.10)	
贸易开放×市场化指数	0.425***		0.675**		0.526***	
	(4.11)		(2.39)		(4.54)	
产业结构		0.870		−6.264***		0.977
		(1.00)		(−3.23)		(1.01)
贸易开放×产业结构		1.799***		5.822***		1.874**
		(2.72)		(3.91)		(2.54)
个人控制变量	有	有	有	有	有	有
省份控制变量	有	有	有	有	有	有
行业虚拟变量	有	有	有	有	有	有
年份虚拟变量	有	有	有	有	有	有
R^2	0.436 5	0.436 3	0.435 8	0.427 6	0.383 7	0.383 0
N	11 950	11 950	11 950	11 950	9 387	9 387

(二) 贸易开放与人口流动

在贸易开放与社会网络的关系方面,贸易开放增加了劳动力需求,促进了劳动力流动,使劳动者融入市场分工的职业网络中,从而为其获得较高职业地位提供了条件。表3.5检验了贸易开放与人口流动对职业地位提升的关系。第(1)列的结果显示,整体而言,贸易开放对跨区域流动的劳动者有更强的职业声望提升作用,即贸易开放对跨区域流动劳动者的影响比本地劳动力高1.4个单位。第(2)列结果显示,对于省内和省际流动的人口,贸易开放对省内流动人口作用更加显著,而对跨省流动人口作用不明显。可能的原因在于,目前劳动力跨省流动尤其是农村劳动力跨省流动仍存在户籍等方面的限制,而贸易开放对省内劳动者将产生较为直接的就业效应。第(3)至(6)列检验了贸易开放对城镇和农村人口的不同影响。笔者发现,对城镇人口而言,

贸易开放对其省内流动和跨省流动均有显著作用,提升了其职业地位;而对农村人口的提升作用较小。这进一步说明户籍制度在农村劳动者于职业流动和职业地位提升方面的限制作用。

表3.5 贸易开放、人口流动与劳动者职业地位

解释变量	全部样本		城镇人口		农村人口	
	(1)	(2)	(3)	(4)	(5)	(6)
贸易开放度	0.957***	1.271***	0.990***	1.199***	0.988**	1.409***
	(3.77)	(5.18)	(2.95)	(3.61)	(2.37)	(3.73)
贸易开放与劳动力流动						
劳动力流动	3.075***		3.572***		2.077**	
	(6.12)		(5.54)		(2.42)	
贸易开放度×劳动力流动	1.421***		1.758***		0.877*	
	(5.15)		(4.84)		(1.96)	
贸易开放与跨省和省内流动						
跨省流动		2.406***		4.154***		0.552
		(3.06)		(3.47)		(0.51)
省内流动		2.786***		3.450***		1.230
		(3.49)		(3.48)		(0.89)
贸易开放度×跨省流动		0.695		2.197**		−0.649
		(1.25)		(2.48)		(−0.93)
贸易开放度×省内流动		1.229***		1.617***		0.479
		(2.93)		(2.97)		(0.69)
个人控制变量	有	有	有	有	有	有
省份控制变量	有	有	有	有	有	有
行业虚拟变量	有	有	有	有	有	有
年份虚拟变量	有	有	有	有	有	有
R^2	0.4367	0.4358	0.3910	0.3901	0.3990	0.3990
N	11 950	11 950	6 668	6 668	5 282	5 282

(三) 贸易开放与人力资本

在贸易开放与认知模式方面,贸易开放传播了市场化的认知框架与地位获得模式,提升了劳动者人力资本和个人认知能力的回报率,从而对提升劳动者职业地位有重要影响。根据Blau和Ducan的地位获得模型,劳动者职业地位获得可分为继承性因素和自致性因素,因此贸易开放可能增加了自致性因素在地位获得中的作用。表3.6对这一假设进行了检验,我们用劳动者教育水平和英语能力代表人力资本和认知能力,即劳动者地位获得中的自致性因素,用父亲职业地位代表继承性因素的影响。

表 3.6 贸易开放、人力资本与劳动者职业地位

解释变量	基本回归		工具变量		非公职人员	
	(1)	(2)	(3)	(4)	(5)	(6)
贸易开放度	1.072***	0.641**	2.310***	1.825***	1.069***	0.560*
	(3.52)	(2.21)	(3.57)	(2.87)	(3.43)	(1.87)
贸易开放度与自致性因素						
教育水平						
高中	6.140***	5.286***	6.087***	5.235***	5.723***	4.888***
	(22.32)	(18.73)	(21.64)	(18.44)	(20.38)	(16.91)
大学及以上	12.07***	10.48***	11.75***	10.31***	12.38***	10.73***
	(30.95)	(25.85)	(28.57)	(25.24)	(29.46)	(24.83)
贸易开放度×高中教育	0.009 49		0.201		0.019 8	
	(0.03)		(0.43)		(0.06)	
贸易开放度×大学及以上	0.783**		1.230**		0.681*	
	(2.14)		(2.24)		(1.75)	
个人认知能力						
中等英语能力		2.367***		2.372***		2.327***
		(8.42)		(8.42)		(7.85)
高级英语能力		4.294***		4.012***		4.420***
		(10.84)		(9.48)		(10.39)
贸易开放度×中等英语能力		0.521*		0.571		0.562*
		(1.65)		(1.25)		(1.69)
贸易开放度×高级英语能力		0.963***		1.256**		1.059***
		(2.76)		(2.37)		(2.84)
贸易开放度与继承性因素						
父亲职业地位	6.383***	5.876***	6.362***	5.885***	6.985***	6.397***
	(8.32)	(7.70)	(8.27)	(7.69)	(8.51)	(7.84)
贸易开放度×父亲职业地位	−0.007 18	−0.286	1.412	1.191	−0.499	−0.924
	(−0.01)	(−0.33)	(1.11)	(0.98)	(−0.51)	(−0.98)
个人控制变量	有	有	有	有	有	有
省份控制变量	有	有	有	有	有	有
行业虚拟变量	有	有	有	有	有	有
年份虚拟变量	有	有	有	有	有	有
R^2	0.432 2	0.440 1	0.430 0	0.438 3	0.442 5	0.450 6
N	11 950	11 950	11 950	11 950	11 058	11 058

结果显示,贸易开放度显著提升了大学及以上劳动者的人力资本回报率,也提升了劳动者英语能力的回报率,贸易开放对大学及以上劳动者的职业地位提升作用比其他劳动者高 0.78 个单位,而对中等和高等英语能力的劳动者比较低英语能力的劳动者分别高出 0.52 和 0.96 个单位。与此同时,贸易变量对继承性因素没有显著作用。这表明贸易开放有利于提升劳动者人力资本和认知能力,从而促进劳动者获得更高职业地位;也说明开放经济的发展促进了劳动者职业地位获得机制的市场化,降低了继承性因素的作用;

这有利于促进社会阶层的垂直流动、提升社会整体的开放性水平。

四、贸易开放对不同年龄劳动者、不同地区和行业的作用

由于中国的对外开放和市场化转型在时间和空间上具有明显的差异性，所以其对不同年龄的劳动者以及各地区和行业的作用可能不同。据此，我们将劳动者按出生年龄、地区和所属行业分类，检验贸易开放对不同时间、地区和行业的作用。

表 3.7 贸易开放对不同时间、地区和行业的作用

解释变量	基本回归			工具变量	稳健性检验	
	(1)	(2)	(3)	(4)	(5)	(6)
贸易开放度	0.668*	1.934***	2.745***	2.453***	−4.277	2.543***
	(1.68)	(6.39)	(8.70)	(4.92)	(−0.66)	(6.17)
贸易开放与不同年龄阶段劳动者						
1965—1976 年出生	1.572***			1.676***	4.666**	2.119***
	(3.27)			(3.49)	(2.16)	(4.07)
1977 年及以后出生	2.131***			2.372***	9.371*	3.126***
	(2.99)			(3.32)	(1.79)	(4.04)
贸易开放度×1965—1976 年出生	0.552			0.591	1.839**	0.615**
	(1.46)			(1.56)	(2.21)	(2.13)
贸易开放度×1977 年及以后出生	0.945**			0.888**	−0.317	0.665**
	(2.53)			(2.35)	(−0.33)	(2.21)
贸易开放与不同地区						
中部地区		−1.344***		−1.472***	−27.11	−1.037**
		(−2.90)		(−3.17)	(−1.46)	(−2.00)
西部地区		0.903		0.700	−2.589	0.371
		(1.29)		(1.00)	(−0.20)	(0.55)
贸易开放度×中部地区		−3.053***		−2.976***	−48.50	−2.498***
		(−5.54)		(−5.37)	(−1.49)	(−5.14)
贸易开放度×西部地区		−0.400		−0.489	−8.508	−1.129**
		(−0.51)		(−0.62)	(−0.42)	(−2.08)
贸易开放与不同行业						
生产性服务业			7.898***	7.859***	2.232***	1.688***
			(7.56)	(7.57)	(3.72)	(6.79)
生活性服务业			−1.212	−1.237	5.227***	4.975***
			(−1.33)	(−1.36)	(10.70)	(17.39)
贸易开放×生产性服务业			−1.700***	−1.740***	−3.145***	−1.442***
			(−5.64)	(−5.78)	(−4.95)	(−6.05)
贸易开放×生活性服务业			−1.859***	−1.845***	−3.909***	−1.759***
			(−5.51)	(−5.48)	(−5.65)	(−6.61)
R^2	0.435 5	0.436 3	0.436 6	0.439 2		0.348 8
N	11 950	11 950	11 950	11 950	11 950	11 950

表 3.7 的结果显示，对各年龄阶段的劳动者而言，贸易开放对 1977 年以

后出生劳动者的提升作用比对 1977 年以前出生的劳动者高约 0.9 个单位；对中部地区的作用较低；对生产和生活性服务业的作用比对工业和建筑业低 2 个单位左右。因此，贸易开放对劳动者职业地位的提升作用与中国市场化改革的时间、地区和行业特征紧密相关，对年龄较大以及中部地区、工业和建筑业的劳动者职业地位的提升作用较弱，这也与不同地区行业的开放程度有明显相关性。

第五节 贸易开放与劳动者阶层地位的提升

本节进一步使用职业阶层分类的大类数据，分析了贸易开放对劳动者地位提升的作用机制。

一、相关研究综述

对于从再分配体制向市场经济转型的社会，其社会分配机制的连续性与非连续性一直是国内外研究的热点。

近年来，研究社会分层结构的文献多关注社会制度和结构对分层的影响。例如，王天夫等(2005)对城市阶层地位进行了分析，发现集团类别即地区、所有制、行业和劳动者单位等因素在转型时期对社会分层和劳动者收入仍然发挥着巨大作用；王天夫(2010)深入分析了行业对劳动者收入差异和人力资本等回报的不同作用，发现行业因素改变了劳动者个人因素的回报率，增加了收入差距。同时，郝大海等(2006)分析了转型过程中的区域差异和国家垄断部门效应对劳动者收入差距的影响，发现区域差异和部门差异均是劳动者收入的关键因素；谢宇(2010)也指出，中国的社会分层通过一些结构性的因素表现出来，例如地区、单位、所有制、行业等中间机制，尤其是收入的区域性在市场化转型进程中的作用甚至不断增加(Hauser and Xie, 2005)。王丰(2008)指出，目前单位仍是劳动者社会分层尤其是福利、声望和社会网络的重要机制。李强等(2014)指出，中国社会分层结构中，不同阶层劳动者差异最明显的是社会保障、公共福利、教育机会等相关因素，工资收入的差异只是其中一部分。在此基础上，本节拟从贸易开放角度对劳动者阶层提升进行初步分析。

二、社会阶层地位的度量与计量模型

对于劳动者阶层地位，李路路等(2006)认为，中国从计划经济体制向市

场经济体制转型的过程中,既保留了原有的再分配制度,同时市场体系不断发展,因此他们根据转型时期的现状,将劳动者阶层地位划分为6个,分别是:(1)服务类人员阶层;(2)一般类型的非体力劳动者;(3)私营企业所有者、自我雇佣人员;(4)技术工人;(5)非技术工人;(6)普通农民。

笔者认为,职业声望值以工业化国家市场中的职业地位为基础,而中国的工业化和市场化进程尚未完成,尽管这一指数可以衡量市场中的职业阶层,但没有全面反映对中国劳动者的社会地位的影响。同时,由于中国的经济改革是在体制外培育新的市场体系的过程,再分配权力仍占有重要地位。所以,笔者借鉴EGP 6个阶层分类和刘欣(2011)的方法,根据劳动者在公共权力和市场权力结构中的地位,将样本依据再分配权力和市场权力划分为公职中产阶层、市场中产阶层、小业主(自雇者)和办事人员、服务业从业人员和非技术工人,代表拥有不同社会权力的劳动者。其中公职中产阶层代表公共部门拥有再分配权力的劳动者,包括事业单位、国有企业等;市场中产阶层包括私营企业所有者和管理人员、专业技术人员;小业主和办事人员包括个体企业所有者、公共部门的普通职员;服务业从业人员包括市场上从事服务类工作的劳动者;非技术工人为从事体力劳动的工人。一般而言,职业声望值代表劳动者在劳动力市场中的地位指数,权力地位则代表其在转型中的社会权力。

由于本节的解释变量为贸易开放,被解释变量为职业声望和阶层地位,所以我们利用Oprobit模型方法,计量模型为:

$$Status_i = \Phi(\delta_1 \ln trade_i + \delta_2 X_i + \delta_3 Z_{c,j,t} + \varepsilon_i)$$

其中,$Status_i$表示职业声望和阶层地位,$\ln trade_i$表示受贸易开放的影响程度;X_i表示个体层面控制变量,包括性别、年龄及年龄平方项、婚姻状况、教育程度以及户籍、部门和契约状况等;$Z_{c,j,t}$表示省份、行业和年份变量,包括省份人均GDP水平、人力资本水平和劳动力密集程度,以及行业、年份虚拟变量;μ_i及ε_i为残差项。$\Phi(\cdot)$为非线性函数,具体形式为:

$$\Phi(Status_i^*) = \begin{cases} 1 & Status_i^* < \varphi_1 \\ 2 & \varphi_1 < Status_i^* < \varphi_2 \\ & \vdots \\ J & Status_i^* > \varphi_{J-1} \end{cases}$$

其中，$Status_i^*$ 为不可观测的连续变量，即潜变量，满足

$$Status_i^* = \delta_1 \ln trade_i + \delta_2 X_i + \delta_3 Z_{c,j,t} + \varepsilon_i$$

$\varphi_1 < \varphi_1 < \cdots < \varphi_{J-1}$，称为切点，为待估参数。

三、数据来源与描述

这里的数据来源与本章第三节的数据来源相同，此不赘述。

对于职业声望与权力地位的关系，由于中国的市场化转型是再分配权力和市场权力互动变迁的进程，再分配权力在社会权力中仍占有重要地位，而职业声望根据国际标准职业分类测算，是劳动者在市场制度中职业地位的表现，所以劳动者的市场职业地位与社会权力地位有一定差异。例如，公职中产阶层是再分配权力所有者，其社会再分配地位较高，而市场中产阶层的市场权力地位较高，所以公职中产阶层的职业声望值低于市场中产阶层，与办事人员阶层较接近。同时，由于处于非公共部门且从事非技术和管理类职业，所以服务类人员和非技术工人的职业声望与阶层地位均较低（表3.8）。

表3.8 劳动者职业声望与阶层地位分布

权力地位	观测值	职业声望值 均值	5%	50%	95%	教育程度 50%	父亲职业声望 均值	50%
公职中产阶层	901	51.28	39	51	69	专科	39.41	34
市场中产阶层	2 617	60.31	43	56	88	专科	39.54	34
自雇者和办事人员	1 386	52.39	40	51	69	高中	35.31	29
服务类人员	2 614	37.74	29	37	43	初中	32.06	23
非技术工人	4 695	28.88	16	30	38	初中	29.79	23

- 注：5%、50%和95%分别表示第5、第50和95分位数的观测值。

在贸易开放与劳动者阶层地位的关系方面，图3.2显示了贸易开放度与劳动者阶层地位的关系，表明各阶层劳动者受贸易开放度的影响有较大差异。其中，非技术工人和服务业人员受贸易开放影响较小，而市场中产阶层受贸易开放影响最大。尤为重要的是，公职中产阶层受贸易开放度的影响低于市场中产阶层和自雇者阶层。可能的原因在于市场化进程对公共部门和非公共部门影响的差异性，即贸易开放主要提升了非公共部门的市场化程度，有利于劳动者获得市场权力、提升社会地位，而对于公共部门的再分配权力所有者作用较小。因此，贸易开放可能通过提升非公共部门的市场化水平促进了劳动者阶层地位的提升。

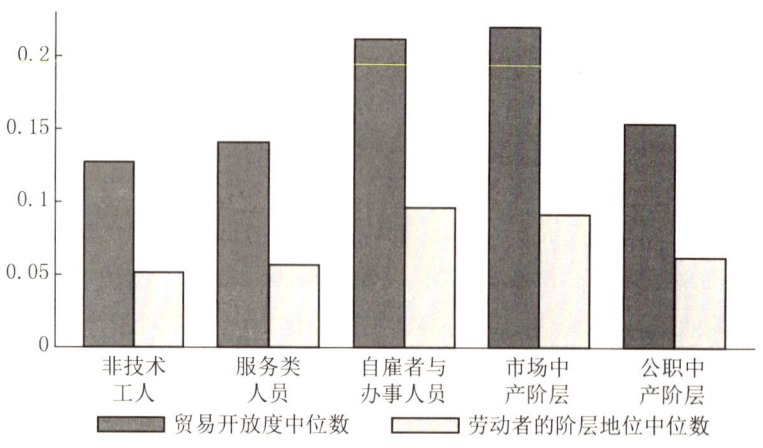

图 3.2　贸易开放度与劳动者的阶层地位

四、计量结果分析

贸易开放对不同部门、不同阶层和不同类型劳动者均产生了重要影响，本节分析了其作用大小和机制。

（一）基本回归结果

表 3.9 报告了贸易开放对劳动者阶层地位的基本回归结果。笔者发现，

表 3.9　贸易开放度与劳动者阶层地位的基本回归结果

解释变量	(1) 阶层地位	(2) 工具变量	(3) 阶层地位	(4) 工具变量
贸易开放度	0.058 7*	0.097 3***	0.099 5***	0.147***
	(1.91)	(4.42)	(3.18)	(5.26)
家庭环境变量				
父亲职业地位	0.410***	0.402***	0.410***	0.403***
	(5.46)	(5.96)	(5.42)	(5.97)
家庭人均收入	1.444***	1.438***	1.433***	1.426***
	(4.31)	(4.62)	(4.35)	(4.58)
教育程度				
初中	0.287***	0.289***	0.292***	0.292***
	(8.41)	(7.45)	(8.34)	(7.54)
高中	0.833***	0.832***	0.834***	0.833***
	(19.12)	(20.55)	(18.90)	(20.56)
大学及以上	1.231***	1.227***	1.228***	1.225***
	(18.79)	(25.90)	(18.85)	(25.84)
个人控制变量	有	有	有	有
省份控制变量	有	有	有	有
行业控制变量	有	有	有	有
年份控制变量	有	有	有	有
拟似然比	−14 360.704	−27 675.0	−14 356.145	−25 354.1
N	11 950	11 950	11 950	11 950

基本回归和工具变量回归结果均显著为正,说明贸易开放对劳动者阶层地位有较强的提升作用。可能的原因在于,劳动者受到经济开放的作用越大,越有利于其提升人力资本和就业机会,其认知框架、职业网络等越符合现代市场制度的要求,因而提升了其市场竞争力,有助于其获得较高职业地位和社会权力。同时,父亲职业、家庭收入、教育程度等也是影响劳动者权力地位的因素。这表明,在决定劳动者社会分层的诸多因素中,继承性因素与自致性因素均占有重要地位。尤其是城镇户籍、公共部门的系数均显著为正,分配体制中的制度因素对劳动者社会权力的提升仍有积极作用,中国市场化转型仍未完成。

(二)劳动者阶层地位获得的途径

贸易开放是经济转型的重要组成部分,为劳动者提供了广阔的就业空间。笔者认为,劳动者阶层地位的提升首先由于市场开放度的提高给劳动者提供了广阔的就业空间,城市非公共部门的发展得到促进,有利于民营经济的兴起,为国内企业传播了新的契约制度、组织方式,降低了劳动者融入市场的制度成本。同时,贸易开放促进了劳动力流动,为实现劳动力转移、增加非农就业提供了广阔途径。为了检验贸易开放与市场化机制的作用,笔者在方程中加入贸易开放与市场化指数的交互项。其中,地区市场化程度指标用樊纲等的市场化指数计算,由于未能得到2013年市场化指数,笔者使用2012年和2014年的均值代替。

表3.10报告了贸易开放与市场化机制的回归结果。笔者发现,贸易开放与市场化指数的交互项显著为正,因此贸易开放提高了经济的市场化程度,增加了劳动者就业机会,对提升职业声望和社会权力地位有重要作用。贸易开放对非公共部门的影响显著高于公共部门,可能由于非公共部门受经济开放影响较大,而贸易开放有利于提升非公共部门的市场化水平,为劳动者社会地位流动提供更广阔的渠道。同样重要的是,市场部门的虚拟变量系数显著为负,表明公共部门劳动者的阶层地位明显高于市场部门,说明部门差异对劳动者阶层地位仍具有重要影响。

表3.10 贸易开放对劳动者阶层地位的作用机制

解释变量	阶层地位			稳健性检验		
	(1)	(2)	(3)	(4)	(5)	(6)
贸易开放度	0.0345	0.0414*	0.00900	0.0530	0.0709***	0.0186
	(1.14)	(1.84)	(0.28)	(1.45)	(2.77)	(0.49)
市场部门	−0.487***	−0.476***	−0.482***	−0.490***	−0.478***	−0.487***
	(−13.69)	(−13.43)	(−13.55)	(−13.76)	(−13.49)	(−13.68)

(续表)

解释变量	阶层地位			稳健性检验		
	(1)	(2)	(3)	(4)	(5)	(6)
市场化指数	−0.081 8	0.020 2	0.019 8	−0.061 9	0.014 7	0.014 4
	(−1.26)	(1.35)	(1.32)	(−1.00)	(1.07)	(1.05)
贸易开放×市场部门	0.045 4*		0.042 2	0.068 2**		0.067 2**
	(1.73)		(1.61)	(2.08)		(2.05)
贸易开放×市场化指数		0.035 6***	0.035 2***		0.033 1***	0.032 9***
		(4.89)	(4.84)		(3.39)	(3.37)
控制变量						
父亲职业地位	0.404***	0.400***	0.400***	0.403***	0.402***	0.402***
	(6.04)	(5.99)	(6.00)	(6.03)	(6.02)	(6.02)
家庭人均收入	1.397***	1.355***	1.368***	1.384***	1.335***	1.351***
	(4.43)	(4.31)	(4.35)	(4.39)	(4.24)	(4.29)
初中	0.293***	0.293***	0.292***	0.297***	0.295***	0.295***
	(7.96)	(7.95)	(7.94)	(8.06)	(8.02)	(8.01)
高中	0.834***	0.831***	0.827***	0.833***	0.833***	0.828***
	(21.28)	(21.21)	(21.08)	(21.24)	(21.27)	(21.12)
大学及以上	1.227***	1.215***	1.213***	1.221***	1.216***	1.212***
	(26.64)	(26.34)	(26.29)	(26.49)	(26.33)	(26.25)
控制变量	有	有	有	有	有	有
拟似然比	−14 316.7	−14 306.9	−14 305.2	−14 311.3	−14 309.1	−14 306.2
N	11 950	11 950	11 950	11 950	11 950	11 950

* 注：控制变量包括个人、省份、行业和年份控制变量。

（三）贸易开放对市场部门劳动者的作用

表3.11显示了贸易开放分别对公共部门和市场部门影响的差异性。结果表明，贸易开放对公共部门劳动者的阶层地位没有显著作用，而对市场部门作用较强。与此同时，教育对两部门的职业地位均有显著的正向影响，而父亲职业地位、家庭人均收入等对公共部门影响较小。可能的原因在于，公共部门的工资与市场化关系较小。市场部门劳动者的收入与地位获得理论更加一致，受到继承性因素与自致性因素的双重影响。

表3.11 贸易开放对公共部门和非公共部门的影响

解释变量	阶层地位		稳健性检验	
	公共部门	市场部门	公共部门	市场部门
贸易开放度	−0.099 4	0.077 2*	−0.112	0.130***
	(−1.46)	(1.86)	(−1.26)	(3.18)
父亲职业地位	0.306	0.672***	0.306	0.673***
	(1.57)	(7.42)	(1.55)	(7.41)
家庭人均收入	1.207	1.188***	1.232	1.180***
	(0.80)	(3.10)	(0.81)	(3.11)

(续表)

解释变量	阶层地位		稳健性检验	
	公共部门	市场部门	公共部门	市场部门
控制变量				
初中	0.607***	0.213***	0.604***	0.219***
	(2.66)	(5.70)	(2.66)	(5.74)
高中	0.931***	0.678***	0.930***	0.679***
	(4.49)	(16.13)	(4.49)	(15.91)
大学及以上	0.950***	1.394***	0.950***	1.386***
	(4.11)	(16.36)	(4.10)	(16.33)
人均GDP水平	−0.149	−0.129	−0.170	−0.178
	(−0.67)	(−0.86)	(−0.71)	(−1.33)
人力资本水平	0.134	−0.184	0.174	−0.225
	(0.59)	(−0.88)	(0.70)	(−1.09)
劳动力聚集程度	0.896	0.290	0.862	0.357
	(0.62)	(0.33)	(0.57)	(0.42)
个人控制变量	有	有	有	有
行业控制变量	有	有	有	有
年份控制变量	有	有	有	有
拟似然比	−943.5	−9 094.4	−943.6	−9 089.2
N	1 831	10 119	1 831	10 119

由于oprobit模型系数不能体现影响因素的作用大小,所以表3.12进一步分析了市场部门阶层地位影响因素的边际弹性。由结果可知,省份贸易开放度提升1%,劳动者进入市场中产阶层的概率可提升0.18%。在继承性因素中,父亲职业地位、家庭其他人收入均对劳动者权力地位有显著影响;且家庭人均收入提升1%,个人进入市场中产阶层的概率可提升0.02%左右,父亲职业地位增加1个单位,劳动者进入市场中产阶层的可能性提升0.01%。

表3.12 阶层地位影响因素的边际弹性(市场部门)

阶层	贸易开放度	家庭变量		教育程度		
		父亲职业	家庭收入	初中	高中	大学及以上
	dy/dx	ey/dx	ey/dx	ey/dx	ey/dx	ey/dx
非技术工人	−0.033 0***	−0.127***	−0.707***	−1.195***	−0.164***	−0.592***	−1.536***
	(−2.85)	(−2.98)	(−7.26)	(−3.06)	(−5.65)	(−15.83)	(−12.05)
服务类人员	0.006 99***	0.025 7***	0.143***	0.242***	0.131***	0.266***	0.108**
	(3.05)	(2.63)	(6.25)	(2.79)	(4.82)	(9.54)	(2.20)
小业主(自雇者)	0.002 24***	0.096 5***	0.538***	0.910***	0.265***	0.668***	0.900***
	(2.93)	(2.91)	(7.64)	(3.00)	(5.03)	(1.75)	(13.50)
市场中产阶层	0.023 8***	0.184***	1.027***	1.735***	0.396***	1.097***	1.903***
	(2.77)	(2.93)	(7.68)	(2.99)	(5.19)	(13.51)	(16.42)

在自致性因素中,教育程度越高,对劳动者进入市场中产阶层的作用也

越大，可见教育是劳动者实现社会流动的重要途径。与此同时，笔者发现，家庭变量如父亲职业、家庭其他成员平均收入等对劳动者的阶层地位仍有影响，同时制度变量如部门差异、户籍制度也是决定劳动者社会权力的因素，说明再分配体制中的部分因素仍然阻碍了劳动者向上流动。

（四）不同社会阶层劳动者的比较

为了进一步研究贸易开放对各阶层劳动者的差异化影响，我们使用probit模型将非技术工人、服务类人员与市场中产阶层和公职中产阶层进行了比较，结果如表3.13所示。根据第(1)和第(4)列我们发现，公职中产阶层与非技术工人和服务类人员相比，贸易开放程度的影响并不显著，而城镇户籍、公共部门和教育程度的影响十分明显。

表3.13 不同社会阶层劳动者的比较

解释变量	非技术工人与公职中产阶层(1)	非技术工人与市场中产阶层(2)	服务类人员与公职中产阶层(3)	服务类人员与市场中产阶层(4)	市场中产阶层与公职中产阶层(5)
贸易开放度	0.110	0.254***	−0.039 3	0.165*	−0.108*
	(1.63)	(4.37)	(−0.49)	(1.79)	(−1.82)
父亲职业地位	0.468**	0.889***	0.082 9	0.533***	−0.128
	(2.12)	(6.55)	(0.44)	(2.99)	(−1.00)
家庭收入	3.219***	2.085***	1.635	0.642	1.699*
	(2.67)	(3.82)	(1.55)	(0.85)	(1.93)
干部	0.910***	0.596***	0.405***	0.212***	0.133*
	(10.72)	(8.18)	(3.81)	(3.71)	(1.80)
城镇户籍	0.397***	0.202***	0.421***	0.221***	0.240***
	(4.55)	(3.04)	(4.88)	(3.83)	(3.01)
公共部门	1.060***	0.029 9	1.318***	0.270***	0.821***
	(9.04)	(0.39)	(9.59)	(4.11)	(6.47)
初中	0.910***	0.377***	0.917***	0.145	0.472*
	(3.96)	(4.66)	(3.59)	(1.07)	(1.73)
高中	1.590***	1.180***	1.350***	0.660***	0.290
	(7.04)	(12.99)	(6.43)	(4.44)	(1.19)
大学及以上	2.203***	2.038***	1.586***	1.171***	0.161
	(8.24)	(18.13)	(6.58)	(7.10)	(0.62)
控制变量	有	有	有	有	有
拟似然比	−1 031.3	−2 291.74	−851.6	−1 864.8	−1 517.9
N	5 458	7 135	3 452	5 129	3 461

根据第(2)和第(4)列的结果发现，对于市场中产阶层，贸易开放的影响要明显大于其对非技术工人和服务类人员的影响，同时城镇户籍和公共部门的影响较小。根据第(5)列可发现，对于公职中产阶层与市场中产阶层而言，贸易开放对公职中产阶层的影响显著小于其对市场中产阶层的影响，而家庭

收入和制度因素的作用仍然较强。可见,对于市场中产阶层和非技术工人与服务类人员而言,其阶层差异中市场因素作用较大;而对于公职中产阶层和非技术工人、服务类人员而言,阶层差异的主要影响因素在于再分配制度,包括户籍制度、部门制度等方面。

(五) 贸易开放对不同类型劳动者的影响

改革开放以来,中国工业化进程产生的资本深化为劳动者提供了大量就业岗位,推动了劳动力由农村向城市转移,也为劳动者提升社会地位提供了广阔空间,社会的开放程度大大增强。在此进程中,对外贸易的发展对促进劳动力流动、提供就业岗位等方面起到了重要作用。与此同时,经济开放和市场化转型是渐进的过程,对于不同时间、地区和行业,贸易开放的影响可能有所差异。因此,我们对流动人口和各年龄阶段的劳动者进行了检验,并讨论了贸易开放在不同地区、行业的作用。

1. 对流动人口的作用[①]

表 3.14 中第(1)和第(4)列将流动人口作为整体进行回归,结果显示,劳动力流动对阶层地位提升有显著作用,且贸易开放进一步增加了流动的促进效应。第(4)至第(6)列将流动人口分为省内流动和省际流动,我们发现总体而言贸易开放对省内流动人口的阶层地位提升作用不显著,而省内和省际流动均提升了劳动者地位。

表 3.14 贸易开放对流动人口的作用

解释变量	阶层地位					
	(1) 全部样本	(2) 市场部门	(3) 城镇人口	(4) 全部样本	(5) 市场部门	(6) 城镇人口
贸易开放度	0.074 4** (2.11)	0.074 4* (1.73)	0.054 9* (1.92)	0.096 1*** (2.85)	0.120*** (2.83)	0.066 2** (2.45)
流动人口	0.176*** (5.55)	0.363*** (6.48)	0.174*** (4.90)			
贸易开放度×流动人口	0.074 6*** (3.56)	0.156*** (4.82)	0.103*** (4.98)			
省内流动				0.113*** (2.58)	0.241*** (3.42)	0.141** (2.15)
省内流动×贸易开放度				0.024 3 (0.83)	0.074 2** (2.15)	0.071 2 (1.49)
省外流动				0.240*** (4.12)	0.320*** (3.00)	0.355*** (4.57)

[①] 为了检验劳动力流动对阶层地位的影响,笔者将工作地与出生并受教育地点分离的人口视为流动人口,根据问卷中到达本区、县或县级市的时间进行计算。

(续表)

解释变量	阶层地位					
	(1)全部样本	(2)市场部门	(3)城镇人口	(4)全部样本	(5)市场部门	(6)城镇人口
省外流动×贸易开放度				0.045 8 (0.99)	0.057 3 (0.90)	0.207*** (4.20)
父亲职业地位	0.407*** (5.40)	0.661*** (7.27)	0.384*** (4.30)	0.417*** (5.38)	0.675*** (7.07)	0.394*** (4.30)
家庭人均收入	1.520*** (4.58)	1.302*** (3.51)	1.818*** (5.57)	1.553*** (4.56)	1.279*** (3.35)	1.836*** (5.38)
初中	0.291*** (8.29)	0.217*** (5.53)	0.249*** (3.05)	0.294*** (8.34)	0.222*** (5.66)	0.249*** (3.04)
高中	0.831*** (18.69)	0.668*** (15.85)	0.849*** (9.79)	0.833*** (18.43)	0.673*** (15.62)	0.846*** (9.67)
大学及以上	1.218*** (19.04)	1.355*** (16.35)	1.186*** (11.56)	1.222*** (19.02)	1.368*** (16.43)	1.184*** (11.42)
控制变量	有	有	有	有	有	有
拟似然比	−14 348.1	−9 063.9	−8 809.8	−14 344.6	−9 069.3	−8 808.2
N	11 950	10 119	6 668	11 950	10 119	6 668

在第(2)列和第(4)列,我们进一步将样本限定为市场部门劳动者,发现贸易开放有利于省内流动人口的职业声望和阶层地位提升,而对省际流动人口的作用不显著。可能的原因在于,省际流动多为农民工等非技术劳动者,与职业和阶层地位流动关系较小;而省内流动包括劳动者由农村向城市的转移和社会地位的向上流动,与职业地位和阶层地位提升关系密切。在第(3)列和第(6)列,我们检验了城镇人口样本,发现贸易开放也有利于城镇人口流动和阶层地位提升,对于城镇人口的省际流动作用显著,对其省内流动作用较小。

2. 对不同年龄劳动者的作用

在贸易开放对不同年龄劳动者的作用方面,中国的对外开放进程肇始于20世纪70年代末,在80年代经历了建设经济特区、设立沿海开放城市等逐步推进的开放战略,1992年中共十四大后进入全面开放时期,进出口总量和直接投资迅速增长,日益成为推动经济发展的重要动力。因此,由于改革开放的阶段性特征,贸易开放度对不同时期的劳动者的影响可能有所差异。笔者将劳动者按出生年份分为不同类型,检验贸易开放对不同类型劳动者的影响,结果如表3.15所示。①

---

① 笔者认为,1965年以前出生的劳动者学习、工作中受到贸易开放的影响可能均较小,1965—1976年出生的劳动者可能在20世纪80年代初至90年代初参加工作,1977年及以后出生的劳动者可能受教育和参加工作均在90年代及以后,所以三个阶段的劳动者受贸易开放的影响程度可能不断提高。

表 3.15　贸易开放对不同年龄劳动者的影响

解释变量	(1) 全部样本	(2) 市场部门	(3) 全部样本	(4) 市场部门
贸易开放度	0.063 4 (1.43)	0.009 72 (0.17)	0.028 9 (0.83)	−0.001 37 (−0.03)
1965—1976 年	0.114 (1.23)	0.243*** (2.78)	0.165 (1.58)	0.289*** (2.83)
1977 年以后	0.192* (1.65)	0.416*** (3.31)	0.266** (2.17)	0.543*** (3.93)
贸易开放度×1965—1976 年	0.016 7 (0.53)	0.090 8*** (2.97)	0.026 6 (1.10)	0.071 4*** (2.79)
贸易开放度×1977 年以后	0.044 7 (1.27)	0.151*** (3.60)	0.050 5** (1.96)	0.136*** (4.06)
控制变量				
父亲职业声望	0.444*** (5.89)	0.673*** (7.46)	0.446*** (5.94)	0.674*** (7.50)
家庭平均收入	1.633*** (4.92)	1.257*** (3.33)	1.648*** (4.87)	1.267*** (3.31)
初中	0.296*** (8.68)	0.225*** (5.88)	0.294*** (8.77)	0.222*** (5.87)
高中	0.876*** (18.49)	0.686*** (15.74)	0.876*** (18.46)	0.685*** (15.75)
大学及以上	1.276*** (19.89)	1.377*** (16.35)	1.278*** (19.58)	1.379*** (16.34)
个人控制变量	有	有	有	有
省份控制变量	有	有	有	有
行业控制变量	有	有	有	有
年份控制变量	有	有	有	有
拟似然比	−14 502.1	−9 080.6	−14 505.1	−9 082.6
N	11 950	10 119	11 950	10 119

从表 3.15 的第(1)和第(3)列可发现,贸易开放度对 1965—1976 年出生的劳动者影响显著低于 1977 年以后出生的劳动者,可能在于随着改革进程的推进,劳动者受贸易开放的影响日益增加,贸易开放对劳动者阶层地位的获得均产生了越来越显著的作用。第(2)列和第(4)列检验了贸易开放对市场部门劳动者的作用。与全部样本类似,贸易开放对劳动者职业地位的影响随改革进程的推进而增强。同时贸易开放对 1965—1976 年出生的劳动者影响与对 1977 年后出生的劳动者的影响均显著,这进一步表明了贸易开放对市场部门劳动者的影响高于公共部门,对市场部门不同年龄阶段劳动者的作用有明显差异。

3. 对不同地区和行业的检验

由于中国不同地区、不同行业的开放程度存在较大差异,所以我们对样本按地区和行业进行了检验。表 3.16 的结果显示,贸易开放对东部地区劳动者职业声望和阶层地位均有较明显的作用。原因可能在于东部地区开放较早、外向型经济集中,而贸易开放又推动了制度变迁进程,有利于市场经济发展和市场权力所有者地位的提升;中西部地区开放较晚、市场发展和制度变迁进程较为落后,所以贸易开放度对劳动者职业和阶层的影响均较小。行业方面,笔者将不同行业划分为工业和建筑业、生产性服务业等行业。笔者发现,贸易开放对工业和建筑业从业者的提升作用较大,明显高于服务行业。这一结果可能是由于近年来中国的制造业贸易与投资发展迅速,而服务行业尤其是生活性服务业开放程度仍然较低,所以贸易开放对工业和建筑业劳动者作用显著,而对服务业劳动者影响较小。

表 3.16 贸易开放对不同地区和行业的作用

地区差异	阶层地位			稳健性检验		
	全部样本	市场部门	1965 年以后	全部样本	市场部门	1965 年以后
贸易开放度	−0.065 1*	−0.080 1	−0.087 3	−0.024 7	−0.041 1	−0.037 3
	(−1.71)	(−1.29)	(−1.60)	(−0.56)	(−0.56)	(−0.51)
东部地区	0.606***	0.798***	0.900***	0.323***	0.407***	0.415***
	(5.61)	(4.55)	(5.89)	(4.55)	(3.04)	(2.65)
贸易开放度×东部地区	0.218***	0.306***	0.343***	0.173***	0.243***	0.237***
	(6.22)	(4.84)	(5.74)	(3.88)	(3.04)	(2.78)
控制变量	有	有	有	有	有	有
拟似然比	−14 341.8	−9 065.2	−6 748.2	−14 295.4	−9 036.1	−6 727.2
N	11 950	10 119	7 508	11 950	10 119	7 508

行业差异	阶层地位			稳健性检验		
	全部样本	市场部门	1965 年以后	全部样本	市场部门	1965 年以后
贸易开放度	0.021 0	0.052 6	0.071 9	0.048 8	0.081 3	0.086 2
	(0.60)	(1.07)	(1.50)	(1.25)	(1.55)	(1.62)
工业和建筑业	0.408***	0.317**	0.263*	0.303***	0.213**	0.139
	(3.74)	(2.57)	(1.82)	(3.57)	(2.09)	(1.16)
生产性服务业	1.071***	1.253***	1.431***	1.094***	1.290***	1.467***
	(4.00)	(3.94)	(4.99)	(4.07)	(4.21)	(5.27)
贸易开放度×工业和建筑业	0.191***	0.178***	0.178***	0.237***	0.227***	0.217***
	(3.93)	(3.65)	(3.11)	(4.71)	(3.86)	(3.17)
贸易开放度×生产性服务业	−0.026 3	−0.056 5**	−0.061 4*	−0.029 5	−0.063 2*	−0.066 6
	(−1.13)	(−2.17)	(−1.89)	(−1.04)	(−1.93)	(−1.53)
控制变量	有	有	有	有	有	有
拟似然比	−14 299.5	−9 044.9	−6 735.0	−14 295.4	−9 036.1	−6 727.2
N	11 950	10 119	7 508	11 950	10 119	7 508

• 注:控制变量包括个人、省份、行业、年份控制变量。

（六）贸易开放与劳动者阶层的代际流动

为了全面讨论贸易开放对劳动者阶层地位的作用，笔者进一步检验了贸易开放对劳动者阶层地位流动的影响。其中，劳动者阶层地位流动用代际流动和感知的阶层流动来表示；代际流动用劳动者当前的社会阶层减去父亲的阶层地位；感知的阶层流动使用问卷列表中的对社会阶层感知来计算，即用劳动者个人对当前社会阶层的判断减去 14 岁时的阶层地位。表 3.17 报告了贸易开放对劳动者阶层流动的作用。结果显示，对代际阶层流动而言，贸易开放度、家庭收入、教育程度和制度变量的作用均显著为正，而父亲职业地位的作用为负，表明父亲阶层地位较低的劳动者确实实现了向上流动。对于感知的阶层地位，贸易开放度、家庭收入等变量显著为正，而城镇户籍和教育变量为负，说明城镇劳动者和教育程度较高的劳动者感知的社会流动较小，而农村和教育程度较低的劳动者感知的社会阶层变化较大。

表 3.17 贸易开放对劳动者阶层流动的作用

解释变量	代际阶层流动		感知的阶层流动	
	(1)	(2)	(3)	(4)
贸易开放度	0.122***	0.079 7***	0.114***	0.110***
	(5.74)	(3.81)	(2.63)	(3.04)
家庭平均收入	0.680**	0.692**	1.342***	1.333***
	(2.41)	(2.42)	(5.20)	(5.09)
父亲职业地位	−5.664***	−5.661***	−0.939***	−0.939***
	(−37.40)	(−37.49)	(−10.98)	(−11.00)
城镇户籍	0.074 6***	0.078 1***	−0.143***	−0.136***
	(3.46)	(3.47)	(−5.60)	(−4.85)
公共部门	0.360***	0.359***	0.068 8*	0.068 6*
	(7.65)	(7.66)	(1.70)	(1.72)
初中	0.147***	0.143***	−0.125***	−0.125***
	(4.78)	(4.71)	(−2.69)	(−2.68)
高中	0.512***	0.513***	−0.184***	−0.182***
	(13.33)	(13.54)	(−4.63)	(−4.66)
大学及以上	0.841***	0.847***	−0.114**	−0.109**
	(16.90)	(16.83)	(−2.09)	(−2.02)
控制变量	有	有	有	有
拟似然比	−17 891.0	−17 896.9	−11 188.0	−11 183.8
N	11 950	11 950	11 950	11 950

第六节 结 论

在改革开放进程中,对外贸易作为市场转型和经济开放的重要推动力量,对劳动者的地位获得和生活机遇产生了怎样的影响,是我们关注的主要问题。在理论框架方面,我们利用经济社会学的制度、权力、网络和认知四种形塑社会行为的机制,分析了贸易开放对劳动者职业地位获得的作用。计量方法方面,笔者使用 CGSS 微观调查数据,同时使用历史和地理数据相结合的方法构建工具变量,对贸易开放对劳动者职业地位的作用与机制进行了检验,得到了较有意义的结论。

首先,笔者发现,贸易开放程度对劳动者职业声望具有重要影响,劳动者所在省份的贸易开放度提升 1%,其职业声望值将提升 1.4 个单位。笔者对这一结果进行了工具变量检验和稳健性检验,结果与基本回归差异较小。同时,父亲职业地位、家庭成员收入、教育程度等因素均对劳动者职业地位有显著作用。此外,相比于农村户籍劳动者,城镇户籍的劳动者有较高职业地位,说明户籍制度仍是劳动力市场职业歧视的来源因素。

其次,在作用机制方面,笔者发现贸易开放作为制度变迁的重要表现,对社会权力、职业网络和认知能力均产生了显著影响,从而为劳动者获得较高职业地位提供了广阔空间。在社会权力方面,贸易开放通过促进地区经济发展和提升市场化程度,提升了非公共部门的社会权力,改变了地区权力和利益的分配格局,从而有利于劳动者职业地位提升;在职业网络方面,贸易开放促进了劳动力流动,将劳动者融入市场分工的职业网络中,从而为其获得较高职业地位提供了条件;在认知能力方面,贸易开放传播了市场化的认知模式与地位获得模式,提升了劳动者人力资本和个人认知能力的回报率,为促进地位获得模式的市场化起到了重要作用。

再次,由于中国的对外开放和市场化转型存在不平衡性,所以对不同年龄劳动者、不同地区和行业进行了检验。结果发现,贸易开放对 1977 年及以后出生的劳动者的作用较为显著;对东部地区的作用高于中西部地区;对工业和建筑业劳动者的影响明显高于生产性服务业和生活性服务业。因此,贸易开放的作用随时间、地区和行业有较大差异,对年龄较低和开放程度较高的地区和行业的影响更加显著。

最后,对于劳动者阶层地位而言,笔者发现贸易开放度显著提升了劳动者进入市场中产阶层的比率,省份贸易开放度提升1%,劳动者进入市场中产阶层的概率可提升0.18%。对于市场中产阶层而言,其阶层差异中市场因素作用较大;而对于公职中产阶层而言,阶层差异的主要作用在于再分配制度因素,包括户籍制度、部门制度等方面。同时,贸易开放程度提升对于城镇人口的提升作用显著高于农村人口,对1977年以后出生的劳动者作用更加明显。

综上,贸易开放通过提升市场经济发展水平、促进劳动力流动和认知能力提升对劳动者获得较高职业地位具有积极影响;同时,对市场化发展程度较高的地区和行业有显著作用;对劳动者代际职业流动也有明显提升作用。这些对于中国促进社会流动、提高社会整体的开放性和公平性、培育新的社会流动机制和资源分配机制均具有重要的启示意义。

第四章
贸易开放与农村劳动力流动：
非农就业的路径选择

为深入探讨贸易开放与劳动力流动的机制，在第三章城镇劳动力研究的基础上，本章通过对农村劳动力工作参与、工作时间和收入的计算，探讨贸易开放对农村劳动力作用的不同方面。

第一节 引　　言

20世纪80年代以来，中国以多种方式促进农村劳动力非农就业，通过发展乡镇企业、鼓励加工贸易、促进农村劳动力进城务工等途径，推动农村剩余劳动力向工业部门和城市转移，增加了农民收入、促进了产业结构调整。

研究认为，工业化和城市化推动的资本深化提供了大量就业岗位，促进了农村劳动力向工业部门和城市转移，增加了劳动力流动程度、加速了产业结构调整的进程(Fu et al., 2005)。与此同时，大量文献指出，贸易开放是中国工业化进程的重要组成部分，对增加就业、提升市场竞争程度、提升行业技术水平等方面具有重要作用。尤其是在增加就业方面，贸易自由化和东部地区出口加工企业的发展通过直接和间接方式带动了大量就业(唐东波，2012；毛日昇，2009)。

现有对贸易自由化与就业的相关研究中，多数文献关注的是中间品和最终产品贸易自由化的就业效应，而且主要讨论其对制造业领域的影响，包括工资差距、劳动力需求弹性、不同技术人员的差异等方面，而对贸易开放对农村劳动力非农就业的关注较少。同时，现有研究农村劳动力就业的文献主要研究了劳动者个人能力、市场制度等方面对劳动者非农就业、收入增加和贫困减少的作用，而对于贸易自由化的影响也没有进行充分讨论。所以本章将深入分析贸易开放对农村劳动者非农就业、外出务工选择的作用，以及贸易开放对劳动者工资的影响大小。

本章将农村劳动力就业分为务农、本地非农就业和外出非农就业三个类别,通过工作参与、工作时间和工作收入三方面的计算,探讨农村劳动力非农就业的不同方面。在贸易开放度的测算中,我们使用劳动者出生以来省份贸易开放度的均值代表劳动者所有贸易开放的影响程度,这样做的优势在于,可以将其教育、工作的不同时期所受贸易开放的影响计算在内,有较高的准确性。为了降低内生性造成的影响,我们使用历史和地理数据,可以较好地避免内生性造成的有偏和不一致问题。

一、贸易开放的就业效应

近年来,大量研究探讨了贸易自由化与劳动力就业的关系。理论方面,新古典贸易理论认为,贸易自由化将促进发展中国家劳动密集产品的生产,从而提升非熟练劳动力的需求,增加非熟练劳动力就业、提升工资水平。相关研究如 Wood(1995)的讨论证实了贸易自由化提升了发达国家熟练劳动力的相对需求,而对于发展中国家的情况,相关研究并未发现贸易自由化对非熟练劳动力需求和工资的正向影响,尤其是对贸易自由化在发展中国家的劳动力在部门之间的再配置问题并没有显著证据。例如,Feliciano(2001)对墨西哥贸易自由化的研究,Attanasio、Goldberg、Pavcnik(2004)对哥伦比亚,Currie and Harrison(1997)对摩洛哥的讨论均未发现贸易自由化对劳动力流动的作用。可能的原因在于,发展中国家的产品和劳动力市场不健全,且存在大量不平等的制度机制,这抑制了劳动力市场对贸易自由化的反应。

随着产业内贸易的深入发展,中间产品贸易和外包活动成为发展中国家和发达国家产业分工的重要形式,对发展中国家劳动力市场产生了重要影响。Feenstra and Hanson(1997,1999,2003)发展了中间品贸易模型,认为最终品生产可被分解为不同技术密集度的中间品环节,因此企业将选择外包部分生产环节实现成本最小化。虽然发达国家将其非技术劳动环节转移至发展中国家,但对于发展中国家而言,此类活动仍属于技术劳动密集部分。所以结果是,外包活动增加了发达国家和发展中国家技术劳动力的相对需求和平均工资,导致两个地区的技术溢价增加。Feenstra and Hanson(1997)发现,美国对墨西哥的外包生产活动提升了墨西哥熟练劳动力需求和相对工资水平。

此外,Nearvy(1978,1982)将就业问题纳入标准贸易模型中,认为贸易冲击造成了劳动力市场短期的不均衡,可能增加劳动力市场的调整成本和国内失业问题。Attanasio et al.(2004)检验了贸易自由化与制造业的失业问题,发现关税下降后,制造业部门的失业可能增加,且失业增加程度比非贸易部门更大。Rama(2003)认为发展中国家内部的具体情况尤其是劳动力市场的不完全性与失业增加关系较大,Sen(2008)对印度的研究并未发现贸易自由化与国内制造业劳动者就业的明显相关性。

贸易自由化不仅通过产品市场和劳动力市场对就业产生作用,也通过家庭生产和消费渠道影响劳动者的就业和收入。尤其是在欠发达国家,劳动者没有在正式劳动力市场获得工资性工作,而是成为家庭生产者或自我雇佣者,贸易自由化尤其是制造业的自由化对家庭生产和消费活动的影响在发展中国家尤为重要。Smith et al.(2002)和Frankenberg et al.(2003)发现印度尼西亚的农村地区劳动者通过增加家庭内生产来应对贸易的下降,Edmonds and Pavcnik(2006)发现随着越南水稻市场的自由化程度提高,农业劳动者的家庭生产时间减少、工资性工作增加,提升了其在劳动力市场的参与程度。

国内研究方面,大量文献讨论了贸易自由化对国内劳动力市场的作用机制。毛日昇(2009)对制造业的研究发现,国际贸易的发展通过增加产出、改变劳动要素投入比率、改进全要素生产率和促进要素市场竞争对劳动力市场产生影响,最终增加了制造业就业。唐东波(2012)从垂直专业化角度分析了贸易开放对就业的影响,发现中间品贸易对中国高技术劳动力就业比例具有显著作用,尤其是从发达国家的中间品进口有利于提升高技术劳动力就业。盛斌等(2008,2009)从贸易自由化与劳动力需求弹性的角度,分析了中国贸易开放对劳动力就业风险的影响。研究发现,中间品出口有利于提升劳动力需求,其作用机制是改变生产要素之间的替代效应。

综上可知,对贸易自由化与劳动力市场的研究集中在中间品贸易自由化、劳动力需求弹性等方面,尤其是对制造业和正规部门的讨论较多,而对于贸易自由化通过劳动者生产参与对非正规部门的影响,尤其是对农村部门的影响讨论较少。笔者认为,贸易自由化是中国工业化进程的重要组成部分,不仅促进了制造业就业,而且对农村劳动者非农就业有积极作用,Fu(2005)的研究发现改革开放以来的贸易和FDI增长与中国乡村劳动力就业具有显著的正向关系。因此,我们将讨论贸易开放对劳动者非农工作的参与、收入的作用。

具体而言,贸易开放对农村劳动者非农就业的作用主要通过扩大劳动力需求来实现。贸易自由化作为中国开放战略的重要组成部分,对劳动者就业尤其是农村人口非农就业起着不可或缺的作用。

首先,改革开放以来,中国大力发展加工贸易,加工贸易和外资加工企业的迅速增长意味着生产活动的转移,直接增加了对劳动力的需求。垂直型FDI理论则从比较优势出发,将要素禀赋和价格差异视为跨国公司投资的主要原因,因此跨国公司将密集使用熟练劳动力的生产活动转向发展中国家,可为东道国提供大量就业机会(Helpman and Krugman, 1985)。最近发展的全球价值链理论认为,价值链分工意味着生产活动在母国和东道国之间的分配,而跨国公司通常将劳动密集程度较高的生产活动安排在发展中国家,价值链参与程度的提升将有助于提高东道国就业水平。2011年,中国加工贸易企业直接从业人员达4 000万人以上,占第二产业就业人数比重的20%,尤其是给农民工非农就业和进城务工带来了重要机会,增加了其非农就业和收入水平(崔鹏,2012)。

其次,贸易开放可以通过提升国内企业和劳动者技术,提升国内劳动者技术能力和工资水平。加工贸易和跨国公司在中国贸易总额中占较大比重,2013年加工贸易占贸易总额的50%左右,而其中垂直型跨国公司起到了至关重要的作用。大量研究表明垂直型跨国公司在技术水平、工资水平等方面高于国内企业,不仅可以增加国内劳动力需求,更重要的是通过技术溢出、人员培训等提升劳动者技术能力,同时通过示范效应提升国内工资水平。[1]理论和实证研究均表明,积极提升跨国公司与当地产业的关联程度是东道国实现经济发展的重要途径。[2]

二、农村劳动力的非农就业选择

根据刘易斯的二元经济理论,农村劳动力向非农部门转移是中国工业化进程的重要环节,也是降低农村贫困率、提升劳动者收入的关键途径。中国的绝大多数剩余劳动力集中在农村(Naughton, 2007),工业化推动的资本深化为农村剩余劳动力提供了大量就业岗位,促进了农村劳动力向非农部门以及城市流动,提升了社会整体的开放性。大量研究表明,在中国二元经济转型时期农村减贫的关键是劳动力的非农就业,而劳动力外出务工在非农就业中处于关键地位。

---

[1] 关于跨国公司生产率和工资水平的研究,参见 Helpman(2006)、Aitken et al.(1996)、Girma, et al.(2007)等。Fosfuri et al.阐述了FDI通过人员培训和流动等产生的溢出效应,许和连等总结了FDI与国内劳动力市场的作用机制,Neumayer 和 Soysa 探讨了国家间引资竞争对国内工资水平的影响,参见 Fosfuri et al.(2001)、许和连等(2009)、Neumayer et al.(2006)。

[2] Blömstrom et al.总结了FDI前后关联效应的机制,参见 Blömstrom et al.(1998);FDI通过前后关联效应对东道国经济影响的研究,参见 Rodriguez-Clare(1996)、Javorcik(2004)。

在农村劳动力非农就业方面,夏庆杰等(2010)、罗楚亮等(2010)研究均发现农村剩余劳动力进入城市部门和非农业部门可以显著增加农民收入;Du et al.(2005)、岳希明等(2010)利用工具变量法,发现农村人口的非农就业尤其是外出务工对降低贫困率具有重要作用;章元等(2012)则考察了工业化的渗透效应对农村劳动者的影响,发现农民收入增加主要来源于参与工业劳动时间的增加。胡鞍钢等(2006)总结中国减贫的经验,指出农业劳动力向非农产业大规模转移、城市化进程加快、出口导向型的开放政策等在推动农村减贫、提升社会流动性方面发挥了巨大作用。

对于劳动者非农就业问题,部分文献探讨了劳动者本地非农务工和外地就业的选择问题。Xing(2010)分析了农村劳动力迁移的自选择效应,较高素质的劳动力更倾向于外出务工,但没有考虑劳动者不可观测效应的影响;而Wu(2010)考察了劳动者不可观测特征后指出,外出务工相对于本地非农就业而言是负向选择的,说明外出务工者的基本素质低于本地非农就业人员。宁光杰(2012)使用农村住户调查数据研究后发现,外出就业的收入明显高于本地非农就业,而制度因素是限制劳动者外出的主要原因。

贸易开放与农村劳动力就业方面的研究较少。Fu(2005)利用省份数据,考察了贸易和FDI对农村劳动力市场的影响,发现出口的扩张为剩余劳动力提供了大量就业机会。Edmonds et al.(2006)对越南的研究发现越南农产品贸易的发展促进了农村劳动力的非农就业,提高了其市场化水平。

因此,现有对贸易自由化与就业的相关研究中,多数文献关注的是中间品和最终产品贸易自由化的就业效应,而且主要讨论其对制造业领域的影响,包括工资差距、劳动力需求弹性、不同技术人员的差异等方面,而对贸易开放对农村劳动力非农就业的关注较少。同时,现有研究农村劳动力就业的文献主要研究了劳动者个人能力、市场制度等方面对劳动者非农就业、收入增加和贫困减少的作用,而对于贸易自由化的影响也没有进行充分讨论。所以本章将深入分析贸易开放对农村劳动者非农就业、外出务工选择的作用,以及贸易开放对劳动者工资的影响大小。

三、农村劳动力非农就业的现实

计划经济时期,中国实行典型的二元经济体制,农村劳动力被严格限制在农业部门,劳动力流动程度很低。20世纪80年代,农村家庭承包经营的推行一方面瓦解了原有的人民公社制度,另一方面也使劳动生产率大幅提高,农业所需的劳动力大量减少。因此，国家出台相关政策，鼓励在农村建立乡镇企业，发展非农经济吸收剩余劳动力，推动了经济增长和就业，提高了农村劳动力的非农就业水平。20世纪90年代开始，城市工业部门的发展尤其是东部沿海开放城市的工业化使其对劳动力的需求迅速增加，农村劳动力进入城市成为劳动力流动的必然趋势。随着对人口迁移限制的大幅降低，农村非熟练劳动力进入城市，成为经济发展的重要推动力量。从1990—1997年，在城市的农村流动人口从2 500万增至3 700万，但在2009年流动人口达到了1.45亿(Meng,2012)。

在此过程中，农民原有依托土地和公社的农村保障制度瓦解，而城市并未给予农民工与城镇人口相同的职业和福利标准，且劳动力市场仍存在着大量限制农民流动的制度性障碍。由于中国市场经济转型尚未完成，城市劳动者在资源再分配方面仍占有支配地位，而流动人口市场权力仍然较弱，这体现在职业获得、工资收入、福利待遇等多个方面。

第二节　数据来源和计量方法

本节分析了农村劳动力流动和收入数据来源，主要方法和内生性问题以及稳健性检验。

一、数据来源

数据来源于2013年全国家庭收入调查数据(Chinese Household Income Survey)的农村样本，该样本涵盖15个省份的10 490个家庭和39 065个个人的收入、就业、家庭等情况以及所在地区的基本信息，尤其是对劳动者农业和非农工作时间、外出务工时间及工作类型、外出原因等方面的信息进行了统计，可以有效地考察劳动者非农工作参与和外出务工选择等问题。笔者保留了15—63岁且未接受学校教育的劳动者数据，删除变量缺失值后，得到23 896个劳动者样本。

由表4.1可见，就劳动者数量而言，本地农业劳动者仅占约30%，而本地非农劳动者、外出务工人员占75%以上。年龄方面，农业人员年龄最大，非农工作、外出务工人员年龄明显低于农业劳动者，尤其是年轻劳动者更有可能外出务工。教育程度方面，笔者发现，农业劳动者教育程度最低，平均为小学水平；而省内外出劳动者教育程度最高，部分人员达到高中水平；这说明教育程度较高的劳动者更有可能选择外出工作。工作时间方面,随着外出时间增加,劳动者工作时间也有显著增加,本地农业劳动者工作时间为 7.25 个月,而省外外出的劳动者平均超过 9 个月。工作收入方面,外出务工人员的收入要显著高于本地非农工作,年收入比本地非农劳动者高 8 000 元左右,这与 Golley and Meng(2011)的发现一致。

表 4.1　不同类型劳动者的基本工作情况

工作类型	人数	年龄	教育程度(年)	工作时间(月)	工作年收入(元)
本地农业	7 259	47.31	6.09	7.25	—
本地非农工作	6 946	43.00	8.19	9.05	22 356.8
外出务工(省内)	5 271	34.88	9.16	9.36	26 140.6
外出务工(省外)	2 761	32.13	8.66	9.61	30 227.2

· 注:由于劳动者可能同时有本地农业劳动、本地非农工作、外出务工等多种工作,笔者根据调查问卷中劳动者最长的工作时间和主要工作收入选择其从事的主要工作形式。

在贸易开放的变量选择方面,由于中国开放程度的地区、时间差异较大,不同省份、不同年龄的人员受到的贸易开放度影响有很大差距,所以笔者按照第三章的计量方法,使用劳动者所在省份的贸易开放程度的加权作为解释变量。

表 4.2 给出了主要变量的统计描述。

表 4.2　主要变量的统计描述

变量	描述	单位	平均值	标准差	最小值	最大值
非农工作收入	劳动者参与非农工作的收入	log(元/日)	4.575	0.697	1.386	10.597
非农工作时间	劳动者参与非农工作的月数	log	2.149	0.563	−2.303	3.583
工作类型	0 为农业、1 为本地非农,2 为外出(省内),3 为外出(省外)	[—]	1.157	1.017	0	3
贸易开放度	劳动者所有贸易开放影响	log	−1.942	0.908	−2.973	0.622
个人特征变量						
性别	1 为男性,0 为女性	[—]	0.532	0.498	0	1
婚姻状况	1 为已婚,0 为未婚	[—]	0.833	0.373	0	1
年龄	劳动者年龄	[—]	41.177	12.523	16	63
年龄的平方/100	劳动者年龄平方/100	[—]	18.525	10.227	2.56	39.69
教育年限	劳动者教育年限	年	7.762	3.193	0	20
健康状况	1 为健康状况良好,0 为一般或较差	年	0.776	0.417	0	1
干部身份	1 为乡镇或村干部,0 为群众	[—]	0.027 2	0.163	0	1
家庭收入	2012 年家庭人均收入	[—]	10.456	0.754	0.01	14.13
省份特征变量						
市场化程度	私营企业产值与内资企业产值的比值	log	6.841	0.458	5.672	7.554
城市人力资本	初中以上劳动者所占比重	log(年/人)	−2.840	0.110	−3.092	−2.570
劳动力密集程度	人口抚养比	%	36.37	4.98	22.7	42.23

二、计量方法

笔者认为,不可观测效应将影响劳动者非农就业和外出工作,OLS 和工具变量估计可能造成结果的有偏性。由于涉及劳动者多种工作的选择问题,所以笔者采用 Dubin et al.(1984)和宁光杰(2012)的克服选择偏差的修正模型,影响劳动者外出工作的因素既包括劳动者个人特征,也包括所在乡村的情况。因此笔者选取的变量有劳动者年龄、性别、婚姻、教育程度、健康情况和干部、家庭人均收入、是否有老人或儿童需要照顾、所在村拆迁情况、所在村的生活水平等;其中照顾老人/儿童、所在村的拆迁和生活水平变量只影响劳动者是否外出,而对外出的工资没有直接作用。为了克服不可观测特征的影响,我们采用修正效应模型进行估计,即第一步利用 probit 模型估计劳动者非农就业和外出务工的影响因素,并得到逆 mills 比率;第二步将逆 mills 比率代入劳动时间和工作收入模型,得到劳动者非农工作时间和收入的决定因素。具体估计方程为:

$$P = P(\ln trade_i, X_i, Y_c, Z_i)$$

其中 $\ln trade_i$ 为劳动者所受贸易开放程度,X_i 为劳动者个人变量,Y_c 为省份层面变量,Z_i 为仅影响劳动力是否外出工作的变量,包括是否有老人或儿童需要照顾、所在村拆迁情况、所在村的生活水平。

在非农工作时间和收入方面,我们采用 OLS 和工具变量估计,方程为:

$$\ln workmonth_i = \ln trade_i + X_i + Y_c + lambda$$
$$\ln wage_i = \ln trade_i + X_i + Y_c + lambda$$

$lambda$ 为通过选择修正效应得到的逆 mills 比率。

对于变量的内生性问题,我们使用历史与地理相结合的方法构建工具变量并进行检验,详见第三章第三节。

第三节 计量结果分析

本节分析了基本回归、劳动者就业时间、劳动者收入以及对不同样本的检验,得出了具有稳健性的结论。

一、基本回归结果

表 4.3 报告了劳动者非农就业和外出务工的基本回归结果。其中第(1)(2)

列为劳动者非农就业的影响因素,我们发现贸易开放程度提高显著增加了劳动者非农就业机会,有利于劳动者从农业部门向非农部门转移。教育年限、健康状况、家庭收入都有利于劳动者从事非农工作,年龄与非农工作呈倒 U 形关系,婚姻状况与非农工作的关系为负,说明随着年龄增长,劳动者的非农工作参与程度呈先上升后下降趋势,且未婚劳动者的非农就业程度高于已婚劳动者。

表4.3 劳动者非农就业和外出务工选择的基本回归结果

解释变量	(1) 非农工作	(2) 非农工作	(3) 是否外出	(4) 是否外出	(5) 省外工作	(6) 省外工作
贸易开放度	0.175***	0.386***	−0.151***	−0.091 7***	−0.487***	−0.108***
	(10.98)	(17.98)	(−8.68)	(−3.78)	(−19.01)	(−2.94)
个人控制变量						
年龄	0.072 1***	0.073 8***	−0.030 6***	−0.030 2***	0.024 6**	0.019 1*
	(12.34)	(12.72)	(−4.04)	(−3.99)	(2.19)	(1.75)
年龄平方/100	−0.114***	−0.115***	−0.005 00	−0.005 28	−0.059 8***	−0.050 3***
	(−16.47)	(−16.79)	(−0.53)	(−0.56)	(−4.04)	(−3.49)
婚姻状况	−0.290***	−0.281***	−0.245***	−0.244***	0.004 57	0.014 8
	(−8.87)	(−8.60)	(−6.98)	(−6.96)	(0.10)	(0.34)
教育年限	0.089 7***	0.085 4***	0.014 6***	0.013 6***	−0.035 9***	−0.041 9***
	(25.02)	(23.79)	(3.29)	(3.06)	(−5.74)	(−6.75)
健康状况	0.187***	0.170***	0.129***	0.123***	0.117**	0.092 4*
	(8.34)	(7.65)	(4.16)	(3.96)	(2.36)	(1.91)
干部身份	0.299***	0.308***	−0.849***	−0.844***	0.030 0	0.064 6
	(4.40)	(4.58)	(−9.93)	(−9.89)	(0.17)	(0.39)
家庭人均收入	0.182***	0.130***	−0.086 1***	−0.101***	−0.071 7***	−0.155***
	(13.11)	(9.26)	(−5.25)	(−5.97)	(−3.08)	(−6.50)
省份控制变量						
省份人力资本	0.927***	0.638***	1.032***	0.952***	0.851***	0.295*
	(9.69)	(6.71)	(8.41)	(7.63)	(5.12)	(1.72)
劳动力密集度	0.018 2***	0.043 7***	0.019 9***	0.027 2***	0.027 4***	0.080 3***
	(6.62)	(13.64)	(5.69)	(6.63)	(5.18)	(11.56)
市场化程度	0.194***	0.137***	−0.226***	−0.233***	−0.155***	−0.261***
	(8.46)	(5.96)	(−7.18)	(−7.43)	(−3.95)	(−6.51)
其他变量						
照顾老人/儿童	−0.620***	−0.630***	−0.778***	−0.786***	−0.883***	−0.835***
	(−19.11)	(−19.70)	(−14.70)	(−14.83)	(−6.58)	(−6.46)
征地情况	0.280***	0.268***	−0.245***	−0.247***	−0.280***	−0.292***
	(9.82)	(9.46)	(−7.78)	(−7.85)	(−5.53)	(−5.91)
乡村生活水平	0.026 0	0.044 3**	0.002 22	0.006 75	−0.034 6	−0.012 0
	(1.34)	(2.29)	(0.09)	(0.28)	(−1.03)	(−0.36)
Wald 检验		0.00		0.00	—	0.00
拟似然比	−12 876.9	−26 456.7	−8 898.4	−10 879.9	−4 476.6	−9 710.2
N	23 896	23 896	15 177	15 177	8 075	8 075

• 注:*、**和***分别表示估计值在10%、5%和1%置信水平下显著。第(1)(3)(5)列为基本回归结果,第(2)(4)(6)列为工具变量回归结果。

省份变量方面,市场化程度、劳动力密集度和人力资本密集度都有利于劳动者非农工作;其他变量中,家庭有老人/儿童需要照顾对劳动者非农就业有显著负向影响,而所在村的拆迁提升了劳动者非农务工的选择。第(3)(4)列中,我们检验了劳动者在非农工作中是否外出的影响因素。结果发现,贸易开放对劳动者外出的影响显著为负,说明在贸易自由化程度更高的地区,劳动者更倾向于选择在本地非农就业。第(5)(6)列报告了劳动者在省内外出务工和省外工作的选择,结果显示贸易开放对劳动者省外工作的影响仍然为负,说明劳动者受贸易开放影响越大,越有可能在本省内工作,而非外省务工。

为了进一步讨论劳动者非农就业的选择问题,我们采用 mprobit 模型对劳动者不同的工作状态进行了检验。表 4.4 的结果显示,贸易开放对劳动者本地工作和外出务工的系数均显著为正,说明贸易自由化有利于劳动者参与非农工作,提高了当地非农就业水平。年龄、婚姻状况、教育、健康等变量结果与基本回归结果差异较小。

第(5)和第(6)列报告了劳动者在本地非农工作和外出务工的边际效应。笔者发现,贸易开放度提升 1 个百分点,劳动者本地非农就业机会可提升 0.15个百分点,而外出务工的概率提升 0.1 个百分点左右,这表明相对于本地农业就业而言,贸易开放首先提升了劳动者本地非农就业水平,对劳动者外出务工的作用小于对其本地就业的作用。可能的原因在于,地区贸易开放程度提高可以通过直接和关联效应增加对本地的劳动力需求,提升本地就业水平;中国劳动力市场仍不健全,劳动者外出务工可能存在障碍,因此对外出就业的作用较小。

表 4.4 劳动者本地工作和外出务工的 mprobit 模型

解释变量	(1) mprobit 本地工作	(2) mprobit 外出务工	(3) iv-mprobit 本地工作	(4) iv-mprobit 外出务工	(5) 边际效应 本地工作	(6) 边际效应 外出务工
贸易开放度	0.403*** (15.92)	0.170*** (6.68)	0.511*** (18.45)	0.352*** (9.58)	0.149*** (19.07)	0.090 3*** (11.05)
年龄	0.109*** (11.38)	0.050 8*** (5.10)	0.112*** (10.17)	0.063 4*** (7.01)	0.032 7*** (9.26)	0.016 3*** (7.33)
年龄平方/100	−0.144*** (−12.82)	−0.129*** (−10.67)	−0.148*** (−13.44)	−0.130*** (−10.57)	−0.043 0*** (−12.60)	−0.033 2*** (−12.80)
婚姻状况	−0.210*** (−3.79)	−0.590*** (−11.44)	−0.221*** (−3.22)	−0.502*** (−8.21)	−0.064 4*** (−3.35)	−0.128 7*** (−9.80)
教育年限	0.124*** (21.85)	0.144*** (24.36)	0.125*** (16.59)	0.135*** (13.45)	0.036 5*** (20.94)	0.034 6*** (22.15)

(续表)

解释变量	(1) mprobit 本地工作	(2) mprobit 外出务工	(3) iv-mprobit 本地工作	(4) iv-mprobit 外出务工	(5) 边际效应 本地工作	(6) 边际效应 外出务工
健康状况	0.109***	0.290***	0.104***	0.225***	0.030 3***	0.057 6***
	(3.12)	(7.56)	(2.84)	(6.14)	(2.89)	(6.60)
干部身份	0.686***	−0.458***	0.664***	−0.244*	0.193***	−0.062 6*
	(7.18)	(−3.48)	(6.29)	(−1.68)	(5.96)	(−1.71)
家庭人均收入	0.312***	0.182***	0.278***	0.157***	0.080 8***	0.040 1***
	(14.16)	(8.05)	(13.18)	(6.53)	(12.72)	(6.83)
省份人力资本	0.695***	2.091***	0.545***	1.529***	0.158***	0.392***
	(4.60)	(13.39)	(2.92)	(8.15)	(3.01)	(9.63)
劳动力密集度	0.017 0***	0.035 7***	−0.001 90	0.007 66*	−0.000 552	0.001 96*
	(3.96)	(7.85)	(−0.42)	(1.78)	(−0.42)	(1.80)
市场化程度	0.368***	0.132***	0.353***	0.135***	0.103***	0.034 5***
	(9.81)	(3.62)	(9.54)	(3.70)	(9.18)	(3.76)
照顾老人/儿童	−0.247***	−1.272***	−0.309***	−1.083***	−0.090 0***	−0.278***
	(−4.92)	(−19.49)	(−3.52)	(−9.78)	(−3.71)	(−12.49)
征地情况	0.759***	0.406***	0.744***	0.443***	0.216***	0.114***
	(16.89)	(8.30)	(16.53)	(7.59)	(15.91)	(8.03)
乡村生活水平	0.044 7	0.053 4*	0.038 1	0.039 9	0.011 1	0.010 2
	(1.46)	(1.70)	(1.28)	(1.44)	(1.28)	(1.44)
拟似然比	−19 779.5		−14 085.7		—	—
N	22 273		22 273		22 273	22 273

二、贸易开放与劳动者非农就业时间

我们认为,贸易开放程度增加将提高地区的工业化水平,从而提升劳动者非农工作的参与程度,表4.5对贸易开放与劳动者非农就业时间进行了检验。

表4.5　贸易开放与劳动者非农就业时间

解释变量	农业工作 (1)	(2)	本地非农 (3)	(4)	外出工作(省内) (5)	(6)	外出工作(省外) (7)	(8)
贸易开放度	−0.128***	−0.371***	0.173***	0.195***	0.108***	0.163***	0.065 5	0.080 1
	(−5.82)	(−4.78)	(12.09)	(4.64)	(8.41)	(5.41)	(1.61)	(1.17)
教育年限	−0.023 5***	−0.085 9***	0.032 3***	0.032 8***	0.020 0***	0.029 1***	0.015 6***	−0.003 56
	(−8.80)	(−6.70)	(11.53)	(4.32)	(7.37)	(4.76)	(5.80)	(−0.25)
家庭人均收入	−0.075 1***	−0.102***	0.162***	0.167***	0.066 7***	0.091 1***	0.012 2	0.028 2
	(−6.89)	(−7.36)	(14.80)	(12.46)	(5.18)	(5.71)	(1.27)	(1.32)
省份人力资本	−1.390***	−1.586***	0.286***	0.250***	0.110	0.071 5	0.061 7	−0.320*
	(−20.09)	(−20.93)	(3.34)	(2.75)	(1.06)	(0.49)	(0.70)	(−1.84)
劳动力密集度	0.000 269	0.010 3***	0.014 4***	0.013 9***	0.008 05***	0.005 72*	0.011 3***	0.007 70
	(0.10)	(3.73)	(6.04)	(5.91)	(2.94)	(1.74)	(2.78)	(1.49)

(续表)

解释变量	农业工作		本地非农		外出工作(省内)		外出工作(省外)	
	(1)	(2)	(3)	(4)	(5)	(6)	(7)	(8)
市场化程度	−0.481***	−0.482***	0.103***	0.110***	0.0287	0.0544*	−0.0143	0.0310
	(−29.50)	(−22.72)	(4.71)	(4.38)	(1.13)	(1.71)	(−0.65)	(1.07)
mills0				0.00458		0.0138		−0.0174
				(0.81)		(1.61)		(−1.16)
mills1		−0.0968***				−0.00493		−0.0692***
		(−3.00)				(−0.29)		(−2.87)
mills2		0.248***		0.00344				0.0787**
		(4.24)		(0.14)				(2.16)
mills3		−0.0764***		0.00635		0.0195**		
		(−3.58)		(0.81)		(2.44)		
R^2	0.1208	0.1067	0.1298	0.1286	0.1192	0.1153	0.0426	0.0470
N	12594	12594	8905	8905	3769	3769	2698	2698

• 注:其中第(1)(3)(5)列为未加入修正项的工具变量回归,第(2)(4)(6)列为加入修正项的结果。

第(1)(2)列报告了农业工作时间的回归结果,笔者发现贸易开放度对农业工作时间有显著的降低作用,在考虑了劳动者不可观测效应后,贸易开放度提升1个百分点,劳动者农业工作时间可降低0.37个百分点。这表明地区经济开放对农业劳动者的渗透作用(章元等,2012)。第(3)和第(4)列结果显示,贸易开放对劳动者本地非农工作的提升作用较强,贸易开放程度提升1%,劳动者非农就业时间可提升0.2%。第(5)和第(6)列为对外出(省内)的作用,第(7)和第(8)列为对外出(省外)的作用。由结果可知,贸易自由化对省内外出劳动力的作用较高,而对省外外出劳动力没有明显影响。因此,贸易开放对本地非农就业的影响大于外出劳动力,而对省内外出的影响又大于省外外出,可能的原因在于贸易自由化通过溢出效应和前后关联效应提升了当地非农产业发展,促进当地的工业化和市场化进程,而对于外出劳动力影响较小。

因此,贸易开放程度提高显著提升了劳动者非农工作参与度,尤其有利于本地非农工作参与。一般而言,劳动者的非农工作时间可能与市场制度有关,市场制度较发达的地区,非农就业比例和劳动时间也会较高。我们选取了劳动者工作获得途径和劳动契约制度两个变量衡量劳动力市场制度。其中,工作获得途径分为市场途径和非市场途径,分别指通过政府、公开招聘、市场招工等形式和通过熟人介绍、朋友推荐等形式的获得方式;劳动契约制度分为长期和短期契约,即固定工作和长期工、短期工和无合同劳动者。

表 4.6 贸易开放与劳动力市场制度

解释变量	工作获得途径			劳动契约制度		
	本地工作 (1)	外出(省内) (2)	外出(省外) (3)	本地工作 (4)	外出(省内) (5)	外出(省外) (6)
贸易开放度	0.205*** (4.88)	0.169*** (5.56)	0.087 4 (1.24)	0.055 6 (1.54)	0.085 2*** (3.33)	−0.090 8* (−1.77)
贸易开放×工作获得	−0.052 6** (−2.43)	−0.033 4* (−1.71)	−0.063 9 (−0.82)			
工作获得	0.021 1 (0.65)	0.003 04 (0.11)	−0.108 (−0.58)			
贸易开放×契约制度				−0.159*** (−10.51)	−0.088 7*** (−6.89)	0.026 2 (0.60)
契约制度				−0.003 32 (−0.13)	0.019 4 (0.89)	0.177* (1.67)
mills0	0.005 33 (0.93)	0.013 6 (1.56)	−0.017 4 (−1.16)	0.005 05 (0.92)	0.014 6* (1.74)	−0.025 6* (−1.96)
mills1		−0.004 22 (−0.25)	−0.067 8*** (−2.81)		0.026 3* (1.65)	−0.022 2 (−0.96)
mills2	0.002 46 (0.10)		0.081 4** (2.24)	0.078 3*** (3.57)		0.096 8*** (2.96)
mills3	0.006 92 (0.88)	0.020 0** (2.49)		−0.025 4*** (−3.71)	0.003 92 (0.53)	
个人变量	有	有	有	有	有	有
省份变量	有	有	有	有	有	有
R^2	0.131 2	0.116 5	0.047 5	0.170 0	0.142 0	0.053 2
N	8 905	3 769	2 698	6 391	3 473	2 434

表 4.6 分析了贸易开放程度与不同工作获得途径和劳动契约制度的关系。结果显示,对于工作获得途径而言,贸易开放对非市场途径获得工作的劳动者的影响更大,尤其对本地工作和省内外出的劳动者,贸易开放程度提高有利于非市场途径的劳动者的非农工作参与。对于劳动契约制度而言,贸易开放程度提高也增加了短期和无合同劳动者的参与程度,而对于省外外出的劳动者作用不明显。所以对于不同工作获得途径和劳动契约制度的劳动者,贸易开放对非市场途径和短期契约人员的作用大于市场途径和长期契约劳动者。

三、贸易开放对劳动者收入的作用

贸易开放对劳动者的主要影响在劳动者非农工作参与和收入两个方面,因此表 4.7 报告了贸易开放度提高对劳动者收入的影响。其中第(1)(2)列报告了对本地工作的影响,笔者发现劳动者受贸易自由化影响越大,其工资收入也相应越高,即贸易开放度提升1个百分点,本地工作的工资可提升0.16个百分点左右。

表4.7 贸易开放与劳动者收入

解释变量	本地工作		外出(省内)工作		外出(省外)工作	
	(1)	(2)	(3)	(4)	(5)	(6)
贸易开放度	−0.009 87	0.156***	0.027 5*	0.073 0**	−0.060 3	−0.064 6
	(−0.50)	(2.92)	(1.81)	(2.25)	(−1.00)	(−0.60)
教育年限	0.012 4***	0.040 8***	0.006 59*	0.000 751	0.022 1***	−0.003 74
	(3.34)	(4.25)	(1.82)	(0.11)	(4.92)	(−0.20)
家庭人均收入	0.171***	0.203***	0.134***	0.140***	0.125***	0.129***
	(11.51)	(11.41)	(8.84)	(7.11)	(7.05)	(3.85)
省份人力资本	−0.349***	−0.400***	−0.161	−0.392***	0.040 8	−0.375
	(−2.98)	(−3.28)	(−1.53)	(−3.12)	(0.32)	(−1.63)
劳动力密集度	0.011 3***	0.003 55	0.003 00	−0.001 63	−0.010 9**	−0.015 0**
	(3.24)	(1.06)	(0.97)	(−0.49)	(−2.04)	(−2.24)
市场化程度	−0.085 1***	−0.037 9	−0.054 9**	−0.030 4	0.052 6*	0.085 7*
	(−2.93)	(−1.21)	(−2.25)	(−0.99)	(1.80)	(1.78)
mills0		−0.008 26		−0.013 4		−0.023 0
		(−1.09)		(−1.54)		(−1.07)
mills1				−0.021 5		−0.062 5*
				(−1.22)		(−1.71)
mills2		−0.129***				0.091 6**
		(−4.34)				(2.09)
mills3		0.044 8***		0.016 7***		
		(4.67)		(3.08)		
控制变量	有	有	有	有	有	有
R^2	0.043 2	0.048 3	0.070 8	0.076 1	0.077 5	0.079 9
N	7 072	7 072	5 266	5 266	2 750	2 750

根据第(3)—(6)列结果,可发现贸易自由化对省内外出工作的劳动者影响较显著,而对省外外出的劳动者作用较小,这与其对劳动者非农工作参与的影响较为一致。可能的原因在于,贸易自由化程度提高首先增加了本地劳动者的就业机会,提升了其非农工作参与程度,而对外出劳动者作用较小。同时,由于贸易开放程度较高的地区主要在城市,所以增加了劳动者向城市流动的机会,增加了其省内就业的概率。与此同时,中国现阶段的劳动力市场制度而言,劳动者的省外流动仍然存在诸多障碍,因此其对省外流动劳动者的作用不显著。

表 4.8　贸易开放与劳动者工资的 Heckman 两步法回归结果

解释变量	(1)本地工作	(2)本地工作	(3)外出(省内)	(4)外出(省内)	(5)外出(省外)	(6)外出(省外)
			劳动者收入			
贸易开放度	0.095 2*	0.038 1*	0.322***	0.046 0***	−0.227	0.074 3*
	(1.69)	(1.69)	(3.56)	(3.56)	(−1.37)	(1.93)
人力资本水平	−0.569***	−0.627***	−0.534***	−0.349***	0.019 3	−0.161
	(−5.01)	(−4.91)	(−4.31)	(−3.41)	(0.12)	(−1.06)
劳动力密集度	0.003 60	0.005 03*	0.000 776	0.001 39	−0.009 60	−0.011 9***
	(1.23)	(1.65)	(0.28)	(0.48)	(−1.29)	(−2.85)
市场化程度	−0.021 3	−0.001 68	−0.036 2	−0.025 8	0.072 1**	0.083 1***
	(−0.67)	(−0.05)	(−1.43)	(−1.04)	(2.06)	(2.66)
控制变量	有	有	有	有	有	有
			选择模型			
贸易开放度	0.463***	0.185***	−0.087 5	−0.012 5	0.863***	−0.474***
	(11.21)	(11.21)	(−0.71)	(−0.71)	(3.89)	(−16.88)
人力资本水平	−0.585***	−0.868***	0.629***	0.579***	0.679***	1.570***
	(−5.17)	(−7.51)	(4.01)	(4.56)	(2.98)	(9.43)
劳动力密集度	−0.017 8***	−0.010 8***	0.014 7***	0.014 6***	0.058 9***	0.043 6***
	(−6.23)	(−3.37)	(4.31)	(4.09)	(5.46)	(8.89)
市场化程度	0.150***	0.245***	−0.135***	−0.138***	−0.313***	−0.309***
	(4.71)	(8.15)	(−4.08)	(−4.24)	(−6.77)	(−7.70)
照顾老人/儿童	0.294***	0.294***	−0.741***	−0.741***	−1.587***	−1.559***
	(7.42)	(7.42)	(−15.44)	(−15.44)	(−15.33)	(−14.92)
征地情况	0.198***	0.198***	−0.196***	−0.196***	−0.529***	−0.517***
	(6.98)	(6.98)	(−6.33)	(−6.33)	(−11.32)	(−10.89)
乡村生活水平	−0.001 26	−0.001 26	0.013 2	0.013 2	−0.007 39	−0.042 3
	(−0.06)	(−0.06)	(0.53)	(0.53)	(−0.23)	(−1.27)
控制变量	有	有	有	有	有	有
			逆 mills 比率			
lambda	0.501***	0.501***	−0.374***	−0.374***	−0.181**	−0.186**
	(4.04)	(4.04)	(−4.94)	(−4.94)	(−2.48)	(−2.52)
截断	9 715	9 715	8 611	8 611	8 583	8 583
未截断	6 886	6 886	5 229	5 229	2 747	2 747
N	16 601	16 601	13 840	13 840	11 330	11 330

笔者进一步使用 Heckman 两步法检验了贸易开放对劳动者本地就业和外出务工选择的影响,结果如表 4.8 所示。笔者发现,控制了不可观测效应后,贸易变量对本地工作和外出工作均有显著作用,尤其对于省外外出的劳动者,贸易开放变量的作用达到 0.07 个百分点,对本地工作和省内外出劳动者的作用达到 0.04 个百分点左右。此外,劳动者本地工作的逆 mills 比率为正,而省内外出和省外外出劳动者的逆 mills 比率为负,说明本地就业和外出务工可能是负向选择的,即个人能力较高的劳动者更倾向于本地务工,而能

力较低的劳动者更倾向于外出就业。

对于贸易开放对劳动者工资的影响大小,我们对劳动者收入进行了分解,考察贸易变量在其总收入中的作用。表4.9的结果报告了贸易开放变量对劳动者对数工资的影响。由于省外外出的工资较高,所以对于本地工作和省内工作的劳动者而言,贸易的价格效应较高,即本地劳动者如果选择外出务工,则可获得更高收入。根据mills比率方法的反事实估计,如果本地劳动者选择省内外出务工或省外务工,则日收入可提高14.2和26.2元,其中贸易变量对其日收入的作用可提高1.3和1.9元。根据Heckman两步法,贸易变量对日工资提升的作用分别为1.2、1.5和1.2元,与mills比率的结果较为接近。同时,本地工作、省内外出务工和省外务工的工资收入分别为59.7、138.4和128.7元,而外出劳动者在本地收入的反事实估计分别为52和47.2元,显著低于本地劳动者工资,这也与劳动者外出务工的反事实估计为负相一致,说明劳动者外出工作具有逆向选择性。

表4.9 贸易变量对劳动者工资的作用分解

不同工作类型比较	贸易效应与工资差距			常数项	选择偏差
	贸易的总效应	数量效应	价格效应		

mills计算方法

不同工作类型比较	贸易的总效应	数量效应	价格效应	常数项	选择偏差
外出(省内)与本地工作	0.25	0.01	0.24	0.79	0.00
外出(省外)与本地工作	0.66	0.01	0.64	0.15	0.01
外出(省外)与外出(省内)	0.40	0.02	0.39	−0.64	0.01

Heckman两步法

工作类型	工资收入	贸易变量	贸易效应的反事实估计		
			本地工作	外出(省内)	外出(省外)
本地工作	4.09	0.16	—	0.53	−0.37
外出(省内)	4.93	0.43	0.13	—	−0.30
外出(省外)	4.86	−0.21	0.09	0.32	—

四、贸易开放对不同年龄阶段和地区劳动者的作用

由于中国的对外开放程度是在1978年改革开放战略后不断加深和拓展的,所以对于不同年龄阶段的劳动者而言,贸易自由化对其非农工作时间和收入的作用可能会有所不同。因此,我们将劳动者按年龄分为1964—1978年出生和1978年以后出生等,同时按照地区分类分别检验贸易自由化随时间和地区变化而产生的差异化影响。

表 4.10 检验了贸易开放对不同年龄劳动者的影响。对非农工作和外出务工参与而言,贸易开放程度提高增加了劳动者非农工作尤其是外出务工参与程度,这对于 1978 年及以后出生的劳动者尤为明显。对于非农工作和外出务工时间,1978 年及以后出生的劳动者的参与时间较高,但贸易变量与出生时间变量的交互项显著为负,即贸易开放对年龄较大劳动者的非农工作时间影响高于年轻人。可能的原因在于,年轻人员非农工作时间较长,贸易开放对其非农务工的影响可能会有较高的提升作用。对于工作收入而言,贸易开放对 1978 年及以后劳动者收入的作用也较为显著,说明随着贸易开放程度提高,贸易自由化对工资的提升作用也更加显著。

表 4.10　贸易开放对不同年龄阶段劳动者的作用

解释变量	非农工作参与和收入			外出务工和收入		
	非农工作 iv-probit (1)	工作时间 2sls (2)	工作收入 2sls (3)	外出务工 iv-probit (4)	外出时间 2sls (5)	外出收入 2sls (6)
贸易开放度	0.344*** (6.86)	0.258*** (11.79)	−0.0697*** (−2.62)	−0.978*** (−6.68)	0.347*** (7.13)	−0.139*** (−2.91)
1964—1978 年	0.0771* (1.93)	0.0925*** (6.00)	0.134*** (2.59)	0.329*** (5.13)	0.129*** (4.88)	0.349*** (3.54)
1978 年以后	0.202*** (2.84)	0.140*** (8.08)	0.143*** (2.92)	0.499*** (6.57)	0.185*** (5.50)	0.247*** (2.75)
贸易开放度×1964—1978 年	0.209*** (4.73)	−0.0841*** (−3.86)	0.0294 (1.10)	0.387*** (5.65)	−0.163*** (−3.28)	0.130*** (2.72)
贸易开放度×1978 年以后	0.0951** (1.99)	−0.188*** (−9.61)	0.0727*** (3.03)	0.623*** (8.55)	−0.245*** (−5.59)	0.126*** (2.99)
mills0		−0.00266 (−0.65)	−0.00713 (−1.33)		0.0111 (1.59)	0.000703 (0.09)
mills1					−0.00652 (−0.66)	0.0237** (2.04)
控制变量	有	有	有	有	有	有
R^2	0.1800	0.1093	0.0371	0.1903	0.0854	0.0476
N	23 896	15 122	15 088	23 896	6 933	8 016

表 4.11 检验了贸易自由化与不同地区劳动者的作用。笔者发现,对于非农工作而言,西部地区劳动者的非农工作参与较低,而且贸易开放程度提高对西部地区非农工作参与的提升作用较高,尤其是外出工作,贸易开放对中西部地区劳动者外出务工的影响显著,即受到贸易开放影响较大的劳动者,在中西部地区更倾向于外出工作。对非农工作收入而言,贸易开放对中部地区劳动者非农工作收入的提升作用更高,而对西部地区的作用不显著,可能

的原因在于西部地区贸易开放度较低,受到贸易自由化影响较小。

表 4.11 贸易开放对不同地区劳动者的作用

解释变量	非农工作参与和收入			外出务工和收入		
	非农工作 iv-probit (1)	工作时间 2sls (2)	工作收入 2sls (3)	外出务工 iv-probit (4)	外出时间 2sls (5)	外出收入 2sls (6)
贸易开放度	0.397***	0.034 3**	−0.048 0**	0.968***	0.051 6**	0.092 6***
	(5.78)	(2.27)	(−2.34)	(4.09)	(2.09)	(3.17)
中部地区	−0.015 5	0.208	0.809***	0.409***	0.543***	0.691***
	(−0.37)	(1.48)	(4.47)	(8.13)	(3.39)	(3.49)
西部地区	−0.442***	2.746***	0.573	0.155***	1.837***	0.522
	(−9.55)	(6.03)	(1.10)	(2.97)	(3.58)	(0.93)
贸易开放×中部地区	0.057 9	0.119*	0.368***	0.174***	0.270***	0.292***
	(1.49)	(1.88)	(4.50)	(4.53)	(3.70)	(3.31)
贸易开放×西部地区	0.202***	1.208***	0.276	0.287***	0.834***	0.210
	(4.47)	(6.34)	(1.26)	(6.40)	(3.87)	(0.89)
mills0		−0.004 66	−0.010 1**		0.004 77	−0.001 60
		(−1.20)	(−1.99)		(0.73)	(−0.22)
mills1					−0.021 5*	−0.078 3***
					(−1.73)	(−5.68)
控制变量	有	有	有	有	有	有
R^2	0.186 5	0.109 7	0.040 9	0.192 9	0.081 6	0.062 5
N	23 896	15 122	15 088	23 896	6 933	8 016

五、稳健性检验

表 4.12 显示了稳健性检验的结果。笔者发现,对于工作时间和收入而言,回归结果与 2sls 结果保持了一致,而且过度识别检验基本不显著,说明工具变量的外生性较强;最小特征值均大于 10,说明可以排除弱工具变量问题,即工具变量的选取较为恰当,结果较为稳健。

表 4.12 稳健性检验

解释变量	工作时间				工作收入	
	农业 (1)	非农工作 (2)	外出务工 (3)	本地工作 (4)	省内外出 (5)	省外外出 (6)
贸易开放度	−0.370***	0.196***	0.169***	0.154***	0.073 3**	−0.067 6
	(−4.78)	(4.66)	(7.01)	(2.89)	(2.27)	(−0.64)
教育年限	−0.085 8***	0.032 8***	0.035 7***	0.040 5***	0.000 786	−0.004 16
	(−6.69)	(4.33)	(7.05)	(4.23)	(0.12)	(−0.22)
家庭人均收入	−0.102***	0.167***	0.096 2***	0.202***	0.140***	0.128***
	(−7.36)	(12.47)	(7.36)	(11.41)	(7.12)	(3.91)

(续表)

解释变量	工作时间 农业 (1)	非农工作 (2)	外出务工 (3)	工作收入 本地工作 (4)	省内外出 (5)	省外外出 (6)
人力资本水平	−1.586***	0.250***	0.244**	−0.400***	−0.393***	−0.377
	(−20.93)	(2.75)	(2.54)	(−3.27)	(−3.12)	(−1.64)
劳动力密集度	0.010 2***	0.013 9***	0.015 8***	0.003 52	−0.001 61	−0.015 1**
	(3.73)	(5.91)	(6.43)	(1.06)	(−0.49)	(−2.28)
市场化程度	−0.482***	0.110***	0.056 9**	−0.038 3	−0.030 2	0.084 9*
	(−22.72)	(4.39)	(2.50)	(−1.22)	(−0.99)	(1.78)
mills0		0.004 61	0.021 3***	−0.008 39	−0.013 4	−0.023 4
		(0.82)	(2.98)	(−1.11)	(−1.54)	(−1.09)
mills1	−0.096 7***		−0.042 8***		−0.021 6	−0.062 0*
	(−2.99)		(−3.04)		(−1.23)	(−1.71)
mills2	0.248***	0.003 20		−0.128***		0.092 2**
	(4.24)	(0.13)		(−4.32)		(2.12)
mills3	−0.076 3***	0.006 43		0.044 4***	0.016 7***	
	(−3.58)	(0.82)		(4.65)	(3.09)	
过度识别检验 p 值	0.208	0.224	4.301	0.361	0.501	0.032 2
	(0.65)	(0.64)	(0.038)	(0.55)	(0.48)	(0.86)
最小特征值	1 204.1	1 489.8	1 341.3	1 374.2	1 476.6	190.2
控制变量	有	有	有	有	有	有
R^2	0.106 7	0.128 5	0.088 9	0.048 3	0.072 1	0.079 7
N	12 594	8 905	6 933	7 072	5 266	2 750

第四节 贸易开放与贫困减少：基于外出务工人员的检验

消除贫困不仅是一国经济发展的永恒主题，也是世界重要的人权事业之一。改革开放以来，中国的减贫事业取得了举世瞩目的成就。减少贫困、让贫困群体共享社会发展成果是中国全面建成小康社会的重要任务。

在中国减贫进程中，贸易自由化产生了何种影响及影响程度大小，是值得关注的重要问题。已有研究表明，减少贫困的关键在于为贫困人口提供有合理报酬的工作，贸易开放促进减贫的核心在于增加东道国就业机会、提高贫困人口的收入水平(Besley and Burgess, 2003; UNRISD, 2010)。具体而言，贸易自由化促进减贫的途径可分为两个方面：

首先，贸易开放可以通过溢出效应和关联效应提升劳动者人力资本和工资水平。大量研究表明贸易企业和跨国公司在技术水平、工资水平等方面高于国内企业(Helpman, 2006; Girma and Görg, 2007)，不仅可以增加国内劳动力需求,更重要的是通过技术溢出、人员培训等提升劳动者技术能力,同时通过示范效应提升国内工资水平(Fosfuri et al.,2001)。其次,生产活动外包和产业内贸易可以为东道国提供大量就业机会。全球价值链理论从产品内分工角度,认为价值链分工意味着生产活动在母国和东道国之间的分配(Antràs,2003;Antràs and Helpman,2004),而跨国公司通常将劳动密集程度较高的生产活动安排在发展中国家,价值链参与程度的提升将有助于提高东道国就业水平(UNCTAD,2013)。

目前,对中国贸易开放与贫困减少的研究也取得了重要进展。张全红、张建华(2007)使用协整模型对 1985—2005 年的时间数据进行了分析,发现贸易自由化有利于提升低收入群体的收入份额,对减少贫困有显著作用。在对不同群体的研究方面,张茵、万广华(2006)研究了贸易与 FDI 对城市贫困的影响,发现贸易对减贫的作用较强,而 FDI 对城市低收入群体的作用不明显。张冰、冉光和(2013)的研究则指出,对贸易自由化和外商投资的减贫效应与金融发展存在门槛非线性关系,地区金融发展只有跨越门槛值之后,才可能发挥外资的减贫作用。

一、基本回归方程

由于中国贸易开放领域主要集中在城市和工业部门,且贸易自由化的减贫效应主要通过增加农村劳动力的非农就业实现,所以我们主要研究贸易自由化对城市流动人口的减贫效应。本章使用的数据来自"中国居民收入分配课题组"2008 年所做的居民住户抽样调查,数据包括城镇居民、农村居民和流动人口三个子样本;由于外资企业对农村减贫的影响主要集中在促进劳动力流动、增加非农就业等方面,所以我们选取其中的流动人口数据作为分析样本。该样本由 9 个省份 15 个城市(包括了中国大部分流动人口集中的城市[①])的家庭抽样数据构成,调查项目全面反映了流动人口的个人特征、就业状况、子女教育、社会关系、家庭收入支出等方面情况。我们以家庭作为分析单元,调查数据共有 5 007 个家庭和 8 446 个个人,剔除变量缺失值后,共得到 4 940 个家庭样本。

---

① 根据段成荣利用第五次人口普查资料的研究,中国流动人口集中在东部沿海各大城市,珠三角和长三角吸收了越来越多的流动人口。2005 年,上述 15 个城市有 13 个位于吸纳流动人口最多的 50 个城市中,其中深圳、东莞、上海、广州和宁波的流动人口总占全国流动人口的 20%以上;这 13 个城市的流动人口占全国流动人口总数的 27.39%。参见段成荣、杨舸(2009)。

借鉴 Dollar and Kraay(2002)的贫困估计方程、Mincer(1974)的收入估计方程,我们将基本的计量模型设定为:

$$\ln C_{ic} = \beta_1 + \beta_2 \ln trade_c + \beta_3 X_{ic} + \beta_4 Y_{ic} + \beta_5 \ln Z_c + \mu_{ic}$$

式中,下标 i 代表家庭,c 为家庭所在城市,C_{ic} 为 c 城市中家庭 i 的人均日消费量;$Trade_c$ 为城市 c 的贸易开放程度;X_{ic} 为家庭层面的控制变量;Y_{ic} 为户主的工作特征变量;Z_c 为城市特征变量,μ_{ic} 为误差项。

为直接估计贸易自由化对贫困率的影响,我们进一步根据家庭福利指标和贫困线标准将家庭划分为贫困与非贫困家庭,利用 probit 模型分析其对减贫的影响。计量方程可写为:

$$E(Poor_{ic} = 1 | X_{ic}\beta) = \Phi(X_{ic}\beta)$$

式中,$Poor_{ic} = 1$ 表示家庭为贫困家庭,X_{ic} 为所有解释变量的集合,β 为各变量的系数,Φ 为累积分布函数。根据模型设定,$E(Poor_{ic}) = Pr(Poor_{ic} = 1)$,即虚拟变量 $Poor_{ic}$ 的预期值等于贫困家庭出现概率,体现了城市 c 的贫困率水平。

在 probit 模型框架下,累积分布函数 Φ 服从正态分布,这导致系数 β 不能直接反映解释变量对贫困率的作用大小,所以我们在 probit 回归结果的基础上,进一步计算贸易开放度对贫困减少的边际效应和边际弹性,定量估计贸易对家庭贫困率的影响。在解释变量 x 为连续变量的情况下,边际效应的计算公式为:$\partial P(Poor_{ic} = 1 | X_{ic})/\partial x_{ic} = \partial \Phi'(X_{ic}\beta)/\partial x_{ic} = \phi(X'_{ic}\beta)\beta_x$,其中 β_x 表示变量 x 对应的参数。由于每个家庭的边际效应可能存在差异,所以我们进一步计算样本所有家庭的平均边际效应:

$$M_x^d = \frac{1}{m}\sum_i \partial \Phi'(X_{ic}\beta)/\partial x_{ic} = \frac{1}{m}\sum_i \phi(X'_{ic}\beta)\beta_x$$

其中,m 为各城市家庭数量,M_x^d 为贸易开放度对家庭贫困率的平均边际效应。

边际效应能够较好地反映贸易开放度对样本贫困率变化量的影响,但由于本章仅选择流动人口家庭样本,样本贫困率和实际总体贫困率变动的绝对量可能存在差异,所以边际效应也会存在偏差。因此,我们进一步计算其对贫困率的边际弹性,即开放程度百分比导致贫困率变动的百分比,计算公式如下:

$$M_x^\epsilon = \frac{1}{m}\sum_i \frac{\partial \Phi'(X_{ic}\beta)/\partial x_{ic}}{\Phi(X_{ic}\beta)} = \frac{1}{m}\sum_i \frac{\phi(X'_{ic}\beta)}{\Phi(X_{ic}\beta)}\beta_x$$

被解释变量方面,我们使用家庭人均日消费量和家庭是否为贫困家庭的虚拟变量。相对于家庭人均收入而言,家庭人均消费包含了信贷、福利补贴和住房租金等方面的影响,可以更好地刻画流动人口的福利水平。家庭是否为贫困家庭则取决于贫困线的选择。由于政府公布的农村贫困线和城镇贫困线差距较大、标准较低,且进行了多次变动,所以我们采用世界银行公布的人均日消费1.25美元和2美元作为贫困线,并按照当年汇率进行了调整。

解释变量方面,主要解释变量为城市贸易开放程度,我们使用制造业出口企业的固定资产净值占制造业总固定资产的比重来衡量;数据来源于2007年国家统计局工业企业普查数据。原因在于,虽然中国服务业外商贸易和投资增长迅速,但主要流向房地产、商务租赁等行业,对劳动力流动和就业影响较小;[1]此外,统计年鉴中的外资数据分类较少,不能完整反映城市外资情况,而制造业普查数据涵盖了全部国有企业和规模以上非国有企业,可以较好反映地区经济的发展状况。

此外,大量研究发现贫困减少取决于劳动力的个人特征、家庭特征等因素(Gustafsson and Wei, 2000;杨文等,2012),因此我们加入个人和家庭控制变量。劳动力个人特征包括户主性别、年龄、年龄的平方、婚姻状况、教育年限和工作经验等。家庭特征包括:(1)家庭人口抚养比,用家庭劳动力占总人口比重表示;(2)家庭社会资本,用家庭人均来往礼金数量表示;(3)家庭资产,用家庭人均耐用消费品数量和住房价值总额表示[2]。

由于大量流动人口从事私营和个体经营工作,所以其福利水平与当地市场化程度有较强相关性;根据相关研究(李磊等,2012;Hering and Poncet,2010),城市劳动者生活水平与城市经济发展程度、人力资本水平紧密相关,所以在城市变量方面,我们加入城市市场化程度、城市生活水平和城市人力资本三类变量。城市市场化程度用私营个体经济产出总额占内资企业产出总额的比值来衡量,数据来源于2007年工业企业普查数据。生活水平变量用

---

[1] 根据商务部《中国外资统计2019》,2018年,第三产业占实际使用外资金额的64.6%,在服务业中,房地产业、租赁和商务服务业、信息传输、软件和信息技术服务、批发和零售、金融业占实际使用外资金额的80%以上,其他产业比重较小。
[2] 在家庭资产中,住房包括城市自有住房和农村老家住房,问卷中对城市自有住房只有当年购买价格,我们根据国家统计年鉴中的价格平减指数换算为2007年价格。

城市人均GDP表示,数据来源于2008年中国城市统计年鉴。城市人力资本用劳动力平均受教育年限表示,数据来源于流动人口调查数据。

最后,为了控制个体固定效应,我们进一步将户主的工作特征按照职业与所有制进行分类。我们把职业特征分按照CHIP问卷调查分为25个小类,包括专业技术人员、管理人员、建筑业劳动者、制造业劳动者等;所有制类型分为国有集体单位、私营单位、外资单位和个体及其他单位。表4.13给出了变量的统计描述。

表4.13 主要变量的统计描述

变量	描述	单位	平均值	标准差	最小值	最大值
人均消费	家庭人均日消费量	log(元/人)	3.140	0.591	1.496	4.557
是否贫困(1.25美元)	如果为贫困家庭则取1,否则取0	0/1	0.074	0.262	0	1
是否贫困(2美元)	如果为贫困家庭则取1,否则取0	0/1	0.223	0.416	0	1
贸易开放程度	出口企业资产占工业总资产比重	log	−1.445	0.831	−3.320	−0.161
家庭特征变量							
性别	户主性别	[—]	0.696	0.460	0	1
婚姻状况	户主是否已婚	[—]	0.540	0.498	0	1
年龄	户主年龄	[—]	30.38	10.17	15	71
年龄的平方	户主年龄平方	[—]	1 026	713.4	225	5 041
教育年限	户主教育年限	年	9.280	2.392	1	20
工作经验	户主工作经验	年	7.684	6.459	0	45
劳动力占比	劳动力占家庭总人口比重	[—]	0.935	0.159	0	1
家庭资产	人均耐用消费品与住房价值总额	log(元/人)	9.374	1.843	0.223	13.821
社会资本	人均礼金总量	log(元/人)	1.802	3.228	−1.792	11.775
工作特征变量							
劳动者职业	根据CHIP问卷,分成25类职业	[—]	13.444	6.718	1	25
单位所有制	根据CHIP问卷,分为4类所有制	[—]	2.700	1.101	1	4
城市特征变量							
私营经济比重	私营企业产值与内资企业产值的比值	log	−1.166	0.419	−2.113	−0.563
城市人均GDP	城市人均GDP水平	log	10.618	0.542	9.459	11.338
城市人力资本	城市所有家庭户主的教育年限均值	log(年/人)	2.161	0.0750	1.934	2.271

二、计量结果与讨论

本节讨论了贸易开放与贫困减缓的基本回归结果,并用贫困率指标进行了检验,发现贸易开放对降低劳动者贫困率具有显著影响。

(一)基准回归结果

首先,我们以家庭人均日消费量作为被解释变量估计了贸易开放对家庭消费水平的影响,如表 4.14 所示。第(1)列的结果显示,城市贸易开放程度提高 1%,家庭人均消费量可提高约 0.14%,在 1% 的置信水平下显著。我们在第(2)列加入了家庭层面控制变量,在第(3)列加入户主的职业特征变量,包括所属行业和所有制;在第(4)列加入反映城市特征的变量——市场化程度、人均 GDP 和城市人力资本。

表 4.14 贸易开放对家庭人均消费水平的总体影响

解释变量	OLS 结果(被解释变量:家庭人均消费量)				2SLS 结果
	(1)	(2)	(3)	(4)	(5)
贸易开放	0.143***	0.114***	0.124***	0.0480***	0.0740***
	(15.84)	(12.97)	(13.39)	(3.78)	(5.33)
家庭特征变量					
性别		0.0467***	0.0324*	0.0422**	0.0406**
		(2.72)	(1.74)	(2.28)	(2.20)
婚姻状况		−0.104***	−0.110***	−0.103***	−0.101***
		(−4.04)	(−4.36)	(−4.11)	(−4.07)
年龄		0.0202***	0.0127**	0.0129**	0.0119*
		(3.15)	(1.97)	(2.03)	(1.89)
年龄的平方		−0.0316***	−0.0220***	−0.0229***	−0.0217***
		(−3.75)	(−2.59)	(−2.73)	(−2.59)
教育年限		0.0335***	0.0323***	0.0314***	0.0317***
		(9.42)	(8.80)	(8.64)	(8.74)
工作经验		0.00842***	0.00703***	0.00767***	0.00766***
		(5.07)	(4.25)	(4.65)	(4.67)
劳动力比例		0.427***	0.512***	0.514***	0.506***
		(7.80)	(9.09)	(9.19)	(9.07)
社会资本		0.0112***	0.0109***	0.0124***	0.0123***
		(4.58)	(4.47)	(5.11)	(5.07)
家庭资本		0.0424***	0.0393***	0.0334***	0.0335***
		(9.16)	(8.70)	(7.43)	(7.49)
城市特征变量					
私营经济比重				0.0549***	0.0418**
				(2.75)	(2.09)
城市人均 GDP				0.184***	0.159***
				(8.70)	(7.50)
城市人力资本				−0.0799	−0.0604
				(−0.61)	(−0.46)
工作特征变量	无	无	有	有	有
R^2	0.0470	0.1406	0.1781	0.1942	0.1934
N	4 940	4 940	4 940	4 940	4 940

• 注:*、**、*** 分别表示在 10%、5%、1% 的水平上显著。

各控制变量与回归结果和以往研究(夏庆杰等,2010)大体一致,如教育程度、工作经验等对家庭福利均有正向影响;市场化程度和系数显著为正,表明私营经济越发达,越有利于家庭生活水平的提升。城市人力资本系数显著,表明城市劳动力受教育程度对家庭福利有重要作用,显示出人力资本的重要外部性。加入控制变量后,贸易开放程度的系数有所下降,显示贸易开放程度提升1%,家庭人均消费量可增加0.07%左右;这与张全红等(2007)的研究大体一致。张全红等的研究显示,外资进入程度提升1个单位,最低收入的10%人口收入可提升0.12个单位。

除上述控制变量外,仍有许多其他因素影响家庭消费,如习俗、生活方式、价值观等文化和心理因素;而且地区的外资政策、制度安排和历史背景等均会影响外资的进入规模和程度。因此,即使控制了个人、家庭等因素,方程的内生性依旧存在。所以我们借鉴黄玖立、李坤望(2006)的做法,用各城市与海岸线距离的倒数和1998年城市贸易开放程度作为工具变量。其中,城市与海岸线距离的倒数用黄玖立等的方法计算,1998年贸易开放程度由1998年工业企业数据得到。表4.14的第(5)列报告了工具变量法的估计结果。对比第(1)列至第(5)列的估计结果可发现,加入控制变量后,贸易开放程度的估计系数略有变动,但始终显著为正,且系数值变化较小。这表明,贸易开放度对家庭生活水平在总体上有显著且稳健的正向作用。

(二) 贸易开放对贫困率的作用

在本节我们使用家庭是否贫困作为因变量,用离散选择模型估计贸易开放程度对贫困率降低的影响大小。为了保证估计结果稳健,我们使用人均日消费1.25美元和2美元的国际标准作为贫困线(人民币与美元汇率按PWT8.0数据计算),结果如表4.15所示。

表4.15 贸易开放对贫困率的影响

	贫困标准:1.25美元		贫困标准:2美元	
	probit模型(1)	ivprobit模型(2)	probit模型(3)	ivprobit模型(4)
贸易开放程度	−0.169***	−0.211***	−0.124***	−0.162***
	(−3.76)	(−4.18)	(−3.67)	(−4.27)
家庭特征变量				
教育年限	−0.063 9***	−0.063 8***	−0.065 0***	−0.065 4***
	(−4.65)	(−4.64)	(−6.47)	(−6.50)
工作经验	−0.010 3*	−0.010 1*	−0.011 3***	−0.011 3***
	(−1.74)	(−1.72)	(−2.64)	(−2.63)

(续表)

	贫困标准:1.25美元		贫困标准:2美元	
	probit 模型(1)	ivprobit 模型(2)	probit 模型(3)	ivprobit 模型(4)
劳动力比例	−0.133	−0.127	−0.966***	−0.956***
	(−0.74)	(−0.70)	(−6.61)	(−6.54)
社会资本	−0.035 8***	−0.035 2***	−0.022 8***	−0.022 7***
	(−3.69)	(−3.65)	(−3.32)	(−3.30)
家庭资本	−0.050 2***	−0.050 7***	−0.040 7***	−0.040 9***
	(−3.36)	(−3.39)	(−3.58)	(−3.59)
城市特征变量	有	有	有	有
个人特征变量	有	有	有	有
拟 R^2	0.107 1	—	0.115 9	—
似然比	−1 163.6	−2 412.1	−2 315.0	−3 566.4
N	4 922	4 922	4 936	4 936

其中,第(1)列和第(3)列报告了 probit 模型的估计结果,第(2)列和第(4)列报告了以各城市与海岸线距离的倒数和1998年各城市外资进入程度作为工具变量的 ivprobit 模型估计结果。分别对比第(1)和第(3)列、第(2)和第(4)列的结果可发现,外资变量的估计系数基本接近,均在1%水平上显著;其他变量系数、显著性水平也没有明显变化,表明方程的内生性问题较小。

由于 probit 模型的估计系数不能直接反映贸易开放对贫困率的影响程度,所以表4.16进一步计算了贸易开放对劳动者贫困减少的边际效应和边际弹性。我们发现,贫困标准为1.25美元时,贸易开放程度每提升1%,贫困率下降0.032个百分点,降幅为0.52%;以2美元为贫困标准时分别为0.06个百分点和0.31%。

表4.16 贸易开放对贫困率的边际影响

解释变量	Probit 模型(被解释变量:是否贫困)			
	1.25美元		2美元	
	边际效应	边际弹性	边际效应	边际弹性
外资进入程度	−0.021 4***	−0.345***	−0.032 6***	−1.775***
	(−3.76)	(−3.72)	(−3.69)	(−3.64)
私营经济比重	−0.022 7***	−0.367**	−0.052 5***	−0.286***
	(−2.55)	(−2.54)	(−3.75)	(−3.72)
城市人均GDP	−0.026 1***	−0.421***	−0.090 9***	−0.495***
	(−2.83)	(−2.83)	(−6.23)	(−6.14)
城市人力资本	−0.108*	−1.738*	−0.051 6	−0.281
	(−1.94)	(−1.93)	(−0.58)	(−0.58)

(续表)

解释变量	Probit 模型(被解释变量:是否贫困)			
	1.25 美元		2 美元	
	边际效应	边际弹性	边际效应	边际弹性
教育年限	−0.008 09***	−0.131***	−0.017 1***	−0.093 1***
	(−4.63)	(−4.59)	(−6.55)	(−6.39)
工作经验	−0.001 31*	−0.021 1*	−0.002 97***	−0.016 2***
	(−1.74)	(−1.74)	(−2.65)	(−2.63)
劳动力比例	−0.016 8	−0.271	−0.254***	−1.383***
	(−0.73)	(−0.74)	(−6.71)	(−6.56)
社会资本	−0.004 52***	−0.073 0***	−0.006 00***	−0.032 7***
	(−3.69)	(−3.66)	(−3.33))	(−3.31)
家庭资产	−0.006 36***	−0.103***	−0.010 7***	−0.058 3***
	(−3.36)	(−3.33)	(−3.59)	(−3.56)

* 注:括号内的数值为边际效应和边际弹性的 t 统计量。

比较而言,贸易开放的减贫效应与城市私营经济占比大致相同。城市私营经济比重提高1%,贫困率下降0.37%(1.25美元标准)和0.29%(2美元标准)。回归结果同时显示,城市整体人力资本水平的提高对减贫有较强的作用,而在贫困标准为2美元时城市人力资本的减贫作用不再显著。城市人均GDP水平的作用略高于贸易开放和私营经济发展,其边际弹性分别为−0.42和−0.50。家庭变量方面,家庭劳动力数量在1.25美元标准下的减贫效应不显著,而在2美元标准下,劳动力比例提升1个百分点,贫困率可降低1.4个百分点,体现了家庭劳动力数量对减贫的巨大作用。同时,劳动者教育年限、工作经验对贫困减少的作用明显,高于社会资本、家庭资产的作用。这一结果与郭熙保等(2008)的结果较为一致,他们在对省际面板数据进行研究后发现,省份人力资本等的提高对贫困减少的影响较小,经济的增长并不一定能提高贫困群体的生活状况。

三、贸易开放减贫效应的分类回归结果

本节进一步通过对不同出口程度、不同行业样本的检验,得到了较有改革意义的结论。

(一)不同出口程度贸易类型的减贫效应

由于中国引进劳动密集型工业较多,发展加工装配贸易,所以出口加工

型贸易占比较大,笔者将贸易企业按照出口程度划分为高出口类型和低出口类型。[①]估计结果显示,在 2 美元的贫困标准下,低出口企业占城市整体出口的比例提升 1%,流动人口的贫困概率下降 0.054 个百分点,降幅为 0.30%;而高出口企业对贫困率的作用明显较低,其对贫困减少的系数分别为 0.014 和 0.075 个百分点。所以我们认为,贸易开放进程中,高出口企业对贫困减少的作用较低,而低出口企业的作用较强,这可能与市场相关性有较大关系,这也与郭熙保、罗知(2009)的研究一致。多年来,东部沿海地区一直通过发展出口加工贸易、引进加工型企业承接国际产业转移、吸纳农村剩余劳动力。根据《中国外商投资报告》(2013),2012 年外资企业进出口额占全国进出口总额的 49%,外资企业加工贸易额占全国加工贸易总额的 81.7%。出口加工类企业利用中国劳动力价格较低的比较优势,进口中间品和原材料,出口制成品,增加了劳动力需求,但与国内市场和当地经济的关联性较小,对经济发展的贡献有限,因此高出口企业对减贫的作用较小。而内销型企业在原材料、产品市场等方面与国内产业和市场联系较强,通过前后关联效应提升了当地就业水平、促进了经济发展,因此其减贫效应也相对较强。

表 4.17　不同出口程度贸易企业的减贫效应

解释变量	Probit 模型(被解释变量:是否贫困)	
	高出口企业(1)	低出口企业(2)
贸易开放程度		
系数	−0.052 3**	−0.206***
	(−2.06)	(−5.02)
N	4 936	4 936
拟 R^2	0.114 0	0.118 0
似然比	−2 310.0	−2 309.4
贸易开放程度		
边际效应	−0.013 8**	−0.054 0***
	(−2.07)	(−5.06)
边际弹性	−0.074 7**	−0.295***
	(−2.06)	(−4.97)

(二)不同行业贸易开放的差异化效应

由于不同行业在开放程度、资本密集度、前后关联程度等方面差别较大,

[①] 笔者发现,外资企业中出口程度在 90% 以上的企业较为集中,占全部出口企业的 50% 以上;因此按照出口产值占工业产值的比例将外资企业划分为高出口企业(出口值占比为 90% 及以上)、一般出口企业(出口值占比低于 90%)和非出口企业(出口值占比为 0 的企业)。三类企业占企业总数的比例分别为 34.55%、34.05% 和 31.4%。

因而减贫效应也将存在差异,笔者需要进一步分析不同产业的开放程度对减贫的影响。借鉴 li(1997)的方法,笔者在二位行业基础上将所有企业划分为四类行业:轻工业、化工业、材料工业和机械工业。①

分行业回归的 probit 模型结果表明,化工业和机械工业贸易开放的减贫效应显著高于其他行业。当贫困标准为 2 美元时,化工业和机械工业的贸易开放程度增加 1%,可使流动人口家庭的贫困率下降 0.02 和 0.03 个百分点,降幅约为 0.13% 和 0.15%;而轻工业和材料工业的贸易开放对贫困减少的作用不明显。可能的原因在于,轻工业的开放程度较高,因此贸易开放对贫困减少的作用较低;材料工业规模较小,且属于资本密集型工业,劳动力需求量较小,尤其是对非技术型劳动力需求量较小,所以对劳动者就业和减贫的作用不显著;而化工业和机械工业属于制造业中的重要部分,劳动力需求量较大,减贫效应也较显著。②

表 4.18 不同行业贸易开放度的减贫效应

解释变量	Probit 模型(被解释变量:是否贫困)			
	轻工业(1)	化工业(2)	材料工业(3)	机械工业(4)
	贸易开放度			
系数	−0.000 650	−0.092 9***	−0.040 2	−0.103***
	(−0.02)	(−6.48)	(−1.25)	(−2.90)
N	4 936	4 936	4 936	4 936
拟 R^2	0.113 1	0.121 4	0.113 4	0.114 9
似然比	−2 322.5	−2 300.7	−2 321.6	−2 317.8
	贸易开放度			
边际效应	−0.000 171	−0.024 3***	−0.010 6	−0.027 0***
	(−0.02)	(−6.58)	(−1.25)	(−2.91)
边际弹性	−0.000 928	−0.133 4***	−0.057 4	−0.147***
	(−0.02)	(−6.38)	(−1.25)	(−2.89)

- 注:模型中加入的控制变量包括家庭特征变量、职业特征变量和城市特征变量,括号中的数值为相应 t 统计量,以下各表相同。

---

① 按照这种分类方法,轻工业包括:农副食品加工业,食品制造业,饮料制造业,烟草制品业,纺织业,纺织服装、鞋、帽制造业,皮革、毛皮、羽毛(绒)及其制品业,木材加工及木、竹、藤、棕、草制品业,家具制造业,造纸及纸制品业,印刷业和记录媒介的复制,文教体育用品制造业,工艺品及其他制造业;化工业包括:化学原料及化学制品业,医药制造业,化学纤维制造业,橡胶制品业,塑料制品业;材料工业包括:石油加工、炼焦及核燃料加工业;非金属矿物制品业,黑色金属冶炼及压延加工业,有色金属冶炼及压延加工业,金属制品业,废弃资源和废旧材料回收加工业;机械工业包括:通用设备制造业,专用设备制造业,交通运输设备制造业,电气机械及器材制造业,通信设备计算机及其他电子设备制造业,仪器仪表及文化、办公用机械制造业。
② 我们利用《中国统计年鉴 2008》相关数据计算得出 2007 年各行业人均固定资产原值,单位为亿元/万人。其中,轻工业为 11.29,化工业为 25.49,材料工业为 31.00,机械工业为 15.30。

第五节 结 论

改革开放以来,贸易自由化加速了中国的工业化进程,尤其是劳动密集型产品贸易的发展对增加就业、促进劳动力流动发挥了积极作用,成为农村劳动力向非农产业转移的重要动力。本章运用CHIP2008的农村劳动力样本数据,将农村劳动力就业分为务农、本地非农就业和外出非农就业三个类别,通过工作参与、工作时间和工作收入计算,探讨农村劳动力非农就业的不同方面。

第一,贸易开放程度提高显著增加了农村劳动者非农就业机会,有利于剩余劳动力从农业向非农部门转移。在非农就业方式的选择上,贸易自由化程度更高地区的劳动者更倾向于本地非农就业,而开放度较低地区劳动者更倾向于外出务工。在省内和省外务工的选择上,开放程度高的地区劳动者更可能选择省内外出;省外务工的劳动者一般来自中西部开放程度较低的地区。

第二,对劳动者非农就业时间,贸易开放对本地非农就业人员的影响大于外出劳动力,对省内外出务工人员的影响又大于省外务工人员,可能的原因在于贸易自由化通过溢出效应和前后关联效应提升了当地非农产业发展,促进当地的工业化和市场化进程,而对于外出劳动力影响较小。

第三,对于工作获得途径,贸易开放对非市场途径获得工作的劳动者的影响更大,尤其是对本地工作和省内外出的劳动者,贸易开放程度提高有利于非市场途径的劳动者的非农工作参与。对于劳动契约制度,贸易开放程度提高也增加了短期和无合同劳动者的参与程度,而对于省外务工的劳动者作用不明显。所以对于不同工作获得途径和劳动契约制度的劳动者,贸易开放对非市场途径和短期契约人员的作用大于市场途径和长期契约劳动者。

第四,贸易开放与劳动者收入方面,劳动者受贸易自由化影响越大,其工资收入也相应越高,即贸易开放度提升1个百分点,本地工作的工资可提升0.16个百分点左右。同时,贸易自由化对省内外出工作的劳动者影响较显著,而对省外务工的劳动者作用较小。可能的原因在于,贸易自由化程度提高首先增加了本地劳动者的就业机会,提升了其非农工作参与程度,而对外出劳动者作用较小。

第五,对不同地区和年龄阶段劳动者而言,贸易开放程度提高增加了劳动者非农工作尤其是外出务工参与程度,这对于1976年及以后出生的劳动者尤为明显。对于非农工作和外出务工时间，1976年及以后出生的劳动者的参与时间远高于1964年以前出生的劳动者，但贸易变量与出生时间变量的交互项显著为负，即贸易开放对年龄较大劳动者的非农工作时间高于年轻人员。贸易开放对中西部地区劳动者外出务工的影响显著高于东部地区，即受到贸易开放影响较大的劳动者中，在东部地区的更倾向于本地就业，而在中西部地区的更倾向于外出工作。对非农工作收入而言，贸易开放对中部地区劳动者非农工作收入的提升作用高于东部地区，而对西部地区的作用不显著。

第六，贸易开放程度提高可以显著提升城市非农务工劳动者生活水平，降低流动人口的贫困率。贫困标准线为1.25美元时，贸易开放程度每提升1%，贫困率下降0.032个百分点，降幅为0.52%；以2美元为贫困标准线时分别为0.06个百分点和0.31%。

第五章
贸易开放、劳动力迁移与工资差距

大量研究认为,贸易开放程度的提高促进了劳动力迁移,从而对劳动者工资有显著影响,因此,本章对贸易开放的这一机制进行了全面讨论,检验了其对劳动者工资和工资差距的作用。

第一节 引言与文献综述

本节回顾了贸易开放和劳动力市场效应的背景,以及相关文献,为计量分析提供了理论支持。

一、引言

20世纪90年代以来,随着城镇化和工业化加速推进,大量人口由农村进入城市和工业部门,对中国经济和社会结构产生了深远影响。

目前,大量研究分析了农村劳动力外出务工对增加收入等方面的作用,以及流动人口返乡的因素(岳希明、罗楚亮,2009;宁光杰,2012),但对于长期迁移的劳动者尤其是农业转为非农业劳动者的工资收入等问题,则缺乏较为全面的探讨。我们认为,劳动力流动不仅包括农村劳动力到城镇的短期务工,也包括较长时期的迁移(一般为一年以上);不仅包括农村劳动力的非农务工,也包括户籍的转变,即由农村人口向城镇人口的转变。而劳动力迁移的收入、福利和社会认同等方面是转型经济中社会整合的关键方面。

在工业化和流动人口迅速增长的过程中,中国对外贸易稳步增长,对提升就业水平、促进私营经济发展、增加劳动力流动等起了关键性作用。此外,对外贸易在提升劳动者的职业技能和企业的技术水平、产品质量等方面具有显著作用(Rodriguez-Clare,1996),是提升国内技术水平的重要因素。然而,现有研究集中于对外贸易对产品市场和劳动力市场的作用机制,而对于贸易开放对整个社会流动的影响问题,相关文献没有充分关注。我们认为,贸易开放作为经济转型进程中的重要制度变迁,必然改变了社会群体间的相对经济地位,对劳动力迁移和城市化进程有深刻影响。

因此,本章基于2012年和2013年国家调查数据,考虑了计量回归的内生性和劳动者迁移前后省份开放程度的差异等问题,深入分析了贸易开放对人口迁移决策的影响和对工资的作用,探讨了贸易开放对水平迁移和垂直迁移的影响,同时考察了贸易开放对不同人力资本水平、不同迁移时间劳动者的差异化作用。笔者发现,地区贸易开放程度是影响劳动力迁移的重要因素。贸易开放度越高,劳动者越有可能本地就业,也更能吸引劳动者迁入;而较低的开放度也增加了劳动力迁出的可能性。同时,迁入地区贸易开放对本地人员工资的作用显著高于迁移人口,这一作用随迁移时间、地区和劳动者年龄而有显著差异。在经济开放与迁移人员的工资作用机制方面,笔者发现贸易开放对工资的影响和劳动者人力资本水平、工资的同化机制均有较大关系。

二、文献综述

对于这一问题,相关研究文献可分为劳动力迁移的决定因素、市场化转型对劳动力迁移的影响、劳动力迁移的分类等方面。

(一)劳动力迁移的决定因素

对劳动力迁移决定因素的研究,现有理论文献的主要分析框架是二元经济理论。首先提出这一理论的是刘易斯二元经济模型,即在传统部门和现代部门共存的经济中,劳动力迁移和发展的主要过程。在经济的初始发展阶段,农业部门存在大量的剩余劳动力,且农业部门的劳动者工资等于劳动的边际产品且保持不变。因此,工业化可以得到充足的劳动力支持,因为农业部门存在无限制的、固定实际工资的劳动力供给。伴随着工业化进程的推进,农村剩余劳动力逐渐全部迁移至工业部门,因此工业部门也开始面临着向上倾斜的劳动力供给曲线,劳动者实际工资将较快增长。这一古典分析方法为理解二元经济转型和劳动力流动提供了深刻的洞见,成为大量对劳动力迁移和剩余劳动力问题研究讨论的基础(Cai and Wang, 2010; Knight et al., 2011)。阿玛蒂亚·森(Sen, 1969)从农户家庭的生产和消费决策角度出发,发展了刘易斯的剩余劳动力理论。森假设城市存在较高的生存工资和农村存在绝对剩余劳动力,工业劳动力供给仍具有无限弹性,解决了刘易斯模型中剩余劳动力和工业劳动力无限供给的衔接问题,且将劳动力无限供给下的工业工资和农业边际产出结合在一起。此外,Todaro(1969, 1970)从城市劳动力市场出发,将城市经济分为正规和非正规部门,并假定正规部门有较高工资和福利,而非正规部门在各方面的待遇均较低。如果劳动力迁移至城市非正规部门,超出其就业创造能力的迁移将扩大城市失业,造成严重的社会问题。因此,Todaro 模型认为,应限制劳动力迁移,农村城镇化是农业剩余劳动力就业的主要方式。

由于中国存在严重的城乡二元经济结构,所以城市的工业化推动的资本深化为农村劳动力提供了大量就业机会,促进了农村劳动力向城市转移。实证方面,较多文献从个人决策和收益最大化角度出发,考察了劳动力迁移的个人因素(赵耀辉,1997;宁光杰,2012;Gagnon 等,2009),尤其是年龄、教育、乡村状况等方面,发现农村劳动者向城市流动可能具有一定程度的负向选择效应。其中受教育程度的作用一直是关注的焦点。赵耀辉(1997)认为教育程度较高的劳动者更倾向于本地就业,而 Marre(2009)发现,高学历和高技术水平劳动者更倾向于进城务工,因为技术型劳动力在城市可获得更高的回报率。同时,邢春冰(2010)对迁移并在城市获得非农户口的劳动者的研究发现,城市户籍劳动者迁移具有较强的正向选择效应。而在收入、福利等方面的研究发现,农村劳动者的工资、福利待遇等仍与城镇居民或公共部门劳动者存在较大差距(王美艳,2005)。

在劳动者环境和社会资本方面,Zhao(2002)、Vadean et al.(2009) 的研究发现,劳动者婚姻状况、家庭规模、劳动力数量等均对外出就业和回流产生影响,尤其是已婚或家庭规模较大的劳动者本地就业的可能性更大。汪三贵(2010)、Wang et al.(2006)和 Dribe et al.(2006)发现,劳动者的社会资本和社会网络、家庭耕地数量均对本地就业和外出回流产生正向影响。Zhao(2005)则发现,劳动者对市场风险和收入风险的规避降低了外出务工的意愿。

对劳动者个人和家庭环境等方面的考察均未考虑劳动力市场制度,而中国的劳动力市场存在部门、户籍、所有制等方面的制度,部分阻碍了劳动者自由流动,从而对劳动者迁移产生了影响。在这方面,蔡昉等(2001)研究了户籍制度对劳动力流动的影响,Zhu(2002)则认为,日益扩大的城乡差距是劳动者迁移动机的重要来源。由于户籍制度的约束,劳动力并不能长期在城市定居,因此回流现象是近年来出现的重要问题。梁雄军等(2007)认为劳动力二次流动是农民工争取权益的表现,王子成等(2013)指出,随着劳动力市场的发展,劳动力回流是短时期的行为,而长期迁移和外出务工是劳动者的主要选择。

此外,大量文献讨论了劳动力迁移和流动与工资收入的关系。夏庆杰等(2010)和岳希明等(2010)研究了劳动者非农工作对增加收入和减轻贫困的影响,章元等(2012)进一步认为农村劳动者非农就业是劳动者增加收入的关键因素。但另一方面的研究显示,由于户籍、行业、所有制等方面的限制,流动人口与城镇人口工资存在较大差距(余向华等,2012)。在此基础上,垄断部门和市场部门的分割以及城镇人口和流动人口的分割对劳动者工作、收入、福利待遇等各方面产生了重要影响,是理解当前城市劳动力市场福利差距的关键(Meng, 2012)。Borjas(1992)研究了劳动力迁移和工资同化问题,发现美国迁移人员与本地人员的工资会随时间变化而逐渐缩小。Eckstein等(2004)对迁移人员与本地人口工资变动的原因进行了分析,认为随着迁移时间的增加,劳动者人力资本和工作经验不断提升,可以与更好的工作相匹配,所以其工资将不断上升。国内的研究方面,对劳动者工资同化的研究相对较少,陈珣等(2014)通过工具变量纠正了移民选择的内生性问题,发现农民工的工资同化速度较慢。

（二）市场化转型与劳动力迁移

中国的市场化转型是城市公共部门的再分配权力与非公共部门的市场权力共同发展的过程。同时,农村经济改革瓦解了公社制度,使农民从土地的束缚下解放出来,城市工业化导致的资本深化又给农民提供了大量就业机会。因此,城市化和工业化进程为农村剩余劳动力提供了大量就业机会,成为农村劳动力转移的重要条件(章元等,2012)。

在社会转型进程中,贸易开放是市场化和工业化的重要推动力量,贸易自由化在提升就业水平方面产生了积极作用。大量文献讨论了贸易自由化对国内劳动力市场的作用机制。研究发现,中间品出口有利于提升劳动力需求,其作用机制是改变生产要素之间的替代效应。此外,贸易自由化是中国工业化进程的重要组成部分,不仅促进了制造业就业,而且对农村劳动者非农就业有积极作用。因此,我们将深入讨论贸易开放对劳动者非农工作的参与、收入的作用。

具体而言,贸易开放对农村劳动者非农就业的作用主要通过扩大劳动力需求来实现。贸易自由化作为中国开放战略的重要组成部分,对劳动者就业尤其是农村人口非农就业起着不可或缺的作用。首先,改革开放以来,中国大力发展加工贸易,加工贸易和外资加工企业的迅速增长意味着生产活动的转移,直接增加了对劳动力的需求。垂直型FDI理论则从比较优势出发,将要素禀赋和价格差异视为跨国公司投资的主要原因,因此跨国公司将密集使用熟练劳动力的生产活动转向发展中国家,可为东道国提供大量就业机会。最近发展的全球价值链理论认为,价值链分工意味着生产活动在母国和东道国之间的分配,而跨国公司通常将劳动密集程度较高的生产活动安排在发展中国家,价值链参与程度的提升将有助于提高东道国就业水平(Antras、Helpman,2004;UNCTAD,2013)。2011年,中国加工贸易企业直接从业人员达4 000万人以上,占第二产业就业人数比重的20%,尤其是对农民工非农就业和进城务工带来了重要机会,增加了其非农就业和收入水平(崔鹏,2012)。其次,贸易开放可以通过提升国内企业和劳动者技术,提升国内劳动者技术能力和工资水平。加工贸易和跨国公司在中国贸易总额中占较大比重,2013年加工贸易占贸易总额的50%左右,而其中垂直型跨国公司起到了至关重要的作用。大量研究表明垂直型跨国公司在技术水平、工资水平等方面高于国内企业,不仅可以增加国内劳动力需求,更重要的是通过技术溢出、人员培训等提升劳动者技术能力,同时通过示范效应提升国内工资水平。唐东波和王洁华(2011)的研究认为,中国贸易开放程度提高显著提升了劳动收入份额。不仅如此,垂直型跨国公司可与相关产业产生前后关联效应,促进产业发展和增加就业。这种前后关联效应主要包括贸易企业与当地上下游产业在技术、管理、服务及基础设施等方面的联系,可以扩大相关产业的劳动力需求,提升就业水平和劳动力技术水平,从而提高劳动者收入。理论和实证研究均表明,积极提升跨国公司与当地产业的关联程度是东道国实现经济发展的重要途径。

(三)劳动力迁移:水平流动与垂直流动

改革开放以来,伴随着农村家庭承包经营的实现,农村劳动生产率大幅提高,剩余劳动力不断增加;同时工业化所推动的资本深化以及城市第三产业发展产生了大量劳动力需求,促进了劳动力迁移和非农就业。尤其是沿海开放城市兴起和对外贸易迅速增长,使出口加工型企业带动了大量就业,推动了劳动力迁移和流动。根据《中国统计年鉴2015》的数据,2000年中国流动人口总计为1.21亿人,到2010年达到2.21亿,2014年更达到2.53亿,"十二五"期间流动人口平均每年增长约800万人,且融入城市的愿望强烈。根据《中国流动人口发展报告2015》的统计,流动人口在现居住地时间超过3年的占到55%,且大部分有长期居住的意愿。

由于现阶段中国劳动力市场发展不完善,户籍制度是影响农村劳动力迁移的重要制度因素,劳动力迁移不仅包括农村劳动力到工业部门就业,也包括农村劳动者通过工作、学习等途径获得城镇户籍,成为城市人口。因此,我们将农村劳动力参与非农工作但没有获得城镇户籍称为水平流动,将获得城镇户籍称为垂直流动。一般而言,农村劳动力到城市部门就业可能会面临制度限制,尤其是在工资、福利待遇等方面。由表5.1可发现,在社会保障的参与率方面,农民工的参与率远低于城镇人口;尤其是养老和医疗保险,城镇人口为50%—60%,而农民工只有20%左右。因此,户籍分层是市场化转型以来城市社会结构的重要特征,在此基础上的劳动力市场分割对劳动者工作、收入、福利待遇等各方面产生了重要影响,是理解当前城市劳动力市场工资差距的关键因素(Meng,2012)。

在个人特征方面,城镇人口、迁移人口和农村人口也有较大差异。首先,劳动者年龄方面,迁移人口年龄均值为40岁,显著小于城镇和农村人口,其中水平迁移的劳动者年龄为39.6岁,这说明年轻劳动力更容易外出务工;而农村劳动者年龄均值为44岁,说明年长劳动者更可能从事农业工作。其次,在教育程度方面,城镇人口绝大部分为中学及以上学历,其中专科及以上的劳动者占42%,而农村劳动者基本为中学及以下学历,其中小学程度的劳动者占40%以上,说明城市劳动者人力资本显著高于农村;在迁移人口中,水平迁移的劳动者中学及以下教育程度占85%以上,而垂直迁移劳动者95%以上为中学及以上学历,大学及以上劳动者占53%,说明垂直迁移劳动者的人力资本水平最高,教育是获得城市户籍和体制内工作的重要条件,而教育程度较低的劳动者只能从事低端工作,且难以获得城市户籍。个人收入方面,笔者发现垂直迁移和城镇人口的收入水平最高,且垂直迁移劳动者的收入差距较小;而农村人口收入最低,水平迁移劳动者的工资高于农村人口,但仍低于城镇人口。

表5.1 三类劳动者个人特征差异

人员类型	样本数量	平均年龄	教育程度(年) 小学	中学	专科及以上	个人年收入(元,取对数) p25	p50	p75
城镇人口	3 194	41.55	6.32	53.26	40.42	9.80	10.31	10.65
农村人口	5 798	44.88	44.86	51.71	3.43	8.29	9.21	9.90
迁移人口	3 126	40.11	19.51	49.01	31.48	9.21	10.12	10.78
水平迁移	1 698	39.57	31.74	54.71	13.55	8.92	9.90	10.49
垂直迁移	1 428	40.76	4.97	42.23	52.80	9.90	10.31	10.82

第二节 计量模型、指标选取和数据来源

本节介绍了计量模型的设定、指标的选取和相关数据,作为计量模型分析和政策建议的理论基础。

一、计量模型

计量方法方面,借鉴 Mincer(1974)的基本工资方程,将基本回归方程设定为:

$$\ln income_{ic} = \beta_0 + \beta_1 migrant_{ic} + \beta_2 \ln trade_{ic} + \beta_3 migrant_{ic} \times (\ln trade_{ic}) + \beta_4 X_{ic} + \beta_5 Z_c + \varepsilon_{ic}$$

其中,$income_{ic}$为劳动者的年工资收入;$migrant_{ic}$为是否为迁移人员,如果是,则取$migrant_{ic}=1$,否则取$migrant_{ic}=0$;$trade_{ic}$为劳动者受到贸易开放的影响程度;$migrant_{ic} \times (\ln trade_{ic})$为迁移人员与贸易开放度的交互项;$X_{ic}$为个人层面的控制变量,包括性别、年龄、年龄平方项/100、婚姻状况、教育年限等;Z_c为省份层面的控制变量。

同时大量研究认为,不可观测效应将影响劳动者非农就业和外出工作,所以我们采用 Dubin et al.(1984)和宁光杰(2012)的克服选择偏差的修正模型,影响劳动者外出工作的因素有劳动者年龄、性别、婚姻、教育程度、健康情况、是否干部、出生时母亲的居住地、14岁时父亲的职业、14岁时所处的阶层地位等;其中出生时母亲的居住地、14岁时父亲的职业、14岁时所处的阶层地位只影响劳动者是否外出,而对外出的工资没有直接作用。劳动者非农工作时间和收入的决定因素的估计方程为:

$$P = P(\ln trade_{ic}, X_i, Y_c, Z_i)$$

其中,$\ln trade_{ic}$为劳动者所受贸易开放程度,X_i为劳动者个人变量,Y_c为省份层面变量;Z_i为仅影响劳动者是否外出工作的变量。

在非农工作收入方面,我们采用 OLS 和工具变量估计,方程为:

$$\ln income_{ic} = \beta_0 + \beta_1 migrant_{ic} + \beta_2 \ln trade_{ic} + \beta_3 migrant_{ic} \times (\ln trade_{ic}) + \beta_4 X_{ic} + \beta_5 Z_c + lambda + \varepsilon_{ic}$$

$lambda$ 为通过选择修正效应得到的逆 mills 比率。

二、指标选取

（1）贸易开放度。根据劳动者所在省份不同年份的贸易开放程度进行加权计算，参见第三章第三节。

（2）劳动者收入和迁移变量。在劳动者收入方面，由于问卷中没有区分农业收入和非农工作收入，所以我们选取问卷调查中的"上年度个人全部收入"计算，代表劳动者上一年度的收入水平。迁移变量方面，我们用"迁移至居住地的年份"和"来自的省份"代表劳动者迁移的时间和地区，用"获得非农业户籍的时间"代表劳动者是否实现了向上流动。

（3）控制变量方面，经济发达地区市场化程度较高，对劳动者就业将产生重要影响；此外，地区人力资本也会产生外溢效应，对劳动者工资有提升作用；而地区劳动力聚集程度越高，劳动力市场竞争越激烈，因此可能对就业和工资产生负向作用。所以，我们选取劳动者所在省份私营企业销售额占城市内资企业销售总额的比重衡量省份市场化水平；省份人力资本水平用初中及以上劳动力占全部劳动力比例计算，省份劳动力聚集程度用省份人口抚养比表示，我们认为地区的人口抚养比越高，说明劳动年龄人口相对量越少，因而劳动力市场的竞争程度也越低。市场化程度、人力资本水平和劳动力聚集程度的数据来源于 2012 和 2013 年《中国统计年鉴》。其他控制变量中，我们选取劳动者性别、年龄、年龄平方项、婚姻状况、教育年限等作为主要变量，控制劳动者的个人特征。

（4）对于计量模型的内生性问题，我们根据历史与地理相结合的方法构建工具变量，详见第三章第三节。

三、数据来源

为了较好地计算城镇、农村和迁移人员的收入，我们利用 CGSS 2012 和 2013 年数据作为主要分析样本。表 5.2 报告了主要变量的描述性统计。

表 5.2　主要变量的统计描述

变量	描述	单位	平均值	标准差	最小值	最大值
收入水平	劳动者上一年度的总收入	log(元/时)	9.569	1.174	6.908	11.290
迁移状况	1 为迁移人员，0 为非迁移人员	[—]	0.258	0.438	0	1
贸易开放程度	劳动者所在省份贸易开放程度	log	−2.540	1.426	−6.163	0.612

(续表)

变量	描述	单位	平均值	标准差	最小值	最大值
个人特征变量							
性别	1为男性,0为女性	[—]	0.574	0.494	0	1
婚姻状况	1为已婚,0为未婚	[—]	0.854	0.354	0	1
年龄	劳动者年龄	[—]	42.771	10.929	17	63
年龄的平方/100	劳动者年龄平方/100	[—]	19.488	9.330	2.89	39.69
教育程度	初中以下、初中和高中、专科及以上	[—]	1.923	0.693	1	3
健康状况	1为健康状况良好,0为一般或较差	[—]	0.698	0.459	0	1
户籍情况	1为城镇户籍,0为农村户籍	[—]	0.381	0.486	0	1
出生地	1为东部,2为中部,3为西部地区	[—]	1.919	0.755	1	3
阶层地位	14岁时家庭的阶层地位	[—]	2.152	0.751	1	3
父亲职业	14岁时父亲的非农职业	[—]	0.666	0.879	0	2
英语水平	1为劳动者可以说英语,0为不能说	[—]	0.326	0.469	0	1
普通话水平	1为普通话程度较好,0为较差或不能说	[—]	0.398	0.489	0	1
城市特征变量							
市场化程度	私营企业产值与内资企业产值的比值	log	6.088	1.297	2.736	8.185
人力资本水平	城市初中以上劳动者所占比重	log(年/人)	−2.859	0.126	−3.096	−2.525
劳动力密集程度	省份人口抚养比/100	[—]	0.340	0.069	0.212	0.473

第三节 计量结果讨论

本节分析了贸易开放与劳动者收入的基本回归结果、纠正选择偏差的结果、对劳动者不同迁移类型的差异化影响,发现结论有较强的显著性和稳健性。

一、基本回归结果

表5.3报告了贸易开放度与劳动者收入的OLS回归结果。其中,第(1)至(3)列分别为转为非农业的劳动者、未转为非农业劳动者、未迁移人员的样本结果。第(4)至(6)列分别为全部人口样本和两类迁移人员(转为非农业和仍为农业的劳动者)作为虚拟变量的回归结果。

笔者发现,贸易开放对三类人员的收入均有较强的提升作用。省份贸易开放程度提升1个百分点,劳动者收入可提升0.2个百分点左右。加入迁移虚拟变量和交互项后,笔者发现迁移人员工资显著高于未迁移劳动者;同时整体而言,贸易开放对迁移人员的作用显著为负,尤其是对于农业转为非农业的劳动者;而对于农业劳动者交互项的作用为正。可能的原因在于,贸易开放提升了农业劳动力的工作机会和就业空间,有利于农村剩余劳动力流动;而转为非农业的劳动力多为通过学习、工作等方式实现的向城市流动,与户籍政策等方面关系较强,而与贸易开放的关系较小。

表5.3　贸易开放与劳动力收入的基本回归结果

解释变量	非农业(1)	农业(2)	未迁移(3)	全部样本(4)	非农业(5)	农业(6)
贸易开放度	0.209***	0.251***	0.207***	0.230***	0.020 4**	0.025 4***
	(6.31)	(6.64)	(13.76)	(16.60)	(2.46)	(3.49)
人口迁移				0.708***	0.097 8*	0.664***
				(15.51)	(1.87)	(11.55)
贸易开放×人口迁移				−0.067 0***	−0.051 4**	0.173***
				(−3.49)	(−2.13)	(6.96)
控制变量						
性别	0.437***	0.755***	0.547***	0.559***	0.546***	0.549***
	(9.67)	(15.09)	(27.26)	(32.46)	(31.27)	(31.63)
年龄	0.157***	0.116***	0.110***	0.115***	0.110***	0.117***
	(7.51)	(6.34)	(14.50)	(17.49)	(16.58)	(17.61)
年龄平方/100	−0.186***	−0.153***	−0.148***	−0.153***	−0.151***	−0.156***
	(−7.61)	(−7.23)	(−17.17)	(−20.27)	(−19.83)	(−20.57)
婚姻状况	0.269***	0.020 5	0.161***	0.157***	0.119***	0.137***
	(3.62)	(0.28)	(5.14)	(5.84)	(4.35)	(5.04)
初中、高中	0.383***	0.361***	0.389***	0.416***	0.428***	0.419***
	(3.51)	(6.10)	(15.22)	(18.23)	(18.61)	(18.27)
专科及以上	0.800***	0.570***	0.785***	0.787***	0.852***	0.861***
	(7.05)	(5.54)	(21.37)	(25.23)	(27.08)	(27.56)
健康状况	0.149***	0.243***	0.269***	0.260***	0.260***	0.251***
	(2.97)	(4.12)	(12.22)	(13.55)	(13.34)	(12.98)
户籍	0.002 91		0.323***	0.283***	0.288***	0.421***
	(0.04)		(13.36)	(13.94)	(12.82)	(19.56)
年份	0.112***	0.143***	0.131***	0.135***	0.152***	0.143***
	(2.62)	(2.87)	(6.93)	(8.21)	(9.12)	(8.63)
人力资本水平	−0.174	−0.532***	−0.095 1	−0.128*	0.081 7	0.015 6
	(−1.16)	(−2.69)	(−1.09)	(−1.80)	(1.15)	(0.22)
市场化程度	−0.039 6**	−0.025 3	0.043 9***	0.023 0***	0.043 8***	0.039 1***
	(−2.53)	(−1.35)	(5.45)	(3.42)	(6.56)	(5.89)
劳动力密集度	−0.067 5	−2.302***	−1.952***	−1.756***	−3.296***	−2.847***
	(−0.16)	(−5.38)	(−10.07)	(−10.79)	(−23.17)	(−19.85)
R^2	0.276 2	0.426 7	0.425 3	0.431 0	0.414 9	0.420 5
N	1 586	1 524	8 992	12 118	12 118	12 118

• 注:*、** 和 *** 分别表示估计值在10%、5%和1%置信水平下显著。以下各表同。

个人变量方面,男性工资高于女性,且随着年龄增长个人收入呈"倒U"形关系,已婚劳动者的收入高于未婚人员,这均与预期和已有研究相一致。教育方面,中学、大学学历劳动者分别比小学及以下人员的工资高0.4和0.8

个百分点,显示出教育在收入方面的巨大作用。此外,城镇户籍、良好的个人健康状况对收入也有积极影响。省份变量方面,市场化程度对劳动者收入影响显著,显示了市场化程度对增加工作机会和提升收入的作用;省份人口抚养比对收入的作用为负,表明劳动者所在地区劳动力密集程度越高,越不利于就业和工资提升;人力资本水平对农业劳动者影响为负,表明地区人力资本水平越高,农业劳动者的就业机会可能越小。

基本回归结果显示了贸易开放度和劳动者收入具有显著正向关系,但这一方法可能存在三个问题。首先,由于涉及外出劳动者的就业选择问题,基本计量回归可能导致结果的有偏性,所以我们借鉴误差修正模型,通过决定劳动者是否迁移的 probit 回归求出逆 mills 比率,并带入回归方程。其次,由于劳动者迁移前后面对的贸易开放程度不同,所以我们根据劳动者迁移前后的省份和时间,分别计算了迁移前后所在省份的贸易开放度对劳动者的影响。最后,由于贸易开放度与省份市场化水平、经济发展水平等相关性较强,所以可能存在内生性问题,我们利用各省省会到主要港口的距离倒数作为工具变量进行回归,从而降低内生性问题,结果如表 5.4 所示。

表 5.4 的结果显示,对于全体样本而言,迁出地贸易开放度对劳动者迁移影响较小,而迁入地的贸易开放提高将显著提升劳动者迁入程度。对省内迁移而言,迁出地和迁入地的开放程度对迁移均有显著正向影响,这说明开放程度更高的地区更有利于劳动者实现省内流动。对省外迁移而言,迁出地开放程度对迁移有显著负向影响,迁入地开放程度的作用显著为正,说明地区开放程度越低,劳动者越有可能迁出,同时开放程度高的地区也是劳动者迁入地区,这与中西部地区劳动者向东部流动的现实相一致。

表 5.4 劳动者迁移的决定因素

解释变量	劳动者是否迁移的决定因素(ivprobit 回归)						
	全体迁移样本		省内迁移		省外迁移	
	(1) 迁出地	(2) 迁入地	(3) 迁出地	(4) 迁入地	(5) 迁出地	(6) 迁入地
贸易开放度	−0.041 9	0.412***	0.167***	0.144***	−0.292***	0.704***
	(−0.97)	(11.81)	(3.06)	(2.99)	(−3.88)	(15.26)
人力资本水平	−0.678***	−1.158***	−1.048***	−1.012***	−0.328**	−0.983***
	(−6.13)	(−10.49)	(−7.81)	(−7.91)	(−2.29)	(−7.37)
市场化程度	−0.010 9	−0.010 6	0.054 9***	0.025 0*	−0.058 0***	−0.092 8***
	(−0.80)	(−0.82)	(3.33)	(1.76)	(−2.63)	(−4.94)

(续表)

解释变量	劳动者是否迁移的决定因素(ivprobit 回归)					
	全体迁移样本		省内迁移		省外迁移	
	(1) 迁出地	(2) 迁入地	(3) 迁出地	(4) 迁入地	(5) 迁出地	(6) 迁入地
劳动力密集度	-3.179***	-1.010***	-1.014***	-0.741**	-5.996***	-1.132**
	(-12.18)	(-3.45)	(-3.31)	(-2.35)	(-13.21)	(-2.57)
阶层地位	0.047 2**	0.042 6**	0.020 4	0.015 8	0.073 4***	0.064 6**
	(2.54)	(2.24)	(1.00)	(0.76)	(2.77)	(2.36)
父亲工作	-0.039 2**	-0.051 6***	-0.004 72	-0.004 15	-0.075 1***	-0.120***
	(-2.21)	(-2.80)	(-0.24)	(-0.21)	(-2.95)	(-4.36)
出生地区	0.080 1**	0.342***	0.210***	0.177***	0.014 5	0.500***
	(2.12)	(10.23)	(4.32)	(4.09)	(0.24)	(9.81)
第一阶段回归 工具变量	0.454***	0.501***	0.388***	0.429***	0.454***	0.501***
	(62.04)	(85.69)	(56.38)	(67.82)	(62.04)	(85.69)
Wald 检验值	210.99	84.83	115.30	99.09	79.86	0.95
p-值	0.00	0.00	0.00	0.00	0.00	0.328 7
拟似然比	-13 651.1	-13 273.0	-10 757.5	-10 617.2	-10 305.4	-10 011.2
N	12 118	12 118	11 072	11 072	12 118	12 118

此外,父亲职业地位与劳动者迁移的关系为负,说明父亲为农业劳动者的人员更可能外出和迁移。对省外迁移劳动者而言,在当地的阶层地位越高,越有利于迁移,表明进城务工和就业仍是生活水平较高家庭的选择,而最贫困阶层可能未能外出就业。对出生地区而言,中西部地区迁移的可能性远高于东部地区,原因可能在于大量不发达省份劳动者选择外出务工。因此我们可以发现,处于中西部地区、父亲为农业劳动人员和当地生活水平较好的劳动者更可能外出工作并实现迁移,部分研究也证实了这一点(岳希明等,2010)。

二、纠正选择偏差的结果

为了避免可能出现的有偏和不一致问题,我们在表 5.5 中加入了逆 mills 比率纠正劳动者迁移的选择偏差,同时使用工具变量对迁移劳动者分别使用迁出和迁入地区的贸易开放度进行计算。表 5.5 中第(1)至(4)列为迁入省份贸易开放度的影响。

表 5.5　纠正选择偏差的结果

解释变量	非农业和农业 非农业(1)	非农业和农业 农业(2)	省内和省外 省内(3)	省内和省外 省外(4)	全部迁移样本 迁出地区(5)	全部迁移样本 迁入地区(6)
贸易开放度	0.333*** (18.54)	0.277*** (15.73)	0.311*** (17.20)	0.295*** (16.90)	0.366*** (13.33)	0.297*** (16.85)
贸易开放×非农业/农业	−0.216*** (−8.52)	0.0934*** (3.15)				
非农业/农业	0.206*** (7.76)	0.204*** (7.33)				
贸易开放×省内/省外迁移			−0.108*** (−4.34)	−0.134*** (−3.89)		
省内/省外迁移			0.0950*** (4.31)	0.330*** (8.70)		
贸易开放×迁移人口					−0.0969*** (−2.81)	−0.153*** (−6.85)
迁移人口					0.308*** (14.28)	0.118*** (5.67)
人力资本水平	−0.235*** (−2.75)	−0.251*** (−2.92)	−0.227*** (−2.62)	−0.249*** (−2.91)	0.154 (1.14)	−0.215** (−2.52)
市场化程度	0.00819 (1.09)	0.00961 (1.28)	0.0114 (1.50)	0.0112 (1.51)	0.0332*** (3.72)	0.0146* (1.93)
劳动力密集度	−0.804*** (−3.96)	−0.904*** (−4.43)	−0.921*** (−4.52)	−0.919*** (−4.50)	0.580 (0.87)	−0.788*** (−3.86)
lambda	−0.102 (−1.34)	0.0118 (0.15)	−0.0547 (−0.72)	0.000861 (0.01)	−0.857*** (−3.42)	−0.158** (−2.09)
控制变量	有	有	有	有	有	有
R^2	0.4340	0.4330	0.4314	0.4339	0.4121	0.4265
N	12 118	12 118	12 118	12 118	12 118	12 118

笔者发现，对转为非农业的劳动者而言，贸易开放度对非农业劳动者的影响显著低于其他人员，而对于农业迁移人员，贸易开放的影响则高于其他人员。可能的原因在于，有户籍转变的劳动者主要通过学习、工作等方式获得收入，属于"体制内"人员，其收入受市场影响较小；贸易自由化为农业劳动者提供了就业机会，有利于其从事非农工作，从而对其收入有较强的影响。对于省内和省外迁移而言，迁移劳动者的工资高于非迁移劳动者，而贸易的影响则低于非迁移人员，可能原因在于贸易开放可能通过人力资本等途径对个人产生影响，提升人力资本水平，迁移人员多为工作转换，所以受贸易开放的作用低于非迁移人口。第(5)至(6)列为全部样本分为迁出地区和迁入地区的结果。我们发现，人口迁移提升了劳动者收入，但贸易自由化对迁移人员的作用均显著为负，而且迁入省份的市场化程度对收入有显著提升作用，较高的人力资本水平和劳动力聚集程度可能增加劳动力市场的竞争压力，从而对劳动者收入产生负向影响。

为了进一步检验迁入地和迁出地贸易开放变量的影响大小,我们对不同类型迁移的回归进行了 Wald 检验,①结果如表 5.6 所示。我们发现,就贸易变量对劳动者整体收入的作用而言,迁出和迁入地均具有显著作用,且迁出地贸易开放的影响均大于迁入地区,迁出地贸易变量增加 1 个百分点,劳动者收入将增加 0.4 个百分点左右;而迁入地贸易开放度的提升将使收入增加 0.3 个百分点左右。原因可能在于,贸易开放对劳动者教育的作用,提升了劳动者人力资本,而迁出地对人力资本作用较小。同时,迁出地贸易开放度对迁移人员的作用也低于迁入地区,这表明,劳动者迁移使贸易变量的相对作用有所提升,但仍低于其对本地劳动者的作用。

表 5.6 迁入地和迁出地贸易开放变量的检验

原假设	贸易变量:迁出地=迁入地				贸易与迁移交互项:迁出地=迁入地			
	迁出地	迁入地	Wald 值	p-值	迁出地	迁入地	Wald 值	p-值
非农业	0.415***	0.333***	8.73	0.00	−0.263***	−0.216***	6.47	0.01
农业	0.338***	0.278***	4.56	0.03	0.169***	0.093***	5.17	0.02
省内迁移	0.376***	0.311***	5.04	0.02	−0.130***	−0.108***	7.49	0.00
省外迁移	0.387***	0.295***	11.76	0.00	−0.117**	−0.134***	0.13	0.718
迁移整体	0.386***	0.315***	7.02	0.01	−0.121***	−0.091***	4.34	0.04

三、劳动者水平迁移和垂直迁移

为了进一步分析贸易开放度提升对不同人员的影响,笔者将劳动者分为水平流动与垂直流动,其中水平流动为农业户籍人员迁移,其未获得城镇户籍;而垂直流动为由农业户籍转变为城镇户籍的劳动者的迁移。

表 5.7 显示了贸易开放对水平迁移劳动者的影响。第(1)和第(2)列为西部到东部迁移的劳动者,迁出地区和迁入地区贸易开放程度的作用。笔者发现,迁出地区开放程度对迁移人员收入的作用不显著,而迁入地区开放程度对迁移人口的作用显著低于本地人口。同时,迁移劳动者的收入明显高于本地劳动者。迁出地区的劳动者 lambda 显著为负,说明劳动力的迁出可能是负向选择的。

---

① 对于任意两个不同的分位数 θ_1 和 θ_2,Wald 统计量为 $Wald = \dfrac{\hat{\beta}_{\theta_1} - \hat{\beta}_{\theta_2}}{\text{var}(\hat{\beta}_{\theta_1} - \hat{\beta}_{\theta_2})}$,其中,$\text{var}(\hat{\beta}_{\theta_1} - \hat{\beta}_{\theta_2})$ 为 $\hat{\beta}_{\theta_1} - \hat{\beta}_{\theta_2}$ 的方差。在 $\hat{\beta}_{\theta_1} = \hat{\beta}_{\theta_2}$ 的原假设下,Wald 统计量服从自由度为 1 的卡方分布。对于任意 $\theta_1 \neq \theta_2$,如果能够拒绝原假设,则表明外资变量对不同福利水平的家庭产生了不同影响。

表 5.7　贸易开放与劳动力的水平流动

解释变量	西部迁出到东部地区		中西部内部迁移		东部内部迁移	
	迁出地区 (1)	迁入地区 (2)	省内迁移 (3)	省外迁移 (4)	省内迁移 (5)	省外迁移 (6)
贸易开放度	2.175***	0.591***	1.325***	1.330***	2.278***	1.058***
	(4.95)	(3.23)	(4.17)	(4.52)	(3.17)	(3.86)
贸易开放度×迁移人口	3.372	−0.432**	0.366	−1.345**	−0.426*	−0.827***
	(0.57)	(−2.57)	(0.50)	(−2.08)	(−1.86)	(−4.83)
迁移人口	3.294	0.544**	0.211	−0.341	−0.474	0.973***
	(0.92)	(2.20)	(0.53)	(−1.00)	(−1.52)	(4.58)
控制变量						
人力资本水平	1.496***	−1.350*	0.428**	0.172	−11.15***	−3.116***
	(3.28)	(−1.91)	(2.35)	(1.06)	(−2.84)	(−2.78)
市场化程度	0.078 6***	−0.011 9	0.037 9*	0.033 7**	−0.214**	−0.067 0
	(3.52)	(−0.30)	(1.72)	(2.19)	(−2.30)	(−1.63)
劳动力密集度	7.651***	−2.206	2.078*	1.034	7.476*	0.387
	(3.27)	(−1.54)	(1.94)	(1.18)	(1.70)	(0.26)
lambda	−2.987***	0.317	−1.311***	−0.877***	1.115*	0.597
	(−4.07)	(1.04)	(−4.05)	(−3.23)	(1.71)	(1.44)
个人控制变量	有	有	有	有	有	有
R^2	0.008 1	0.378 3	0.172 4	0.200 8	0.256 6	0.326 9
N	5 738	1 972	5 314	5 524	1 566	1 758

　　第(3)和第(4)列为贸易开放对中西部地区内部迁移的劳动者的作用。由结果可发现,贸易开放对劳动者收入均有显著的正向作用,而对迁移人员的收入提升作用不明显。同时,贸易开放对省外迁移人员的作用小于未迁移劳动者,而对省内迁移人员的作用不显著。lambda值显著为负,说明劳动者省内和省外迁移均为负向选择的。第(5)和第(6)列为贸易开放对东部地区内部迁移的作用。其中,省外迁移可以显著提高劳动者收入,而贸易开放对省外迁移人员的作用也较低。省内迁移人员的收入没有明显提高,贸易开放对省内迁移人员的作用也低于本地劳动者。

　　因此,对水平迁移的劳动者而言,贸易开放对其收入的影响低于本地劳动者,尤其是对迁入地区和跨省迁移的劳动者较为明显。

　　由于农业转为非农业意味着劳动者从农村人口转变为城市人口,所以我们将农业转为非农业的劳动者作为垂直迁移的样本。表5.8的结果按照劳动者转为非农业的地区、途径和时间分类,检验贸易开放度对垂直流动的作用。第(1)和第(2)列为将样本分为东部和中西部地区的结果,笔者发现,对于东部地区而言,贸易开放度对农业转为非农业劳动者作用较高,但农转非的劳动者工资仍然低于当地劳动者。而对于中西部地区,贸易开放度对农转非劳动者作用并不明显,且农转非劳动者工资与当地非农业人员工资相比差距较小。第(3)和第(4)列按照农转非的不同途径,分为城镇化(土地征用、拆迁等)和工作、学习等方式的户籍变动,笔者发现贸易开放对城镇化方式实现户籍转变的劳动者作用较强,而对通过学习工作等途径转变户籍的劳动力没有显著作用。同时,城镇化方式实现农转非的劳动者收入低于本地非农人口,而学习工作等方式实现农转非的劳动者收入高于本地人口。可能的原因在于,经济开放促进了地区的城镇化和工业化,因而对相应劳动者的作用较为明显;而通过学习工作等方式获得非农户籍的人员多属体制内人员,其收入受行政因素影响较大,因而贸易开放对其作用较小。第(5)和第(6)列根据转变为非农户籍的不同时间的差异化效应划分。笔者发现,对于1978年以前取得非农户籍的劳动者,贸易的作用显著低于本地人口;而对于1978年以后转为非农户籍的劳动者,贸易对其差异化作用不显著。原因可能在于1978年以前取得城镇户籍基本属于工作调动,受到的经济因素影响较小,而1978年以后的户籍变动则与贸易开放和城镇化关系较为明显。因此,贸易开放对东部地区和通过城镇化途径取得城市户籍的劳动者作用较强,且对1978年前取得非农户籍的劳动者作用较小。

表 5.8　贸易开放与劳动力的垂直流动

解释变量	(1)	(2)	(3)	(4)	(5)	(6)
	农业转为非农业		农业转非农业途径		转为非农业时间	
	中西部	东部	城镇化	工作	1978年后	1978年前
贸易开放度	1.109***	−0.105	0.284***	0.314***	0.311***	0.329***
	(2.62)	(−0.61)	(11.53)	(12.18)	(9.14)	(14.90)
贸易开放度×户籍变量	−1.763	0.199*	0.103**	−0.0432	−0.0388	−0.0922***
	(−1.52)	(1.69)	(2.44)	(−1.28)	(−0.71)	(−3.10)
户籍变量	−0.859	−0.314**	−0.116***	0.0646**	0.0901*	0.126***
	(−1.11)	(−2.16)	(−3.18)	(2.22)	(1.85)	(4.77)
控制变量						
人力资本水平	0.0130	0.573	−0.123	−0.193	−0.272	−0.279***
	(0.05)	(1.18)	(−0.96)	(−1.48)	(−1.60)	(−2.85)
市场化程度	0.00840	0.0385	−0.0143	−0.0124	−0.0204	0.0149*
	(0.19)	(1.03)	(−1.36)	(−1.17)	(−1.37)	(1.68)
劳动力密集度	0.232	−2.717**	1.392***	1.254***	0.0743	−1.151***
	(0.14)	(−2.09)	(4.78)	(4.37)	(0.18)	(−4.91)
lambda	−0.292	−0.396	−0.229**	−0.186*	0.0177	−0.1000
	(−0.65)	(−1.36)	(−2.35)	(−1.91)	(0.12)	(−1.14)
个人控制变量	有	有	有	有	有	有
R^2	0.1489	0.2124	0.3010	0.3000	0.2710	0.4609
N	2363	1263	5031	5031	3322	8796

四、贸易开放对不同劳动者的差异化影响

笔者认为,由于贸易开放可能通过提供就业机会、实施劳动者培训等方式增加技术溢出、提升劳动者技能,所以地区贸易开放程度可能对劳动者产生差异化影响。表5.9报告了贸易开放对不同人力资本劳动者的作用。第(1)和第(2)列的结果显示,对于不同教育程度的人员,贸易开放对中学和大学的劳动者影响较低,这说明贸易开放为较低教育程度的人员提供了工作机会,而对高教育程度劳动者的作用较小。

表5.9 贸易开放度对不同人力资本劳动者的影响

解释变量	全部样本(1)	迁移人口(2)	全部样本(3)	迁移人口(4)	全部样本(5)	迁移人口(6)
贸易开放度	0.436***	0.344***	0.349***	0.291***	0.340***	0.257***
	(8.62)	(4.69)	(16.41)	(8.44)	(15.44)	(6.59)
中学	0.155	0.370***	0.358***	0.443***	0.370***	0.468***
	(1.39)	(2.72)	(13.64)	(7.99)	(14.22)	(8.63)
大学及以上	0.368***	0.636***	0.671***	0.756***	0.698***	0.788***
	(3.19)	(4.42)	(16.47)	(9.95)	(17.30)	(10.71)
贸易开放度×中学	−0.114**	−0.067 8				
	(−2.24)	(−0.95)				
贸易开放度×大学及以上	−0.224***	−0.159**				
	(−4.30)	(−2.13)				
英语能力			−0.052 4	0.003 30		
			(−1.34)	(0.06)		
贸易开放度×英语能力			−0.134***	−0.110***		
			(−6.05)	(−3.02)		
汉语能力					−0.024 7	0.096 9
					(−0.61)	(1.61)
贸易开放度×汉语能力					−0.094 9***	−0.027 5
					(−4.30)	(−0.71)
控制变量						
人力资本水平	−0.206**	−0.448***	−0.200**	−0.413***	−0.127	−0.369**
	(−2.39)	(−2.88)	(−2.33)	(−2.63)	(−1.46)	(−2.32)
市场化程度	0.002 88	−0.052 8***	0.006 44	−0.049 1***	0.009 38	−0.043 8***
	(0.37)	(−3.73)	(0.85)	(−3.56)	(1.21)	(−3.10)
劳动力密集度	−0.783***	−0.900***	−0.871***	−0.894***	−0.430**	−0.558
	(−3.69)	(−2.26)	(−4.24)	(−2.27)	(−2.02)	(−1.37)
lambda	−0.085 2	0.193	−0.083 2	0.148	−0.146*	0.115
	(−1.10)	(1.50)	(−1.10)	(1.15)	(−1.91)	(0.89)
个人控制变量	有	有	有	有	有	有
R^2	0.428 2	0.404 8	0.430 9	0.406 2	0.429 8	0.406 1
N	12 118	3 126	12 118	3 126	12 118	3 126

第(3)和第(4)列的结果显示,相对于能说英语的劳动者,贸易开放对不

能说英语的劳动者的作用更强;第(5)和第(6)列对劳动者汉语水平进行了检验,同样显示贸易开放对汉语水平较差的人员的提升作用高于汉语水平较高的劳动者。这进一步说明,相对于教育程度、个人能力等方面较强的劳动者而言,贸易开放对个人能力较弱的劳动者提供了更多就业机会,对其作用显著高于人力资本水平较高的劳动者。

现有研究认为,城镇劳动者收入对迁移人员的收入具有同化作用,迁移时间越早,其同化作用也越强。由于中国贸易开放程度呈现明显的时间差异性,所以我们进一步将劳动者样本按照迁移时间分为不同时间段,讨论贸易开放对不同迁移时间的差异化影响。

表5.10的回归结果显示,第(1)和第(2)列为迁移人口和全部样本回归结果。我们发现,贸易开放度对劳动者收入的影响显著为正,而迁移劳动者的收入也低于本地人员;贸易开放对1995年以前迁移的劳动者作用较高,说明贸易开放增强了劳动者收入的同化作用,有利迁移人员收入随时间逐渐提升。第(3)和第(4)列为东部地区回归结果。我们发现,就迁移人口而言,不同迁移年份劳动者工资差距不显著,而贸易开放变量与迁移时间交互项仍显著为负,说明东部地区迁移劳动者之间的收入差距较小,而贸易开放的同化作用仍较强。第(5)和第(6)列为中西部地区回归结果,贸易开放与迁移时间的交互项差异较小,说明在中西部地区,贸易开放对迁移人员工资的同化作用较小。

表5.10 贸易开放对劳动者不同迁移时间的差异化影响

解释变量	迁移人口	全部样本	东部地区 迁移人口	东部地区 全部样本	中西部地区 迁移人口	中西部地区 全部样本
	(1)	(2)	(3)	(4)	(5)	(6)
贸易开放度	0.318*** (8.25)	0.333*** (17.32)	0.046 8 (0.35)	0.361*** (3.30)	0.327*** (5.18)	1.401*** (4.16)
1995年以前		−0.133** (−2.38)		−0.236*** (−2.89)		−2.672*** (−3.36)
贸易开放×1995年以前		−0.087 2*** (−2.74)		−0.213** (−2.47)		−1.167*** (−3.43)
1995—2007年	−0.002 34 (−0.04)	−0.127*** (−2.73)	0.101 (1.26)	−0.162** (−2.08)	−0.050 7 (−0.41)	−2.684*** (−3.46)
贸易开放×1995—2007年	−0.093 7** (−2.29)	−0.161*** (−5.07)	−0.195* (−1.75)	−0.426*** (−4.74)	−0.086 5 (−1.36)	−1.231*** (−3.67)
2007年以后	0.038 5 (0.52)	−0.113** (−1.98)	0.037 2 (0.39)	−0.249*** (−2.79)	0.167 (1.29)	−2.397*** (−3.16)
贸易开放×2007年以后	−0.140*** (−3.06)	−0.212*** (−5.73)	−0.229* (−1.87)	−0.463*** (−4.36)	−0.051 7 (−0.81)	−1.166*** (−3.54)

(续表)

解释变量	迁移人口	全部样本	东部地区 迁移人口	东部地区 全部样本	中西部地区 迁移人口	中西部地区 全部样本
	(1)	(2)	(3)	(4)	(5)	(6)
	控制变量					
人力资本水平	−0.392**	−0.186**	0.216	−0.396	−0.373*	0.368***
	(−2.53)	(−2.19)	(0.58)	(−1.06)	(−1.68)	(2.60)
市场化程度	−0.0428***	0.0154**	−0.0196	0.0583***	−0.0551***	0.00144
	(−3.08)	(2.05)	(−0.61)	(2.80)	(−3.15)	(0.14)
劳动力密集度	−1.019***	−0.913***	−3.444***	−3.109***	−0.0852	1.765**
	(−2.58)	(−4.46)	(−2.86)	(−4.28)	(−0.19)	(2.53)
lambda	0.180	−0.116	−0.0777	−0.0373	−0.0668	−0.709***
	(1.42)	(−1.55)	(−0.30)	(−0.21)	(−0.30)	(−3.88)
个人控制变量	有	有	有	有	有	有
R^2	0.4105	0.4309	0.2846	0.3828	0.4273	0.2851
N	3125	12118	1162	3985	1963	8133

第四节 劳动力迁移与福利差距

劳动力从农村向城镇的迁移可能对福利有重要影响,因此本节检验了劳动力迁移对不同类型福利的作用。

一、劳动力迁移与城市福利差距的相关文献

一般而言,本地劳动者和流动人口或迁移人口不仅在工资方面有显著差异,在社会福利如养老保险、医疗保险等方面也有明显差距,这也是劳动力市场分割的重要表现形式。理论和实证文献对劳动力市场分割进行了大量研究,有助于我们深入理解目前劳动力迁移和城市工资、福利的差距问题。

二元劳动力市场理论认为,劳动力市场内部不是同质的,可分为高工资、较好工作条件、较多晋升机会的主要劳动力市场和低工资、较差工作条件和较少晋升机会的次要劳动力市场,其工资决定机制也不相同(Doeringer and Piore,1971)。主要劳动力市场的工作机会有限,工资决定符合人力资本理论,而次要劳动力市场的劳动者受到制度限制,工资较低、福利较差而且晋升空间很小。Dickens and Lang(1985,1988)证实了美国二元劳动力市场的存在,同时指出这一理论是对新古典劳动力市场理论的发展,为劳动者工资决定、工资分布等提供了更精确合理的描述。

所以,在转型时期的中国,劳动力市场存在着多种分割形式,其中职业、性别等的分割多与部门差异有关(吴愈晓等,2009),行业和所有制分割的实质也可归因于垄断部门与市场部门的差异(Démurger 等,2006;叶林祥等,2011);同时,随着流动人口的迅速增长,户籍限制是市场化转型以来城市劳动力市场最重要的特征(余向华等,2012)。在此基础上,垄断部门和市场部门的分割以及城镇人口和流动人口的分割对劳动者工作、收入、福利待遇等各方面产生了重要影响。

实证研究方面,分别有文献探讨了劳动力市场的部门和户籍差异对工资和福利的影响。张义博(2012)发现在 20 世纪 90 年代,非公共部门在收入方面更有优势;而近十年来公共部门的收入优势更加明显。但是,张车伟等(2008)认为公共部门的高工资大部分来自人力资本的优势,尤其在高收入群体更是如此。在户籍方面,城镇人口与流动人口的工资水平也存在显著差距。万海远等(2013)验证了户籍限制对城乡收入差距有显著作用;Lee(2012)进一步考察了津贴等福利形式,发现户籍制度对流动人口的福利也有重要影响。可见,部门差异和户籍制度是影响城市劳动者工资和福利的关键。

因此,市场内部的分割性是劳动力市场的重要特征,尤其是中国处于转型时期,部门制度与户籍制度是形成分割性劳动力市场的关键原因。现有文献深入讨论了户籍制度、部门差异对劳动者工资差距的影响,分析了此类结构性因素对社会分层的作用。但是,对劳动力市场与工资差距的研究关注工资差距形成的原因及影响,没有注意到不同群体的地位与分层问题;对社会分层的研究大多数以工资收入作为衡量指标,而对劳动者的福利制度研究较少。所以本节以 15 个城市的微观调查数据样本,系统研究了部门、户籍两类制度对劳动者福利分层的影响。

二、计量方法与数据描述

(一) 计量方法

为了全面衡量部门和户籍制度对福利分层的影响,笔者用是否参加养老、医疗、失业和工伤保险衡量不同人群的社会福利水平,用 Probit 模型进行检验。回归方程为:

$$\text{Probit}(Insurance_i = 1) = \beta_0 + \beta_1 Pbulic_i + \beta_2 Urban_i + \beta_3 Public_i \cdot Urban_i + \beta X + \mu_i$$

其中，$Insurance_i$ 代表个体 i 的社会保险状况，$Insurance_i=1$ 为参加了社会保险；$Pbulic_i$ 为个体 i 所处部门，$Pbulic_i=1$ 为处于公共部门；$Urban_i$ 为户籍状况，$Urban_i=1$ 表示个体 i 为城镇人口。$Public_i \cdot Urban_i$ 为交互项，衡量部门和户籍制度的交互效应。X 为控制变量，包括劳动者性别、婚姻状况、年龄、年龄平方项、教育水平、工作经验、经验的平方项、职业、行业和城市虚拟变量。

由于劳动者在不同部门的工作可能具有选择效应，因此普通 Probit 模型估计会有内生性问题，从而造成有偏的结果。因此，笔者将劳动者的福利的获得分为两个连续过程：第一步是是否进入公共部门，第二步是在公共部门内是否获得相应福利。因此，需要首先估计劳动者是否进入公共部门的因素，估计方程为：

$$\text{Probit}(Public_i=1) = \beta X + \gamma Network_i$$

其中，βX 为劳动者的个人特征变量，$Network_i$ 为家庭的社会网络，其中包括父母工作是否处于公共部门、一年中帮助自己的人数，这里以社会网络为工具变量控制部门选择的内生性问题。从上式中计算得到反 mills 比率：

$$\frac{\varphi(\beta X + \gamma Network_i)}{\Phi(\beta X + \gamma Network_i)}$$

代入回归方程(1)中，最终的估计方程为：

$$\text{Probit}(Insurance_i=1) = \beta_0 + \beta_1 Pbulic_i + \beta_2 Urban_i + \beta_3 Public_i \cdot Urban_i \\ + \beta_4 \frac{\varphi(\beta X + \gamma Network_i)}{\Phi(\beta X + \gamma Network_i)} + \beta X + \mu_i$$

之后，根据 Sinning 等(2008)提出的非线性回归模型分解。

对于非线性模型 $Y_{ig} = \beta X_{ig} + \varepsilon_{ig}$，$g=(A,B)$，

Blinder-Oaxaca 分解应为：

$$\Delta_A = E_{\beta_A}(Y_{iA}|X_{iA}) - E_{\beta_A}(Y_{iB}|X_{iB}) + E_{\beta_A}(Y_{iB}|X_{iB}) - E_{\beta_B}(Y_{iB}|X_{iB})$$
$$\Delta_B = E_{\beta_B}(Y_{iA}|X_{iA}) - E_{\beta_B}(Y_{iB}|X_{iB}) + E_{\beta_A}(Y_{iA}|X_{iA}) - E_{\beta_B}(Y_{iA}|X_{iA})$$

右边第一项为两组由于特征值不同而导致的差异，第二项为由于系数不同导致的差异。

非线性分解的一般化形式为：

$$\overline{Y}_A - \overline{Y}_B = (\overline{X}_A - \overline{X}_B)\beta^* + \overline{X}_A(\beta_A - \beta^*) + \overline{X}_B(\beta^* - \beta_B)$$

其中,β^*为系数β_A和β_B的加权平均值,即

$$\beta^* = \Omega\beta_A + (I - \Omega)\beta_B$$

Ω为加权矩阵,I为单位矩阵。所以,上式的一般化分解形式可写为:

$$\begin{aligned}\overline{Y}_A - \overline{Y}_B = &\{E_{\beta^*}(Y_{iA}|X_{iA}) - E_{\beta^*}(Y_{iB}|X_{iB})\}\\ &+ \{E_{\beta_A}(Y_{iA}|X_{iA}) - E_{\beta^*}(Y_{iA}|X_{iA})\}\\ &+ \{E_{\beta^*}(Y_{iB}|X_{iB}) - E_{\beta_B}(Y_{iB}|X_{iB})\}\end{aligned}$$

因此,加权矩阵Ω的不同取值将得到不同的结果。Reimer(1983)将其设定为标量矩阵,假设$\Omega=0.5I$,部分对比将加权矩阵设定为$\Omega=sI$,s为主要组别的相对样本大小。

非线性分解的另一问题,是不同基准组别的选取可能会对结果造成影响。因此,我们将用不同的加权矩阵和基准组进行分解,检验结果的稳健性。

(二) 数据描述

为了全面分析部门和户籍制度在福利分层中的作用,笔者采用 CHIP 2007 年家庭收入调查数据。这一数据包括城市、农村和流动人口三个子样本,全面考察了中国劳动者教育、工作、收入、社会福利等方面的情况。由于需要度量户籍制度的影响,笔者选取城市和流动人口两个子样本,并按照城市代码进行合并。样本共包含 14 699 个城镇人口、8 446 个流动人口;剔除掉变量的缺失值以及处于非劳动年龄[①]的样本后,可得到 5 736 个城镇劳动者、5 125 个流动人口的样本。

在劳动者福利方面,笔者选取养老保险、医疗保险、失业保险和工伤保险来分别衡量,劳动者加入上述保险则取 1,否则取 0。由于中国的社会保障正处于由单位保障制向国家—社会统筹制变迁的过程,社会保障覆盖面、给付标准等方面均不健全,所以是否参与社会保障可以作为福利分层的重要指标。

另外,笔者划分了劳动者的部门和户籍差异。在部门方面,将党政机关、国有企事业单位、国有独资企业和国有控股企业作为公共部门,民办企事业单位、集体企业、私营及其他企业作为非公共部门。同时,根据 CHIP 2007 的问卷设计,城市劳动者为城镇户籍,流动人口为农村户籍。

---

① 将劳动年龄设定为 16—60 岁,不包括在校学生。

控制变量方面,笔者选取了劳动者性别、婚姻状况、年龄、年龄的平方项、教育程度、工作经验、经验的平方项、工作培训、契约性质,以及劳动者所处职业、行业和城市虚拟变量,控制可观测因素的影响。

表 5.11 为主要变量的描述统计。

表 5.11 主要变量的统计描述

变量	描述	单位	平均值	标准差	最小值	最大值
养老保险	1 为参加养老保险,0 为未参加	[—]	0.483	0.500	0	1
医疗保险	1 为参加医疗保险,0 为未参加	[—]	0.464	0.499	0	1
失业保险	1 为参加失业保险,0 为未参加	[—]	0.348	0.476	0	1
工伤保险	1 为参加工伤保险,0 为未参加	[—]	0.342	0.474	0	1
个人特征变量							
部门特征	1 为公共部门,0 为非公共部门	[—]	0.273	0.445	0	1
户籍特征	1 为城镇户籍,0 位农村户籍	[—]	0.472	0.499	0	1
性别	1 为男性,0 为女性	[—]	0.578	0.494	0	1
婚姻状况	1 为已婚,0 为未婚	[—]	0.718	0.450	0	1
年龄	劳动者年龄	[—]	35.013	10.761	16	60
年龄的平方/100	劳动者年龄平方/100	[—]	13.417	7.920	2.56	36
教育程度	1 为初中以下,2 为高中,3 为大学及以上	年	10.521	3.115	1	22
工作经验	劳动者从事当前工作的时间	年	7.784	8.981	0	51
经验的平方/100	工作经验平方/100	[—]	1.412	2.867	0	26.01
就业培训	参加过就业培训为1,没有参加过为0	[—]	0.327	0.469	0	1
契约状况	1 为长期契约,2 为短期契约,3 为无契约,4 为自我经营	[—]	2.435	1.016	1	4
工作特征变量							
职业虚拟变量①	分为党政机关负责人等 7 个大类	[—]	4.243	1.410	1	7
行业虚拟变量②	分为农林牧渔等 10 个大类	[—]	5.201	2.654	1	10
城市虚拟变量	15 个城市虚拟变量	[—]	7.696	4.678	1	15

三、计量结果分析

表 5.12 报告了不同户籍和部门的劳动者的福利差距。笔者发现,户籍制度对劳动者福利的作用显著,城镇劳动者的各项福利指标均显著高于农村劳动者;公共部门在养老、医疗和工伤保险方面的参与程度高于非公共部门;而在失业保险和住房公积金方面的作用不显著。同时,公共部门和城镇户籍的交互项对于医疗保险、失业保险和住房公积金参与度的作用显著。这表明,

---

① 具体包括党政机关负责人、专业技术人员、办事人员、制造业工人、服务人员、私营企业主和其他职业。
② 具体包括农林牧渔、工业和建筑、交通运输仓储、计算机软件业、批发零售、住宿餐饮、金融房地产、商务服务、科教文卫、公共管理及其他行业。

城镇户籍劳动者的社会福利明显高于非城镇劳动者；而公共部门在养老、医疗和工伤保险的参与度方面作用较强，在失业和住房公积金方面与非公共部门差异较小。

同时，笔者发现在多个回归中 lambda 值显著为负，说明劳动者进入公共部门可能有负向选择效应，即公共部门劳动者在个人能力方面可能高于非公共部门劳动者。教育年限、个人收入、职业培训、长期契约都对劳动者福利参与有积极的提升作用，这可能与中国劳动力市场的发展程度有关。目前，人力资本水平较高的劳动者更可能进入公共部门和相关"体制内"行业，其福利待遇远高于私营经济，而私营经济对人员福利的保障机制仍不完善，所以教育程度较低、没有劳动契约或培训的人员，福利水平也相应较低。

表 5.12 不同户籍和部门福利差距的 probit 回归

解释变量	(1) 养老保险	(2) 医疗保险	(3) 失业保险	(4) 工伤保险	(5) 住房公积金
公共部门	0.300***	0.278***	0.058 5	0.258***	0.054 9
	(3.87)	(3.44)	(0.64)	(3.18)	(0.50)
城镇户籍	1.256***	1.395***	0.919***	0.445***	0.527***
	(25.45)	(27.70)	(17.68)	(8.89)	(8.64)
公共部门×城镇户籍	0.035 1	0.209**	0.235**	−0.035 9	0.491***
	(0.37)	(2.13)	(2.31)	(−0.39)	(4.16)
个人收入	0.026 8	0.062 2**	0.067 1**	0.156***	0.373***
	(1.32)	(2.46)	(2.20)	(4.13)	(6.06)
教育年限	0.027 8***	0.046 2***	0.035 6***	0.022 2***	0.068 8***
	(3.63)	(5.48)	(4.66)	(3.04)	(8.01)
工作经验	−0.010 8***	0.001 62	0.005 27	0.002 14	0.024 9***
	(−2.87)	(0.38)	(1.53)	(0.65)	(6.37)
lambda	−0.723***	−0.423***	−0.474***	−0.426***	−0.158
	(−6.71)	(−3.58)	(−4.46)	(−4.22)	(−1.28)
职业培训	0.160***	0.244***	0.067 8*	0.152***	0.097 3**
	(4.24)	(6.05)	(1.87)	(4.43)	(2.45)
长期契约	0.323***	0.164***	0.095 9**	0.127***	−0.219***
	(6.76)	(3.30)	(2.24)	(3.13)	(−4.95)
职业虚拟变量	有	有	有	有	有
行业虚拟变量	有	有	有	有	有
城市虚拟变量	有	有	有	有	有
N	10 861	10 861	10 861	10 861	10 861
R^2	0.455 0	0.521 2	0.399 6	0.312 1	0.479 2
似然比	−4 099.2	−3 591.2	−4 215.0	−4 800.5	−3 335.9

• 注：表格中省略了个人特征变量，如性别、年龄、年龄平方、健康状况等的系数。

表 5.13 计算了户籍和部门差异对劳动者福利的边际效应与边际弹性。由结果可见，加入公共部门可以使劳动者参与相关福利的可能性增加 0.07 个

百分点,参与比率上升 0.3% 左右;城镇户籍可以使劳动者参与相关福利的比例增加 0.11—0.40 个百分点和 0.58%—1.38%。其中,对于公共部门而言,其对失业保险的提升作用较低,而对住房公积金、医疗保险的作用较高。这表明,非公共部门劳动者失业保险的参与程度与公共部门劳动者差距较小,而在住房公积金、医疗保险方面,公共部门的提升作用较强。同时,城镇户籍对劳动者医疗保险和养老保险的提升作用明显高于其对工伤保险和住房公积金的影响;这表明流动人口在医疗和养老保险方面的参与度仍然较低,与城镇人口差距依然较大。其他变量方面,劳动者个人收入、教育年限均对福利参与有显著提升作用。

表 5.13 户籍和部门差异的边际效应与边际弹性

解释变量	(1) 养老保险	(2) 医疗保险	(3) 失业保险	(4) 工伤保险	(5) 住房公积金
边际效应					
公共部门	0.070 2*** (6.01)	0.073 2*** (6.80)	0.047 1*** (4.60)	0.061 5*** (5.19)	0.074 7*** (8.33)
城镇户籍	0.361*** (22.90)	0.403*** (24.34)	0.257*** (17.77)	0.114*** (8.10)	0.141*** (10.66)
个人收入	0.005 63 (1.33)	0.011 4** (2.47)	0.014 6** (2.21)	0.038 9*** (4.17)	0.064 2*** (6.38)
教育年限	0.005 85*** (3.64)	0.008 45*** (5.50)	0.007 72*** (4.66)	0.005 52*** (3.14)	0.011 9*** (7.94)
边际弹性					
公共部门	0.298*** (4.89)	0.315*** (4.49)	0.153 (1.57)	0.322*** (4.39)	0.305** (2.13)
城镇户籍	1.166*** (26.14)	1.376*** (28.32)	1.281*** (18.27)	0.580*** (9.19)	1.039*** (9.93)
个人收入	0.027 6 (1.32)	0.068 2** (2.44)	0.093 0** (2.18)	0.211*** (4.00)	0.656*** (5.55)
教育年限	0.265*** (3.66)	0.463*** (5.51)	0.464*** (4.69)	0.285*** (3.07)	1.132*** (8.13)

一般而言,社会福利的参与可能与劳动者契约状况有关。因此,表 5.14 检验了劳动者长期、固定、短期和自我经营等契约类型对各项保险参与的作用。笔者发现,固定合同劳动者的保险参与度较低,而且固定合同与城镇户籍交互项显著为正,公共部门与城镇户籍交互项不显著,说明城镇户籍有助于固定合同人员提升保险参与度。对于短期合同劳动者,其保险参与程度低于长期和固定合同人员,且户籍对养老和医疗保险参与的作用较强,对其他保险没有明显作用。对于自我经营人员,社会保险的参与程度更低,城镇户籍对其参与医疗、工伤和住房公积金有较显著的作用。因此,可能长期契约

劳动者的保险参与度最高,而固定、短期和自我经营人员的参与度逐渐降低;城镇户籍对于固定合同劳动者的保险参与度的提升作用显著,而对于短期和自我经营劳动者提升作用较低;同时公共部门对劳动者保险参与的作用较低。所以,劳动者社会保险参与度与契约状态有较大关系,固定和短期合同人员的参与度较低,城镇户籍对固定契约人员作用的提升较强,公共部门对劳动者保险参与的提升作用不明显。

表 5.14　不同契约类型对社会福利参与的影响

解释变量	(1) 养老保险	(2) 医疗保险	(3) 失业保险	(4) 工伤保险	(5) 住房公积金
部门与户籍的交互作用					
公共部门	0.251***	0.281***	−0.014 9	0.114	0.042 1
	(2.77)	(3.01)	(−0.15)	(1.26)	(0.37)
城镇户籍	1.117***	1.217***	0.811***	0.323***	0.413***
	(16.24)	(17.87)	(12.49)	(5.20)	(5.73)
公共部门×城镇户籍	0.056 9	0.161	0.234**	0.001 34	0.403***
	(0.57)	(1.57)	(2.24)	(0.01)	(3.38)
固定合同					
固定合同	−0.643***	−0.604***	−0.533***	−0.552***	−0.486***
	(−8.11)	(−6.91)	(−6.17)	(−7.07)	(−4.60)
固定合同×城镇户籍	0.523***	0.615***	0.493***	0.495***	0.628***
	(4.33)	(4.92)	(4.21)	(4.64)	(4.91)
固定合同×公共部门	0.011 4	0.166	0.141	0.147	0.390***
	(0.10)	(1.37)	(1.42)	(1.58)	(3.85)
短期合同					
短期合同	−0.988***	−0.744***	−0.993***	−0.912***	−0.733***
	(−18.07)	(−12.62)	(−15.37)	(−16.76)	(−9.97)
短期合同×城镇户籍	0.235***	0.207**	0.144	0.073 3	0.105
	(2.72)	(2.34)	(1.56)	(0.85)	(0.94)
短期合同×公共部门	0.154	−0.048 6	0.211*	0.287***	−0.084 3
	(1.40)	(−0.43)	(1.89)	(2.74)	(−0.63)
自我经营					
自我经营	−1.232***	−1.117***	−1.314***	−1.540***	−1.071***
	(−12.60)	(−10.45)	(−9.09)	(−11.21)	(−5.89)
自我经营×城镇户籍	0.013 6	0.258**	0.104	0.381***	0.559**
	(0.12)	(2.08)	(0.76)	(2.70)	(2.51)
N	10 310	10 310	10 310	10 310	10 310
R^2	0.454 0	0.525 2	0.398 2	0.305 9	0.482 7

四、Blinder-Oaxaca 分解结果

进一步对劳动者社会保险参与进行分解,由于

$$\overline{Y}_A - \overline{Y}_B = \{E_{\beta^*}(Y_{iA}|X_{iA}) - E_{\beta^*}(Y_{iB}|X_{iB})\} \\ + \{E_{\beta_A}(Y_{iA}|X_{iA}) - E_{\beta^*}(Y_{iA}|X_{iA})\} \\ + \{E_{\beta^*}(Y_{iB}|X_{iB}) - E_{\beta_B}(Y_{iB}|X_{iB})\}$$

所以,加权矩阵 Ω 的不同取值将得到不同的结果。非线性分解的另一问题,是不同基准组别的选取可能会对结果造成影响。因此,用不同的加权矩阵和基准组进行分解,检验结果的稳健性。

表 5.15 显示了部门差距对社会保险参与的分解结果。我们发现,在全部样本、城镇人口和流动人口中,分解结果的系数差异均小于特征差异,这说明部门差异对各项保险的参与度影响较小,劳动者参与保险主要由个人特征决定。

表 5.15 社会保险参与的 Blinder-Oaxaca 分解结果(部门差距)

样本类型	Omega		养老保险	医疗保险	失业保险	工伤保险	住房公积金
全部样本在不同部门的差距 A=2 964 B=7 897	Omega=1	特征差异	0.85	0.88	0.94	0.80	0.93
		系数差异	0.15	0.12	0.06	0.20	0.07
	Omega=0	特征差异	0.86	0.80	0.83	0.73	0.53
		系数差异	0.14	0.20	0.17	0.27	0.47
	Omega=0.50	特征差异	0.88	0.87	0.91	0.78	0.76
		系数差异	0.12	0.13	0.09	0.22	0.24
	Omega=0.73	特征差异	0.87	0.88	0.93	0.80	0.85
		系数差异	0.13	0.12	0.07	0.20	0.15

样本类型	Omega		养老保险	医疗保险	失业保险	工伤保险	住房公积金
城镇人口在不同部门的差距 A=2 590 B=2 535	Omega=1	特征差异	0.60	0.59	0.71	0.70	0.77
		系数差异	0.40	0.41	0.30	0.30	0.23
	Omega=0	特征差异	0.86	0.57	0.81	0.70	0.46
		系数差异	0.14	0.43	0.19	0.30	0.54
	Omega=0.50	特征差异	0.76	0.60	0.78	0.72	0.64
		系数差异	0.24	0.40	0.22	0.28	0.36
	Omega=0.51	特征差异	0.76	0.60	0.78	0.72	0.64
		系数差异	0.24	0.40	0.22	0.28	0.36

样本类型	Omega		养老保险	医疗保险	失业保险	工伤保险	住房公积金
流动人口在不同部门的差距 A=374 B=5 362	Omega=1	特征差异	0.67	0.52	0.53	0.23	0.23
		系数差异	0.33	0.48	0.47	0.77	0.77
	Omega=0	特征差异	0.43	0.41	0.79	0.56	0.82
		系数差异	0.57	0.59	0.21	0.44	0.18
	Omega=0.50	特征差异	0.58	0.50	0.67	0.42	0.50
		系数差异	0.42	0.50	0.33	0.58	0.50
	Omega=0.93	特征差异	0.66	0.52	0.55	0.25	0.27
		系数差异	0.34	0.48	0.45	0.75	0.73

但是,对于流动人口参与社会保险而言,其系数差异高于城镇人口特征差异较低,说明相对于城镇人口而言,部门差异对流动人口的限制作用仍然较大。尤其在工伤保险和住房公积金方面,流动人口的系数差距远大于特征值差异。因此,部门差异对流动人口在工伤保险和住房公积金的限制远高于城镇劳动者。

表 5.16 显示了户籍制度对劳动者社会保险参与的分解结果。在全部样本、公共部门和非公共部门中，系数差异均明显大于特征差异，这表明户籍制度对劳动者社会保险参与的影响显著大于劳动者个人特征的作用。对于公共部门人员而言，户籍制度影响尤其明显。多项保险参与的系数差异在 0.6 以上，这说明在公共部门，户籍类型是影响社会保险参与的关键因素。公共部门给城镇劳动者提供了较高水平的福利待遇，而给流动人口的福利则十分有限。在非公共部门，户籍制度的差异化影响低于公共部门，但仍然较大。因此，户籍制度是劳动者社会保险参与的重要影响因素，其作用高于劳动者个人特征的作用，尤其是在公共部门，户籍制度对不同户籍人员的影响更加明显。

表 5.16　社会保险参与的 Blinder-Oaxaca 分解结果（户籍制度）

样本类型	Omega		养老保险	医疗保险	失业保险	工伤保险	住房公积金
全部样本按不同户籍划分 A=5 125 B=5 736	Omega=1	特征差异	0.42	0.49	0.56	0.64	0.79
		系数差异	0.58	0.51	0.44	0.36	0.21
	Omega=0	特征差异	0.36	0.23	0.34	0.48	0.28
		系数差异	0.64	0.77	0.66	0.52	0.72
	Omega=0.50	特征差异	0.46	0.45	0.49	0.58	0.55
		系数差异	0.54	0.55	0.51	0.42	0.45
	Omega=0.53	特征差异	0.47	0.46	0.50	0.58	0.57
		系数差异	0.53	0.54	0.50	0.42	0.43

样本类型	Omega		养老保险	医疗保险	失业保险	工伤保险	住房公积金
公共部门按不同户籍划分 A=2 590 B=374	Omega=1	特征差异	0.10	0.31	0.26	0.46	0.62
		系数差异	0.90	0.69	0.74	0.54	0.38
	Omega=0	特征差异	0.08	0.37	0.15	0.44	0.10
		系数差异	0.92	0.63	0.85	0.56	0.90
	Omega=0.50	特征差异	−0.15	0.43	0.02	0.47	0.11
		系数差异	1.15	0.57	0.98	0.53	0.89
	Omega=0.87	特征差异	0.20	0.35	0.13	0.47	0.40
		系数差异	0.80	0.65	0.62	0.53	0.60

样本类型	Omega		养老保险	医疗保险	失业保险	工伤保险	住房公积金
非公共部门按不同户籍划分 A=2 353 B=5 326	Omega=1	特征差异	0.50	0.44	0.58	0.64	0.65
		系数差异	0.50	0.56	0.42	0.36	0.35
	Omega=0	特征差异	0.35	0.19	0.35	0.50	0.34
		系数差异	0.65	0.81	0.65	0.50	0.66
	Omega=0.50	特征差异	0.47	0.37	0.49	0.58	0.48
		系数差异	0.53	0.63	0.51	0.42	0.52
	Omega=0.68	特征差异	0.50	0.42	0.53	0.61	0.55
		系数差异	0.50	0.58	0.47	0.39	0.45

第五节 结 论

近年来,随着贸易开放程度的提高,中国劳动力流动和迁移迅速增长,成为农村劳动力转移、增加劳动者收入和促进城镇化进程的重要途径。本章基于 2012 和 2013 年国家调查数据,考虑了计量回归的内生性和劳动者迁移前后省份开放程度的差异等问题,深入分析了贸易开放对人口迁移决策的影响和对工资的作用,探讨了贸易开放对水平迁移和垂直迁移的影响,同时考察了贸易开放对不同人力资本水平、不同迁移时间劳动者的差异化作用,得到了较为显著的结论。

第一,对劳动者迁移的决策而言,在省内迁移方面,迁出地和迁入地的开放程度对迁移均有显著正向影响,开放程度更高的地区更有利于劳动者实现省内流动。在省外迁移方面,迁出地开放度对迁移有显著负向影响,迁入地开放程度的作用显著为正,说明地区开放程度越低,劳动者越有可能迁出,同时开放程度高的地区也是劳动者迁入地区。

第二,在贸易开放与迁移劳动者收入方面,对转为非农业的劳动者而言,贸易开放度对非农业劳动者的影响显著低于其他人员,而对于农业迁移人员,贸易开放的影响则高于其他人员。可能的原因在于,有户籍转变的劳动者主要通过学习、工作等方式获得收入,属于体制内人员,其收入受市场影响较小;而贸易自由化为农业劳动者提供了就业机会,有利于其从事非农工作,从而对其收入有较强的影响。对于省内和省外迁移劳动者,迁移劳动者的工资高于非迁移劳动者,而贸易的影响则迁移人员低于非迁移人员,原因可能在于贸易开放通过人力资本等途径对个人产生影响,提升人力资本水平,而迁移人员多为工作的转换,所以受贸易开放的作用低于非迁移人口。

第三,在劳动者水平和垂直迁移方面,尤其是对从中西部地区迁移到东部地区的劳动者,迁出地区开放程度对迁移人员收入的作用不显著,而迁入地区开放程度对迁移人口的作用显著低于本地人口。但对于中西部内部迁移的劳动者,贸易开放对劳动者收入均有显著的正向作用。对于东部地区内部迁移的劳动者,省内迁移人员的收入没有明显提高,贸易开放对省内迁移人员的作用也低于本地劳动者。

对于农业转为非农业的迁移人员,我们发现对于东部地区而言,贸易开放度对农业转为非农业劳动者作用较高,但农转非的劳动者工资仍然低于当地劳动者。贸易开放对城镇化方式实现户籍转变的劳动者作用较强,而对通过学习、工作等途径转变户籍的劳动力没有显著作用。同时,城镇化方式实现农转非的劳动者收入低于本地非农人口,而学习、工作等方式实现农转非的劳动者收入高于本地人口。对于1978年以前取得非农户籍的劳动者,贸易的作用显著低于本地人口;而对于1978年以后转为非农业的劳动者,贸易对其差异化作用不显著。

第四,对不同劳动者的差异化影响方面,相对于教育程度、个人能力等方面较强的劳动者而言,贸易开放给个人能力较弱的劳动者提供了更多就业机会,对其作用显著高于人力资本水平较高的劳动者。对不同迁移时间而言,贸易开放增强了劳动者收入的同化作用,对较早迁移的劳动者工资的影响大于迁移较晚的劳动者,尤其是在东部地区这一现象最为显著。

第五,进一步分析了城镇人口与迁移人口在社会福利方面的差距。我们发现,城镇户籍是影响迁移人员获得较高社会福利的重要因素,部门差异的作用较小。劳动契约方面,劳动者社会保险参与度与契约状态有较大关系,长期合同人员的参与度高于其他契约类型劳动者,城镇户籍对固定契约人员作用的提升较强,公共部门对劳动者保险参与的提升作用不明显。同时,对劳动者福利的分解结果显示,部门差异对各项保险的参与度影响较小,但部门差异对流动人口在工伤保险和住房公积金的限制远高于城镇劳动者。户籍制度是劳动者社会保险参与的重要影响因素,其作用高于劳动者个人特征的作用;尤其是在公共部门,户籍制度对不同户籍人员的影响更加明显。

第六章
贸易开放、异质性劳动力市场与城市工资提升

本章在对城镇和农村人口分别讨论的基础上,综合分析了贸易开放对城市异质性劳动力市场的就业和工资的影响,发现贸易开放对不同类劳动者的工资提升具有差异化作用。

第一节 引 言

改革开放开启了中国计划经济体制向市场经济体制转型、封闭向开放转型的序幕,也打破了计划经济体制条件下城乡经济二元对立的格局;城市工业化带来的资本深化为农村剩余劳动力转移提供了机会,流动人口迅速增长,市场力量显著增强。由于中国经济的市场化转型是在体制外培育新的市场力量的过程,户籍制度导致的城镇人口与流动人口在市场准入、福利待遇、工作转换等方面的成本仍存在差距,这也构成了劳动者工资差距的重要来源(Meng,2012)。

作为经济体制转型的另一关键领域,对外开放战略促进了对外贸易迅速增长,对外贸易总额从 20 世纪 80 年代初的 381.4 亿美元上升至 2014 年的 43 015.3 亿美元,其中实际利用外资额从 1985 年的 63 亿美元上升至 2012 年的 1 117 亿美元,外资企业的贸易额占中国贸易总额的 50%,因此贸易和外资成为中国经济增长的积极推动力量。[1]

大量研究发现,贸易开放对东道国工资的影响与行业和企业特征密切相关,取决于技术水平、行业资本密集度、劳动与资本的替代弹性等多种因素;同时,东道国市场的异质性例如不同类型的劳动力市场在竞争程度、企业准入、所有制结构等方面的差异对外资的溢出效应也有重要影响(邵敏等,2012)。然而,现有研究多关注在最终品和中间品市场的工资效应,对贸易开

---

[1] 数据来源:根据《中国统计年鉴 2015》及商务部《中国外商投资报告 2013》相关数据计算。

放与劳动力市场的讨论相对较少,而户籍制度导致城镇劳动者和流动人口在工作搜寻与匹配、议价能力、职业回报等方面的差异是劳动力市场异质性的重要体现,这必然影响到贸易自由化对劳动者工资的作用机制。此外,现有研究多侧重于贸易开放对工业行业劳动者的工资效应,但相关的工资效应不仅存在于工业行业,也存在于服务业;不仅涉及人力资本和技术回报,也涉及劳动者的职业回报和职业地位问题,对社会分层和流动都具有重要影响。

因此,笔者从异质性劳动力市场的角度,对贸易开放与不同户籍的工资效应进行了深入分析,结合贸易理论和二元劳动力市场理论研究了贸易开放对城镇劳动力和流动人口工资提升的作用机制及影响大小,探讨了户籍制度下贸易开放程度对高技术和低技术劳动力的作用、对不同契约制度劳动者的影响,并进一步分析了贸易开放对劳动者工资作用的地区和行业差异。

第二节 文献综述与作用机制分析

本节讨论了贸易开放与劳动者工资水平的主要研究、城市劳动力市场的发展现状,以及对样本的统计描述。

一、贸易开放与劳动者工资水平的理论与实证研究

贸易开放与劳动者收入的基础模型是 H-O 模型(Heckscher-Ohlin model)。根据 H-O 模型,非技术劳动力充裕的国家将专业化生产劳动密集型产品,技术劳动力充裕的国家将专业化生产技术密集型产品。根据这一理论,S-S 效应(Stolper-Samuelson effect)预测了贸易价格变动,即贸易自由化使得非熟练劳动力充裕的国家进口技术密集型产品、出口劳动密集型产品,从而导致技术密集产品价格下降、劳动密集型产品价格上升,增加了非熟练劳动力的要素回报。这个理论的结果显示,对发展中国家而言,贸易自由化有利于非熟练劳动力工资提升,可以改善收入分配的不平等现象。

但事实上,20 世纪 90 年代以来的贸易发展表明,发展中国家熟练劳动力和非熟练劳动力的工资差距并未下降,甚至有所上升,这与 H-O 模型的预测并不一致(Feenstra and Hanson, 2003)。可能的原因在于,发展中国家的劳动力市场发展落后、流动性较差,缺少劳动力的再配置,因此工资敏感性远低于发达国家(Hanson and Harrison, 1999; Attanasio, Goldberg and Pavcnik, 2004)。此外,据相关研究,贸易开放促进了发展中国家的技术进步,技术型

劳动力比例提高,导致的结果是高技术劳动力工资并未相应增加。这一现象在中国、印度等地均十分明显(Hsieh and Woo, 2005; Kijima, 2006)。更为重要的现象是,发展中国家的劳动密集型部门在贸易开放之前是受到高度保护的,因此在实施自由化政策之后,非技术劳动力的报酬在改革初期必然会降低,这也是发展中国家未能增加非技术劳动力工资的重要原因(Robertson, 2000, 2004)。随着全球化的深入和贸易理论的发展,大量文献将中间品贸易、异质性企业、劳动力市场摩擦等因素纳入贸易与收入分配的相关模型,探讨贸易开放的影响。

高度增长的不平等不仅在发展中国家,而且在发达国家也十分明显。Autor, Katz and Kearney(2008)用美国的数据研究发现,劳动者行业内工资的不平等与行业间问题具有同等重要的地位;Faggio, Salvanes and Reenen(2007)的研究也发现英国劳动者工资的不平等绝大多数出现在行业内,Levinsohn(1999)对智利的研究也发现了行业内分配的重要性。

贸易开放对工资的影响可能通过技术进步产生作用。Thoening and Verdier(2003)认为,关税下降导致的激烈竞争可能促使企业提升技术水平、适应市场自由化,提升高技术劳动者的相对工资。这显示在短期和中期,技能偏向型技术进步可能增加了不平等现象。Acemoglu(2003)构建了一个内生技术进步的模型,认为在发展中国家,可以通过进口设备、技术等提升技术水平,从而增加高技术劳动力需求,这也与 Harrison and Hanson(1999)的发现一致。近年来,大量文献强调企业异质性在国际贸易中的作用。传统贸易理论倾向于对产业和部门进行整体考虑,而忽略了产品和企业的差异问题,异质性企业理论强调了企业间在生产率和产品质量方面的差异性,认为贸易开放导致了企业生产率变化和产品质量改变。企业生产率和产品质量的提升,将要求发展中国家提升产品质量、增加高技术劳动力需求,从而提升高技术劳动力的相对工资水平(Zhu, 2005)。同时,Verhoogen(2007)认为贸易开放有可能提升出口企业的平均产品质量,提升企业内劳动者的技术水平,最终有利于高技术劳动者。

由于全球贸易的开展和交易成本的降低,大量企业开始将部分产品的生产过程进行外包,推动了中间品贸易的发展。中间品贸易模型由 Feenstra and Hanson(1997, 1999)提出,并进行了实证检验。中间品贸易模型假设,贸易商品可以按照熟练劳动/非熟练劳动的比例升序排列,构成一个投入品的连续统问题。企业为了使成本最小化,将非熟练劳动力密集的生产阶段从发达国家转移到发展中国家。而此类生产过程对于发展中国家而言仍属于技术密集型,所以这种生产过程外包将增加发展中国家的技术劳动力需求,提升技术劳动力的相对工资水平。在墨西哥,美国的装配工厂提高了墨西哥技术劳动力需求和工资,1975—1988年间,墨西哥制造业向外国组装工厂的转移导致该国非生产性工资份额增长了45%。中间品外包与劳动者就业及工资份额的相对变化之间存在显著关系,德国(Geishecker, 2002),以及中国香港(Hsieh and Woo, 2005)地区也有类似的发现,其中随着中国的贸易开放政策发展,香港企业对大陆的投资迅速增加,因此香港的非技术劳动力需求也开始大量增长。

在劳动力市场方面,贸易开放对收入分配的影响不仅在于技术溢价,也可能产生行业的工资溢价。在短期内,劳动者不能在部门间流动,所以关税下降可能导致行业内劳动者工资溢价降低,这在具有劳动力市场刚性需求的发展中国家尤其明显(Heckman and Pages, 2000)。同时,贸易政策可能影响行业的生产率,如果贸易自由化提高了相关部门的生产率,将增加高技术劳动力的相对工资水平。Goldberg and Pavcnik(2004)发现了哥伦比亚贸易开放和行业工资溢价的正向关系,其认为由于技术溢价和工资溢价导致了低技术劳动者收入严重下降,加深了行业内的不平等。但Mishra and Kumar(2005)对印度的研究却并未发现工资溢价现象。应当认识到,发展中国家的劳动力市场可能是不完全的,即劳动者在工作搜寻和匹配方面可能存在多种障碍,贸易对劳动力市场的影响应充分考虑到劳动力市场的摩擦因素。Davidson等人从企业和劳动者的匹配模型中发现,制度障碍影响了贸易开放对劳动者和企业的匹配程度,增加了劳动力市场的制度成本(Davidson et al., 1999; Davidson and Matusz, 2012)。

国内研究方面,Xu and Li(2008)利用企业面板数据考察了贸易开放对企业内不同技术劳动者需求的影响,结果发现贸易自由化提高了对高技术劳动者需求,扩大了收入差距;Zhao(2001)也认为贸易自由化将提升高技术劳动者相对工资。李磊等(2012)利用城市家庭收入调查数据,对贸易开放与城市劳动者工资进行了检验,发现城市开放程度提高增加了劳动者收入差距。此外,张莉等(2011)对国际贸易与要素收入分配的关系进行了检验,发现国际贸易影响了技术进步偏向和要素收入份额的变化,而技能偏向型的技术进步又导致不同劳动力之间的收入差距扩大。殷德生等(2006)也认为产业内贸易可能导致发展中国家提升技术水平、增加对高技术劳动者的需求,从而增加收入差距。潘士远(2007)也认为贸易自由化的有偏学习效应也增加了熟练劳动力与非熟练劳动力的工资差距。与此同时,另一些文献检验了贸易自由化与劳动收入份额的关系。余淼杰等(2014)采用微观面板数据检验了贸易开放对劳动收入份额的作用机制。结果发现,自加入WTO以来,贸易开放降低了劳动收入份额。

二、户籍制度与城市劳动力市场

劳动力市场的分层理论认为,劳动力市场内部不是同质的,可分为高工资、较好工作条件、较多晋升机会的主要劳动力市场和低工资、较差工作条件和较少晋升机会的次要劳动力市场,其工资决定机制也不相同(Doeringer and Piore,1971)。主要劳动力市场的工作机会有限,工资决定符合人力资本理论,而次要劳动力市场的劳动者受到制度歧视,工资较低、福利较差而且晋升空间很小。Dickens and Lang(1985)证实了美国二元劳动力市场的存在,同时指出这一理论是对新古典劳动力市场理论的发展,为劳动者工资决定、工资分布等提供了更精确合理的描述。

由于中国的市场化转型是由计划经济时期的城乡二元体制开始的,所以户籍制度一直具有重要影响,是城市劳动力市场差异化的关键原因。20世纪80年代,农村家庭承包经营的推行一方面瓦解了原有的人民公社制度,另一方面也使劳动生产率大幅提高,农业所需的劳动力大量减少。与此同时,城市工业化推动的资本深化增加了劳动力需求,大量农民工进城务工,成为流动人口。在此过程中,农民原有依托土地和公社的农村保障制度瓦解,而城市并未给予农民工与城镇人口相同的职业和福利标准。流动人口在工作获得等方面面临歧视待遇,户籍歧视成为劳动力市场的显著特征(吴晓刚等,2014)。

目前,大量研究探讨了户籍制度对工资、福利等方面的影响。Frijters et al.(2011)研究了上海户籍制度导致的工资差异,发现1995年流动人口工资为当地人口的50%,其中47%不能由可观测因素解释;2009年两组人群工资差异扩大到60%,不可观测因素占比也增加到53%。章莉等(2014)的研究发现,农民工与城镇人口的工资差异中的36%无法用禀赋因素解释。更为重要的是,由于中国市场经济转型尚未完成,城市劳动者在资源获得方面仍占有支配地位,而流动人口市场权力仍然较弱,这体现在职业获得、工资收入、福利待遇等多个方面。万海远等(2013)验证了户籍歧视对城乡收入差距有显著作用;Lee(2012)进一步考察了津贴等福利形式,发现户籍制度对流动人口的福利也有重要影响。此外,Zhang(2010)指出户籍制度阻碍了劳动力流动;

Aftidi 等(2012)则认为户籍歧视影响了居民的社会认同。严善平(2006)进一步指出,户籍歧视是造成二元劳动力市场的制度性原因。由表 6.1 可发现,在社会保障的参与率方面,2008—2014 年农民工的参与率远低于城镇人口;尤其是养老和医疗保险,城镇人口为 50%—60%,而农民工只有 20% 左右。

表 6.1 2008—2014 年农民工与城镇就业人员社会保障情况

保险类别	2008 年 参保人数(万人)	比例(%)	2010 年 参保人数(万人)	比例(%)	2012 年 参保人数(万人)	比例(%)	2014 年 参保人数(万人)	比例(%)
城镇就业人员								
养老保险	16 587	54.9	19 402	55.9	22 981	61.9	25 531	64.9
医疗保险	14 988	49.6	17 791	51.3	19 861	53.5	21 041	53.5
失业保险	10 851	35.9	11 386	32.8	12 523	33.8	12 972	33.0
工伤保险	8 845	29.3	9 861	28.4	11 831	31.9	13 277	33.8
农民工								
养老保险	2 416	10.7	3 284	13.6	4 543	17.3	5 472	20.0
医疗保险	4 266	18.9	4 583	18.9	4 996	19.0	5 229	19.1
失业保险	1 549	6.9	1 990	8.2	2 702	10.3	4 071	14.9
工伤保险	4 942	21.9	6 300	26.0	7 179	27.3	7 362	26.9

• 数据来源:根据 2008—2014 年《劳动和社会保障事业发展统计公报》相关数据整理。

为了深入讨论贸易开放对城市劳动力市场的作用,笔者采用 CHIP 2007 调查数据中的城镇与流动人口样本。该样本涵盖了包括东部和中西部地区 15 个城市的城镇与流动人口,既是流动人口最集中的地区,也是开放程度较高的地区,可以较好地反映外资对不同户籍劳动者的差异化影响。表 6.2 给出了城镇劳动者与流动人口的统计描述。笔者可以发现,城镇与流动人口在平均工资、教育水平、社会福利、劳动力市场制度等方面存在诸多差异,尤其是在劳动管理市场制度和社会福利方面的差距,反映了流动人口在工作搜寻、议价能力等方面面临更高成本。

表 6.2 城镇劳动者与流动人口的统计描述

类 别	样本数量	平均小时工资(元)	平均对数工资(元)	对数工资方差	工资水平(元) 组内对数工资差距 p90−p50	p50−p10	p90−p10
全体样本	12 741	9.85	2.04	0.684	0.94	0.83	1.78
城镇人口	6 402	13.11	2.33	0.692	0.91	0.92	1.83
流动人口	6 339	6.56	1.74	0.527	0.74	0.665	1.40

(续表)

<table>
<tr><td colspan="9" align="center">教育水平</td></tr>
<tr><td rowspan="2">类　别</td><td colspan="2">小学及以下</td><td colspan="2">初　中</td><td colspan="2">高　中</td><td colspan="2">大学及以上</td></tr>
<tr><td>人数</td><td>比例</td><td>人数</td><td>比例</td><td>人数</td><td>比例</td><td>人数</td><td>比例</td></tr>
<tr><td>城镇人口</td><td>205</td><td>3.20</td><td>1 434</td><td>22.39</td><td>2 359</td><td>36.85</td><td>2 404</td><td>37.56</td></tr>
<tr><td>流动人口</td><td>797</td><td>12.57</td><td>3 585</td><td>56.55</td><td>1 704</td><td>26.88</td><td>253</td><td>3.99</td></tr>
<tr><td colspan="9" align="center">劳动力市场制度</td></tr>
<tr><td rowspan="2">类　别</td><td colspan="3">劳动契约状况</td><td colspan="2">工作搜寻渠道</td><td colspan="2">所在部门</td><td></td></tr>
<tr><td>长期工</td><td>固定工</td><td>短期和临时工</td><td>市　场</td><td>社会关系</td><td>公共部门</td><td>非公共部门</td><td></td></tr>
<tr><td>城镇人口</td><td>2 750</td><td>2 036</td><td>959</td><td>4 119</td><td>2 283</td><td>3 142</td><td>3 260</td><td></td></tr>
<tr><td>流动人口</td><td>1 939</td><td>592</td><td>2 170</td><td>439</td><td>5 900</td><td>447</td><td>5 892</td><td></td></tr>
<tr><td colspan="9" align="center">社会福利</td></tr>
<tr><td rowspan="2">类　别</td><td colspan="2">失业保险</td><td colspan="2">医疗保险</td><td colspan="2">养老保险</td><td colspan="2">工伤保险</td><td colspan="2">住房公积金</td></tr>
<tr><td>人数</td><td>比例</td><td>人数</td><td>比例</td><td>人数</td><td>比例</td><td>人数</td><td>比例</td><td>人数</td><td>比例</td></tr>
<tr><td>城镇人口</td><td>3 787</td><td>59.17</td><td>5 385</td><td>84.11</td><td>5 107</td><td>79.80</td><td>3 296</td><td>51.52</td><td>3 143</td><td>49.12</td></tr>
<tr><td>流动人口</td><td>760</td><td>11.99</td><td>294</td><td>8.02</td><td>1 207</td><td>19.05</td><td>1 123</td><td>17.72</td><td>444</td><td>7.01</td></tr>
</table>

首先，在平均工资方面，城镇人口的平均工资为13.11元/小时，比流动人口高出2/3左右。且城镇人口的对数工资方差、组内工资差距也明显高于流动人口。其次，城镇人口的人力资本高于流动人口。城镇劳动者的工作者平均教育年限为12.3年，而流动人口的平均教育年限10年。在流动人口中，有56.55%的劳动者为初中及以下水平，而城镇人口中这一比例仅为22%；高中及以上学历的劳动者在公共部门占比为74%，非公共部门为30%。再次，城镇人口的制度机制健全，契约化程度较高，流动人口在工作搜寻、户籍制度等方面受到了较大限制。城镇劳动者短期和临时工只占15%，流动人口中这一比例为34.2%。从工作搜寻方式来看，城镇工作者大多依靠市场信息，如公开招聘、服务咨询机构等市场化方式；流动人口则主要依靠所处的社会网络，如亲人和朋友关系等，市场化程度较低；尤为重要的是，城镇人口中有近50%的工作者在公共部门，而流动人口中92%都在非公共部门，这反映出户籍制度对劳动者流动的限制。最后，城镇人口和流动人口的各项福利指标均存在显著差异。其中城镇人口的医疗保险和养老保险参与比率远高于流动人口，失业保险、工伤和住房公积金中均相差30—50个百分点，显示出中国社会保障机制的碎片化，流动人口的基本福利水平仍较为滞后，未能享受与城镇劳动者相同的市民待遇。

可见，由于户籍制度的存在，流动人口在就业、教育、社会保障等方面的待遇与城镇人口有明显差距;更为重要的是,流动人口在工作搜寻、议价能力、职业流动等方面面临更多限制,在劳动力市场的摩擦程度远大于城镇劳动者,因此户籍的分割对劳动者的行业、岗位和部门差异均有重要影响,户籍分割是理解中国劳动力市场多重分割的关键,也是工资差距和跨国公司溢出效应差距的根本原因(余向华等,2012)。

所以,目前对于跨国公司的理论和实证研究均发现了跨国公司有较强的工资溢出效应,但对中国的实证文献较少考虑劳动力市场的异质性问题。户籍制度的存在使劳动力市场表现为流动人口在工作搜寻与匹配、工作转换等方面的摩擦性和议价能力方面的弱势地位,因此 FDI 对城市工资存在正向溢出效应的同时,对不同户籍劳动者的作用可能存在差异。而且在城镇人口中,有相当一部分位于公共部门,属于"体制内"人员,存在较高进入门槛,与"体制外"非公共部门劳动力市场有清晰的界限(Meng and Zhang,2001),其分配体制和工资获得机制与市场部门存在较大差异;户籍制度导致的在就业、收入、待遇等方面的机会不平等也是中国收入分配差距扩大的重要原因(Bian and Logan,1996)。

因此,笔者将跨国公司的工资效应与城市的异质性劳动力市场相结合,全面研究城市层面的外资开放对劳动者的差异化影响。首先,笔者讨论了跨国公司对户籍制度下的劳动者工资获得机制的影响,分析了跨国公司对不同职业地位和人力资本劳动者的作用;其次,对户籍制度下跨国公司对不同技术类型和不同契约结构的劳动者工资的作用作了进一步讨论,考察了跨国公司对劳动者的差异化影响;最后,笔者按照不同地区、行业,以及不同来源地和出口程度对外资进行了分类检验。

第三节 计量模型、指标选取和数据来源

在计量模型方面,借鉴 Mincer(1974)的基本工资方程,将基本回归方程设定为:

$$\ln wage_{ic} = \beta_0 + \beta_1 urban_{ic} + \beta_2 \ln Trade_c + \beta_3 urban_{ic} \times (\ln Trade_c) + \beta_4 X_{ic} + \beta_5 Z_c + \varepsilon_{ic}$$

其中 $wage_{ic}$ 为城市劳动者的工资收入;$urban_{ic}$ 为是否为城镇户籍,如果是,则取 $urban_{ic}=1$,否则取 $urban_{ic}=0$;$Trade_c$ 为城市的贸易开放程度;$urban_{ic} \times$

($\ln Trade_c$)为主要劳动力市场与外资水平和人力资本的交叉项;X_{ic}为个人层面的控制变量,包括性别、年龄、年龄平方项/100、婚姻状况、教育年限、工作经验等,以及所有制和行业虚拟变量;Z_c为城市层面的控制变量,加入城市人均GDP、城市市场化程度、第三产业发展水平和城市人力资本水平等变量。

变量选取主要包括:

1. 城市层面变量

在城市贸易开放程度的计算中,本章采用企业固定资产年平均余额乘以企业出口产值(相对于工业增加值)比例,再进行加总的方式。[①]

控制变量方面,经济发达地区人均生活水平和工资较高;市场化程度和产业结构也会影响城市的就业结构和工资水平;此外,城市人力资本也会产生外溢效应,对劳动者工资有提升作用。所以,我们选取城市人均GDP代表城市的生活水平;数据来源于2008年《中国城市统计年鉴》。对于市场化程度,我们用城市私营企业销售额占城市内资企业销售总额的比重衡量,数据来源于2007年工业企业数据;城市产业结构用2007年第三产业增加值占城市GDP比重来衡量,数据来源于《中国城市统计年鉴》。城市人力资本水平用初中及以上劳动力占全部劳动力比例计算,根据CHIP 2007个人教育数据计算。

2. 劳动者工资和其他控制变量

在劳动者工资方面,我们采用CHIP 2007调查中劳动者"每月从主要工作中的收入",除以每月工作的小时数,得到小时工资。相对于以月和日计算的工资水平,小时工资可以更精确地考察外部环境对不同部门劳动者的差异化影响。

在控制变量方面,我们选取劳动者性别、年龄、年龄平方项、婚姻状况、教育年限、工作经验作为主要变量,控制劳动者的个人特征。同时,笔者控制了劳动者所在行业、所有制和地区,以及劳动者的部门情况。

3. 计量模型的内生性是必须考虑的重要问题

由于城市外资进入程度为宏观变量、个人收入为微观变量,所以逆向因果问题较小;但同时也可能存在遗漏变量问题,因为劳动者的高工资意味着城市发展水平更高,更有利于吸引外资,使结果产生偏误。因此,需要找到合

[①] 笔者对企业数据进行了筛选,删除了以下样本:(1)企业雇佣人数小于8人;(2)工业增加值、工业销售产值、产品销售收入、中间投入额、从业人员年平均人数、固定资产净值年平均余额中任一项存在缺失值或小于等于0;(3)企业成立于1949年以前或年龄小于0的样本。

适的工具变量,满足与外商投资相关、与劳动者工资无关的要求。笔者参照黄玖立、李坤望(2006)的方法,用各城市与国外市场的接近度,即城市到最近的海岸线距离的倒数乘以100作为工具变量,一方面控制了外资变量受到城市变量的影响问题,另一方面也保证了与外资变量的相关性。[1]

三、数据描述

我们使用的劳动者个人数据来自CHIP 2007家庭收入调查,其中包括城镇人口、农村人口和流动人口三个子样本。为了获得城市异质性劳动力市场的全面信息,我们选取其中的城镇人口和流动人口样本并按照城市代码进行合并,样本共包含14 699个城镇人口、8 446个流动人口;剔除掉变量的缺失值以及处于非劳动年龄[2]的样本后,可得到6 402个城镇劳动者、6 339个流动人口的样本。表6.3报告了变量的描述性统计。

表6.3 主要变量的统计描述

变量	描述	单位	平均值	标准差	最小值	最大值
工资水平	劳动者每小时的工资水平	log(元/时)	2.042	0.713	0.243	4.066
户籍状况	1为城镇户籍,0为农村户籍	[—]	0.502	0.500	0	1
贸易开放程度	企业贸易额占工业增加值比重	log	−1.923	0.877	−3.865	−0.413
个人特征变量							
性别	1为男性,0为女性	[—]	0.588	0.492	0	1
婚姻状况	1为已婚,0为未婚	[—]	0.728	0.445	0	1
年龄	劳动者年龄	[—]	35.560	10.658	16	60
年龄的平方/100	劳动者年龄平方/100	[—]	13.778	7.921	2.56	36
教育程度	分为初中及以下、高中、大学及以上	[—]	1.736	0.782	1	3
工作经验	劳动者从事当前工作的时间	年	8.390	8.996	0	38
契约状况	分为固定、长期、短期、自我经营和其他	[—]	2.422	1.055	1	5
公共部门	劳动者是否处于公共部门	0/1	0.282	0.450	0	1
城市特征变量							
城市人均GDP	2007年城市人均GDP	log	10.804	0.439	9.906	11.434
市场化程度	私营企业产值与内资企业产值的比值	log	−1.167	0.421	−2.113	−0.563
产业结构	城市第三产业增加值占GDP比重	log	−0.675	0.116	−0.849	−0.399
城市人力资本	城市初中以上劳动者所占比重	log(年/人)	−0.459	0.070 5	−0.565	−0.299

---

[1] 根据黄玖立等(2006)的做法,沿海城市到海岸线的距离即为其市中心到海岸线的内部距离 D_i,内地城市则为其到最近沿海省份的距离加上该沿海省份的内部距离。城市 i 的国外市场接近度即为:$FMA_i = \begin{cases} 100 D_i^{-1}, & i \text{ 为沿海城市} \\ 100 (\min D_{ij} + D_{jj})^{-1}, & i \text{ 为内地城市。} \end{cases}$

[2] 将劳动年龄设定为16—60岁,不包括在校学生。

(续表)

变量	描述	单位	平均值	标准差	最小值	最大值
工作特征变量							
行业	按照CHIP城镇人口和流动人口行业分类合并,共分为29个类别	[—]	9.450	5.790	1	29
职业	按照CHIP城镇和流动人口职业代码合并,共分为7类职业	[—]	3.851	1.773	1	7
所有制	按照CHIP城镇人口和流动人口所有制分类,共有16个类别	[—]	8.538	4.824	1	16

第四节 计量结果与讨论

本节讨论了基本回归结果、稳健性检验,以及贸易开放对不同劳动者的差异化影响。

一、基本回归结果

表6.4报告了贸易开放与劳动者工资提升的基本回归结果。其中,第(1)列未加入控制变量,第(2)—(4)列逐次加入劳动者个人特征变量、城市特征变量和职业、行业和所有制虚拟变量。回归结果显示,贸易开放程度提高对城镇劳动者和流动人口工资水平都有显著的正向影响。由第(4)列结果可知,城市外资进入程度提高1个百分点,则流动人口的工资水平可提高0.18个百分点,城镇劳动力的平均工资可提高0.28个百分点。这也表明贸易开放的溢出效应对城镇劳动者的影响高于流动人口。第(5)列为工具变量回归结果。我们发现,以城市的国外市场距离作为工具变量,贸易的作用水平略有提升,贸易开放对城镇人口和流动人口的作用分别达到0.18和0.31个百分点,结果仍然较为稳健。在弱工具变量检验中,贸易变量和贸易与户籍交互项的partial R^2 分别为0.23和0.5,F 检验的 p 值在0.01水平上显著;且最小特征值为1 863.8(大于临界值10),所以笔者认为可以拒绝弱工具变量的假设。

因此,由于户籍制度导致的劳动力市场异质性,流动人口在工作获得、议价能力、职业匹配等方面的市场成本高于城镇人口;同时城镇人口在教育、职业培训等方面也更具优势,拥有较高人力资本(表6.2);而贸易自由化对城市劳动力工资的作用主要是通过市场机制实现的,即通过直接需求效应和间接的前后关联效应增加劳动力需求,提升劳动者职业技能等方式,所以城镇劳动者比流动人口具有更多市场机会,总体而言贸易开放对城镇劳动者工资的提升作用更强。

表 6.4　贸易开放与工资提升的基本回归结果

解释变量	被解释变量:劳动者小时工资				工具变量
	(1)	(2)	(3)	(4)	(5)
贸易开放	0.200***	0.221***	0.180***	0.178***	0.175***
	(33.69)	(40.36)	(19.91)	(19.89)	(11.88)
城镇户籍	0.598***	0.248***	0.258***	0.235***	0.233***
	(57.31)	(18.08)	(19.21)	(15.39)	(15.24)
贸易开放×城镇户籍		0.070 8***	0.097 1***	0.088 4***	0.098 4***	0.135***
		(5.98)	(8.86)	(8.31)	(9.22)	(10.67)
个人控制变量					
高中		0.188***	0.180***	0.163***	0.162***
		(16.55)	(16.10)	(14.65)	(14.59)
大学及以上		0.533***	0.517***	0.444***	0.443***
		(33.80)	(33.42)	(28.09)	(28.01)
公共部门		0.130***	0.127***	0.435***	0.440***
		(10.17)	(10.10)	(9.79)	(9.93)
性别		0.181***	0.185***	0.166***	0.165***
		(18.62)	(19.42)	(17.34)	(17.27)
年龄		0.023 9***	0.023 4***	0.022 6***	0.023 2***
		(6.51)	(6.51)	(6.36)	(6.55)
年龄的平方/100		−0.040 5***	−0.040 3***	−0.038 4***	−0.039 2***
		(−8.51)	(−8.62)	(−8.33)	(−8.52)
是否已婚		0.083 1***	0.093 2***	0.093 0***	0.089 9***
		(5.46)	(6.24)	(6.37)	(6.16)
工作经验		0.016 9***	0.016 2***	0.015 0***	0.015 1***
		(23.71)	(23.00)	(21.14)	(21.02)
城市控制变量					
城市人均GDP			0.198***	0.180***	0.184***
			(12.12)	(11.01)	(8.14)
城市私营经济比重			0.033 0**	0.018 3	0.018 4
			(2.44)	(1.36)	(1.34)
服务业占GDP比重			0.534***	0.560***	0.543***
			(10.37)	(11.07)	(8.29)
初中以上人口比例			0.237***	0.132*	0.126*
			(3.17)	(1.76)	(1.66)
行业虚拟变量	无	无	无	有	有
所有制虚拟变量	无	无	无	有	有
R^2	0.257 6	0.404 0	0.429 1	0.455 6	0.455 1
N	12 741	12 741	12 741	12 741	12 741

在个人变量方面，男性工资高于女性，且工资随年龄增长呈"倒 U"形变化；教育年限、工作经验对劳动者工资均有显著作用；已婚、较高教育程度且富于工作经验的劳动者工资较高。这均与笔者的预期相一致。由部门变量可知，公共部门劳动者工资仍明显高于非公共部门，说明部门差异仍然是劳动者工资的重要影响因素。城市变量方面，城市人均 GDP 提升 1 个百分点，则劳动者工资可提升 0.18 个百分点，表明城市整体生活水平对劳动者工资的提升效应。城市第三产业比重增加对劳动者工资的增加效应最大，第三产业占比提升 1 个百分点，劳动者工资可提升 0.54 个百分点，体现了第三产业对就业和工资的重要作用。而私营经济占比和城市人力资本对工资的提升作用较小。

二、稳健性检验

为了验证结果的稳健性，笔者使用企业年均人数、企业总产值等变量进行了稳健性检验，计算与加总方法与企业固定资产净值年平均余额相同，如表 6.5 所示。企业人数、企业总产值等的结果与固定资产净值的结果差异较小，贸易开放变量的系数为 0.15—0.18，贸易变量与城镇户籍的交互项系数为 0.1 左右，估计结果较为稳健。

表 6.5 稳健性检验

解释变量	(1) 企业总产值	(2) 工具变量	(3) 企业年均人数	(4) 工具变量
贸易开放	0.180*** (20.07)	0.172*** (11.87)	0.157*** (19.08)	0.140*** (11.87)
城镇户籍	0.235*** (15.38)	0.233*** (15.24)	0.238*** (15.51)	0.236*** (15.46)
贸易开放×城镇户籍	0.097 9*** (9.20)	0.134*** (10.67)	0.088 6*** (9.83)	0.106*** (10.62)
教育程度				
高中	0.162*** (14.65)	0.162*** (14.58)	0.160*** (14.41)	0.160*** (14.41)
大学及以上	0.444*** (28.11)	0.443*** (28.02)	0.445*** (28.06)	0.444*** (27.98)
公共部门	0.435*** (9.77)	0.439*** (9.90)	0.420*** (9.43)	0.422*** (9.49)
城市控制变量				
城市人均 GDP	0.179*** (10.95)	0.188*** (8.43)	0.144*** (7.90)	0.173*** (7.39)
城市私营经济比重	0.014 5 (1.08)	0.015 7 (1.14)	0.018 8 (1.40)	0.023 1* (1.70)
服务业占 GDP 比重	0.568*** (11.21)	0.537*** (8.24)	0.500*** (10.04)	0.438*** (7.43)

(续表)

解释变量	(1)企业总产值	(2)工具变量	(3)企业年均人数	(4)工具变量
初中以上人口比例	0.134* (1.79)	0.126* (1.66)	0.393*** (5.15)	0.353*** (4.46)
个人控制变量	有	有	有	有
其他控制变量	有	有	有	有
R^2	0.4560	0.4555	0.4549	0.4545
N	12 741	12 741	12 741	12 741

*注:其他控制变量加入了劳动者职业、行业、所有制虚拟变量。

三、贸易开放对劳动者工资获得机制的影响

在经济市场化进程中,人力资本和职业地位回报是影响劳动者收入的两大因素,职业地位回报反映的是劳动者对市场资源的再分配权力,人力资本反映的是劳动者个人的市场能力。一般而言,市场化程度越高,劳动者的高职业地位和人力资本对收入的影响也越大。例如,在中国计划经济时期的再分配体制中,职业、人力资本与报酬并非对等分类,单位、地区、行业等行政壁垒对劳动者收入产生了重要作用。随着市场化水平的提升,不同的职业地位和人力资本将对收入有不同作用(边燕杰等,2006)。

表6.6报告了贸易开放对劳动者职业地位回报的影响。笔者发现,贸易变量、城镇户籍及其交互项的作用均较显著,表明经济开放在整体上对城市工资具有显著提升作用。在劳动者职业回报方面,企业负责人的工资显著高于其他职业,非技术工人的工资最低;[①]在户籍制度的作用方面,城镇户籍的企业领导者收入显著高于流动人口企业领导者;服务业劳动者的户籍作用也十分显著,而户籍制度对非技术工人工资的作用较小。

贸易开放的作用方面,我们发现:贸易开放对企业领导者的职业地位回报有重要影响;更重要的是,城市贸易水平提高对城镇户籍企业负责人的作用显著低于其对流动人口企业负责人的作用,即在企业领导者中,贸易自由化对流动人口的影响高于城镇的户籍企业领导者。可能的原因在于,城镇户籍的企业负责人多位于国有和集体企业(60.2%),其职业地位更多地由再分配体制决定,且国有和集体企业由于行政因素的影响与贸易及外资企业的关联性较小。而流动人口企业负责人绝大多数位于私营或私营控股企业(75.9%),

---

① 笔者以企业单位负责人为基准组进行了回归,发现其工资水平显著高于其他各类职业。

市场化程度较高,与市场开放的关联程度更高,且拥有较强的市场权力,受劳动力市场摩擦的影响较小。因此经济开放程度提高对其溢出效应较强,加强了职业地位的回报。

表 6.6　贸易开放对劳动者职业地位回报的影响

解释变量	非技术工人			服务类人员		
	(1)	(2)	(3)	(4)	(5)	(6)
贸易与户籍的作用						
贸易开放	0.182***	0.187***	0.187***	0.182***	0.180***	0.179***
	(20.03)	(19.56)	(19.48)	(19.95)	(17.70)	(17.58)
城镇户籍	0.209***	0.239***	0.240***	0.201***	0.147***	0.146***
	(13.20)	(13.06)	(13.11)	(12.74)	(7.39)	(7.30)
贸易开放×城镇户籍	0.094 7***	0.091 6***	0.081 2***	0.095 9***	0.095 6***	0.111***
	(8.60)	(8.25)	(6.42)	(8.71)	(8.18)	(7.74)
贸易与不同职业地位的相互作用						
企业领导人员	0.239***	0.161***	0.158***	0.290***	0.169***	0.167***
	(6.41)	(3.86)	(3.84)	(8.76)	(4.05)	(4.07)
非技术工人	−0.077 7***	−0.081 6***	−0.079 5***			
	(−2.91)	(−2.86)	(−2.78)			
服务类人员				−0.094 9***	−0.092 5***	−0.089 0***
				(−6.78)	(−3.66)	(−3.50)
贸易开放×企业领导人员		0.044 0	0.072 8**		0.049 4	0.079 0**
		(1.21)	(2.02)		(1.36)	(2.19)
贸易开放×工人		−0.035 3***	−0.025 8*			
		(−2.89)	(−1.96)			
贸易开放×服务类人员					0.000 554	−0.002 14
					(0.05)	(−0.17)
城镇户籍×企业领导人员		0.193**	0.196**		0.351***	0.360***
		(2.19)	(2.25)		(3.93)	(4.09)
城镇户籍×非技术工人		−0.127***	−0.130***			
		(−4.72)	(−4.85)			
城镇户籍×服务类人员					0.102***	0.104***
					(4.15)	(4.23)
贸易开放×城镇户籍×企业领导人员			−0.113			−0.140*
			(−1.57)			(−1.95)
贸易开放×城镇户籍×非技术工人			0.069 3***			
			(2.63)			
贸易开放×城镇户籍×服务类人员						−0.033 0
						(−1.34)
控制变量	有	有	有	有	有	有
R^2	0.470 5	0.472 2	0.472 6	0.470 0	0.471 8	0.472 0
N	12 011	12 011	12 011	12 011	12 011	12 011

• 注:加入的控制变量包括个人、城市层面控制变量、职业、行业、所有制虚拟变量;在回归中删去了城镇劳动者中党政机构、国有企事业单位人员的观测值。

表 6.7 显示了城市贸易开放程度提高对劳动者人力资本回报的影响。笔者发现随着教育程度提高,劳动者整体工资收入也有显著提升,而不同户籍劳动者的人力资本回报率也存在显著差异。首先,城市开放度提高提升了劳动者整体的人力资本回报率,尤其是大学及以上劳动者的人力资本回报率;其次,城镇户籍对大学及以上劳动者的人力资本回报也有显著促进作用。

表 6.7　贸易开放对劳动者人力资本回报的影响

解释变量	\multicolumn{6}{c}{被解释变量:劳动者小时工资}
	(1)	(2)	(3)	(4)	(5)	(6)
贸易与人力资本的作用						
高中水平	0.183***	0.187***	0.156***	0.156***	0.155***	0.158***
	(16.23)	(16.97)	(12.95)	(13.48)	(13.08)	(13.88)
大学及以上	0.469***	0.472***	0.350***	0.349***	0.364***	0.364***
	(29.50)	(30.60)	(17.18)	(17.37)	(18.58)	(18.87)
贸易开放	0.137***	0.143***			0.160***	0.163***
	(12.69)	(13.44)			(12.95)	(14.03)
贸易开放×高中水平	0.050 4***	0.047 1***			0.026 9**	0.022 7*
	(4.16)	(3.99)			(2.01)	(1.80)
贸易开放×大学及以上	0.115***	0.110***			0.090 4***	0.088 2***
	(7.86)	(7.79)			(4.60)	(4.60)
户籍与人力资本的作用						
城镇户籍			0.189***	0.203***	0.187***	0.196***
			(9.42)	(10.29)	(9.38)	(10.05)
城镇户籍×高中水平			0.038 4	0.034 9	0.034 1	0.036 7
			(1.64)	(1.54)	(1.48)	(1.64)
城镇户籍×大学及以上			0.156***	0.150***	0.146***	0.145***
			(4.04)	(3.92)	(3.96)	(3.97)
贸易与户籍的交互作用						
贸易开放×城镇户籍					0.074 8***	0.078 5***
					(3.81)	(4.34)
贸易开放×城镇户籍×高中水平					0.017 2	0.006 75
					(0.64)	(0.27)
贸易开放×城镇户籍×大学及以上					−0.073 5*	−0.079 4**
					(−1.86)	(−2.06)
控制变量	有	有	有	有	有	有
R^2	0.455 6	0.455 1	0.445 1	0.444 9	0.467 6	0.467 4
N	12 011	12 741	12 011	12 741	12 011	12 741

• 注:加入的控制变量包括个人、城市层面控制变量,职业、行业、所有制虚拟变量。

重要的是,就大学及以上劳动者而言,贸易开放对流动人口的作用比城镇人口高约 0.08 个百分点。可能的原因在于,对于大学及以上劳动力,城镇户籍的人口多集中在政府、事业单位和国有企业等公共部门(约占 60%),而流动人口集中在非公共部门(约占90%);公共部门中劳动者工资获得的主要机制是再分配机制,而非公共部门工资获得的主要机制为市场作用;而且教育程度较高的流动人口在就业机会、议价能力、职业流动等方面有较强优势,受户籍制度的影响较小;城市开放度提高通过直接和间接方式增加了对高技术劳动力的需求,有利于提升人力资本回报。因此,贸易开放对人力资本有显著提升作用,且对流动人口中受过大学及以上教育的劳动者的作用高于城镇人口。

总体来看,一方面,城市贸易程度提高增加了企业领导人员的职业地位回报率,对流动人口中企业领导者的作用高于城镇人口;另一方面,贸易开放也提升了大学及以上学历劳动者人力资本回报率,而对流动人口中大学及以上学历劳动者的人力资本回报率的作用高于城镇劳动者。因此,贸易开放对流动人口中的较高层次劳动者的作用高于城镇人口中的。可能的原因在于城镇企业管理阶层和高等教育劳动者多位于国有企业和公共部门,再分配体制仍占主导地位,而外来人口中的企业管理人员和高等教育劳动者位于非公共部门,且拥有较高的市场权力和人力资本,受到户籍制度的影响较弱,所以城市贸易提升的工资效应更显著。

四、贸易开放对不同技术和契约类型劳动者的作用

在国际贸易理论中,贸易程度提升与国内高技术水平劳动者收入的关系是重要问题,一般认为由于产品内贸易的出现,跨国公司外包现象增加,而外包企业在工资水平、技术能力等方面均显著高于国内企业,将增加对国内高技术劳动者的需求,从而提升高技术劳动者工资水平(Feenstra 和 Hanson,1997)。但是,在考虑由户籍制度导致的异质性劳动市场条件下,贸易开放不仅可能增加高技术劳动力与低技术劳动力的工资差异,也可能增加高技术劳动力在户籍间的差距。表6.8对这一假设进行了检验。根据第(1)(2)列结果发现,贸易开放增加了高技术劳动力在不同户籍中的差距,城镇劳动者比流动人口高0.1个百分点左右;第(3)(4)列也显示贸易开放增加了高技术劳动力与普通劳动力的差距。第(5)(6)列同时加入了贸易开放对不同户籍和技术类型劳动者的作用,发现贸易开放对技术劳动力工资的提升作用较小,而对户籍制度的作用较大。因此,就城市劳动力市场整体而言,贸易开放的影响机制主要为其与户籍制度的交互作用,虽然贸易开放提升了高技术劳动力的相对工资水平,但对技术劳动力的提升作用小于其通过户籍制度对劳动力市场的整体作用。这一现象的原因可能在于同一户籍技术型劳动力与非技

术型劳动力的工资差异要小于不同户籍劳动者之间整体的工资差异,因此城市开放程度提高通过劳动力需求效应、产业关联效应等方面对劳动力市场的整体影响要大于对高技术劳动力的影响。

表6.8 贸易开放对高技术劳动者相对工资的作用

解释变量	高技术劳动力的户籍间差异		高技术劳动力与普通劳动力的差异		全部样本比较	
	(1)	(2)	(3)	(4)	(5)	(6)
贸易与户籍的作用						
贸易开放	0.222***	0.282***	0.145***	0.121***	0.179***	0.168***
	(11.58)	(9.50)	(14.32)	(7.56)	(18.24)	(11.05)
城镇户籍	0.119***	0.120***			0.211***	0.208***
	(3.32)	(3.33)			(12.75)	(12.62)
贸易开放×城镇户籍	0.080 8***	0.092 2***			0.090 2***	0.121***
	(3.10)	(3.01)			(6.78)	(7.79)
贸易对不同户籍技术劳动力的作用						
技术劳动力			0.221***	0.220***	0.227***	0.225***
			(10.99)	(10.95)	(10.77)	(10.67)
贸易开放×技术劳动力			0.064 9***	0.102***	0.016 1	0.040 6**
			(5.38)	(7.12)	(1.12)	(2.40)
城镇户籍×技术劳动力					−0.016 3	−0.016 5
					(−0.57)	(−0.57)
贸易开放×城镇户籍×技术劳动力					−0.015 3	−0.024 2
					(−0.53)	(−0.71)
职业虚拟变量						
职员与办事人员			−0.116***	−0.117***	−0.114***	−0.116***
			(−6.17)	(−6.24)	(−6.18)	(−6.27)
服务行业工作者			−0.066 1***	−0.064 9***	−0.057 2***	−0.057 3***
			(−3.96)	(−3.90)	(−3.50)	(−3.51)
政府企事业单位					0.359***	0.357***
					(10.94)	(10.92)
私营个体经营者					0.072 9***	0.069 1**
					(2.63)	(2.50)
其他职业					−0.001 65	−0.000 057 3
					(−0.06)	(−0.00)
个人特征变量	有	有	有	有	有	有
控制变量	有	有	有	有	有	有
R^2	0.424 8	0.422 4	0.480 6	0.480 0	0.472 2	0.471 5
N	3 410	3 410	10 810	10 810	12 741	12 741

• 注:第(1)(3)和(5)列为基本回归结果,第(2)(4)(6)列为工具变量回归结果;职业虚拟变量的基准组为工业工人;其他控制变量包括行业、所有制虚拟变量。

与贸易开放对劳动者职业地位和人力资本的作用相似,贸易开放对不同契约劳动者的作用也是研究者关注的关键问题。因为契约制度是劳动力市场制度的关键,也是劳动者工资和福利的重要影响因素;尤其是对普通劳动者而言,契约结构代表市场谈判能力,长期契约可以显著提升劳动者福利水平(Gao等,2012)。因此,我们检验了贸易开放对不同部门长期契约、固定契约和短期契约劳动者的影响。①在劳动力市场存在户籍差异的情况下,流动人口一般为临时性雇佣人员,没有正式员工的福利和待遇,因此其谈判和议价能力低于长期合同人员。所以,城市贸易水平对长期合同劳动者工资的作用可能高于短期和固定合同的劳动者。

表6.9 贸易开放与不同契约制度的相互作用

解释变量	贸易开放与户籍和契约的交互作用			工具变量	非技术工人	服务类人员
	(1)	(2)	(3)	(4)	(5)	(6)
户籍制度与契约类型交互作用						
城镇户籍	0.044 7*	0.038 2*	0.040 7*	0.042 3*	−0.012 2	0.146***
	(1.92)	(1.68)	(1.78)	(1.85)	(−0.25)	(4.33)
长期契约	0.194***	0.191***	0.191***	0.188***	0.196***	0.179***
	(14.52)	(14.66)	(14.64)	(14.35)	(7.13)	(9.13)
固定契约	0.191***	0.194***	0.193***	0.193***	0.166***	0.144***
	(11.27)	(11.83)	(11.71)	(11.70)	(4.79)	(4.68)
城镇户籍×长期契约	0.108***	0.106***	0.098 2***	0.097 2***	0.096 9*	0.081 9**
	(4.25)	(4.30)	(3.95)	(3.89)	(1.80)	(2.16)
城镇户籍×固定契约	0.339***	0.362***	0.358***	0.357***	0.301***	0.320***
	(10.17)	(11.18)	(11.05)	(11.00)	(4.45)	(5.27)
贸易开放与契约类型交互作用						
贸易开放		0.179***	0.169***	0.155***	0.083 8**	0.181***
		(14.30)	(11.67)	(8.19)	(2.43)	(8.16)
贸易开放×城镇户籍		0.118***	0.077 7***	0.089 0***	0.026 9	0.121***
		(9.40)	(3.18)	(3.32)	(0.45)	(3.33)
贸易开放×长期契约			−0.018 9	−0.009 49	0.022 8	0.008 44	−0.038 3
			(−1.49)	(−0.65)	(1.38)	(0.24)	(−1.63)
贸易开放×固定契约			−0.004 16	0.015 9	0.037 0*	0.078 5*	0.000 630
			(−0.24)	(0.83)	(1.67)	(1.81)	(0.02)
贸易开放与契约和户籍的交互作用						
贸易开放×长期契约×城镇户籍			0.072 6**	0.069 2**	0.154**	−0.042 9
			(2.49)	(2.11)	(2.21)	(−0.92)
贸易开放×固定契约×城镇户籍			0.008 44	0.017 5	0.166*	−0.099 6
			(0.22)	(0.39)	(1.88)	(−1.50)
控制变量	有	有	有	有	有	有
R^2	0.507 9	0.529 6	0.530 0	0.529 5	0.369 1	0.410 2
N	9 566	9 566	9 566	9 566	3 816	2 470

• 注:表格中控制变量包括个人、城市控制变量、职业、行业、所有制虚拟变量。

---

① 由于政府及国有企事业单位负责人主要为长期合同,私营个体企业所有者为自我经营者,所以劳动合同的差异在技术型劳动力、工业建筑业工人和服务业人员的职业中最为突出,所以样本也限制为这几类职业。

表6.9第(1)(2)列的回归结果显示,城镇户籍和契约制度及交互项均显著为正,表明长期契约和固定契约劳动者的工资高于短期契约劳动者,且户籍制度增加了这种差距。对贸易变量的影响而言,第(3)列和第(4)列的结果显示,贸易水平提高对城镇长期契约劳动者工资的提升作用比流动人口高0.08个百分点,显示出贸易开放增加了两类市场契约回报率的差异。贸易开放程度提高有利于城镇劳动者工资提升,尤其对城镇长期契约劳动者的工资提升作用更显著。第(5)列和第(6)列显示,对非技术工人而言,贸易开放提升了城镇户籍的长期契约和固定契约劳动者的收入;而对服务类人员的作用较小。这表明,贸易开放增加了户籍差异对契约制度的影响;原因可能在于贸易开放程度较高的企业多属于工业和制造业,且增加了相关行业的劳动力需求,而城镇户籍的长期契约劳动者市场议价能力较强,所以贸易开放的工资提升作用较大。同时,服务行业外资进入程度较低,因此对劳动者不同契约制度的影响较为有限。

五、部门与户籍的交互作用

部门和户籍分层是劳动力市场分层的两大特征,也是劳动者工资差距的重要决定因素。因此,表6.10检验了部门和户籍的交互作用机制。第(1)和第(2)列的结果显示,贸易开放变量与部门的交互项显著为正,说明贸易开放对公共部门工资提升更为显著;第(3)和第(4)列分别对公共部门和非公共部门贸易变量与户籍制度的作用进行了检验,发现两部门中外资均对城镇人口的作用更强;第(5)和第(6)列加入了部门与户籍的交互项,但第(6)列的工具变量回归结果并不显著,只有贸易与户籍的交互项显著为正,说明与部门差异相比,户籍分层是影响劳动者收入的主要机制;贸易的工资溢出效应通过户籍制度对劳动者工资产生影响。

表6.10 部门与户籍的交互作用

解释变量	(1) 贸易与公共部门	(2) 贸易与公共部门	(3) 公共部门	(4) 非公共部门	(5) 部门与户籍交互作用	(6) 部门与户籍交互作用
贸易开放	0.142*** (14.45)	0.127*** (7.97)	0.131*** (4.73)	0.106*** (9.43)	0.115*** (11.01)	0.0863*** (5.26)
城镇户籍	0.470*** (31.40)	0.470*** (31.47)	0.544*** (14.41)	0.449*** (26.52)	0.454*** (28.56)	0.451*** (28.33)
公共部门	0.477*** (10.37)	0.478*** (10.39)			0.426*** (8.11)	0.426*** (8.12)
贸易开放×城镇户籍			0.127*** (5.07)	0.0811*** (5.70)	0.0768*** (5.44)	0.109*** (6.48)

(续表)

解释变量	(1)	(2)	(3)	(4)	(5)	(6)
	贸易与公共部门		公共部门	非公共部门	部门与户籍交互作用	
贸易开放×公共部门	0.087 6***	0.104***			0.000 590	0.037 3
	(7.41)	(7.19)			(0.03)	(1.29)
城镇户籍×公共部门					0.067 7**	0.070 5**
					(2.36)	(2.46)
贸易开放×城镇户籍×公共部门					0.056 5**	0.015 2
					(2.02)	(0.44)
个人控制变量	有	有	有	有	有	有
省份控制变量	有	有	有	有	有	有
其他控制变量	有	有	有	有	有	有
R^2	0.435 6	0.435 4	0.435 7	0.356 3	0.438 2	0.437 7
N	12 741	12 741	3 589	9 152	12 741	12 741

• 注：其他控制变量加入了劳动合同状况和职业、行业、所有制虚拟变量。

六、分类讨论

在分析了贸易开放对不同户籍劳动者的工资获得机制、技术劳动力和不同契约状态劳动者的影响之后，笔者进一步对贸易开放程度在地区、行业的差异化影响进行了分类讨论。首先，按照城市所在地区和劳动者行业将劳动者划分为不同地区和行业；其次，对贸易企业按照出口类型分为高出口和低出口企业两类（表6.11）。笔者使用Wald检验分析了各类别中变量的大小关系。

表6.11 按地区、行业和出口程度的分类结果

解释变量	按地区分类		按行业分类			按出口程度分类	
	(1) 东部	(2) 中西部	(3) 工业	(4) 生产服务业	(5) 社会服务业	(6) 高出口企业	(7) 低出口企业
贸易变量	0.120***	0.245***	0.163***	0.175***	0.206***	0.084 7***	0.234***
	(8.24)	(5.68)	(10.27)	(10.66)	(12.56)	(16.36)	(19.59)
城镇户籍	0.155***	0.073 9**	0.246***	0.240***	0.323***	0.417***	0.478***
	(5.92)	(2.32)	(9.39)	(10.07)	(9.03)	(18.38)	(12.67)
贸易×城镇	0.230***	−0.112***	0.169***	0.074 8***	0.057 2***	0.049 0***	0.105***
	(9.04)	(−4.13)	(8.38)	(3.66)	(3.04)	(9.64)	(6.75)
R^2	0.459 7	0.375 7	0.405 5	0.362 5	0.522 1	0.450 4	0.454 5
N	6 878	5 863	3 617	4 678	4 346	12 741	12 741

在地区分类中，可以发现贸易与城镇户籍的交互项在地区间差异显著，说明外资对东部地区城镇人口工资提升的作用远大于西部地区；同时贸易开放与户籍的交互项在中西部地区显著为负，说明贸易开放对当地流动人口的

影响更大；可能的原因在于东部地区经济发达、跨国公司集中，且劳动者在人力资本等方面也具有较强优势，中西部地区市场化程度低、城镇劳动者多位于公共部门和国有企业，因此贸易开放对流动人口影响更显著。对于不同行业的劳动者，外资对工业的城镇劳动力作用最强，对生产性服务业城镇人口的作用稍弱，对社会服务业的城镇人口作用最小，这表明行业与社会生产关系越密切，外资对其户籍差异影响也越大。

对于不同出口类型的贸易企业，笔者发现企业的出口程度越低，对国内的户籍差异作用越大，高出口类外资的作用最小。这可能与贸易企业与国内市场的关联程度有关。高出口企业一般为加工类资本，将进口原材料加工成制成品并出口，与国内市场关联较小；而内销企业在原料来源、市场销售等上下游环节均与国内市场紧密相关，因此对户籍差异的影响也更大。

第五节 跨国公司与不同户籍工资的检验

由于中国进出口贸易有 50% 左右为加工贸易，跨国公司投资发挥了重要作用，而外商投资也是中国经济开放战略的关键内容，对外开放战略促进了外商投资迅速增长，2012 年外资企业资产占规模以上工业企业资产总额的 20% 以上、税收总额的 20%，[1]成为中国经济增长的积极推动力量。所以笔者进一步研究了外商投资对劳动者收入的影响。

一、相关文献综述

跨国公司对国内工资水平的影响已得到了广泛且深入的研究，现有文献对这一机制的分析主要从行业层面展开，可分为跨国公司的行业内效应和行业间效应。其中，行业内效应又可分为劳动力需求和技术溢出效应；行业间效应又可分为前向和后向关联效应。

在行业工资方面，现有研究认为 FDI 对行业工资水平有正向作用(杨泽文等，2004)，降低了行业间工资差距(范爱军等，2010)；包群、邵敏(2008)则利用工业行业面板数据的实证研究发现，跨国公司提高了制造业高技术劳动力的相对工资；Chen and Ge(2011)利用企业层面数据，认为 FDI 增加了中国企业间的工资差距；同时，城市层面的研究发现跨国公司对城市工资提升作

---

[1] 数据来源：根据商务部《中国外商投资报告 2013》相关数据计算。

用显著(Ge,2006);企业微观研究则认为FDI通过增加劳动力需求和工资溢出两类机制对国内工资产生相反的作用(许和连等,2009)。在此基础上,部分研究探讨了所有制结构与FDI的工资效应。例如,Ma(2006)认为跨国公司的准入可能增加市场竞争、降低国有和集体企业工资水平;Hale(2011)也发现跨国公司的溢出效应仅存在于当地私营企业;邵敏等(2012)研究了FDI与国有企业的引资竞争行为,认为引资竞争可能对国有企业工资产生向下的扭曲作用。

FDI与国内工资的影响机制研究主要侧重于跨国公司与行业内、行业间的溢出和关联效应,发现跨国公司的工资效应可能与东道国技术水平、市场竞争程度、所有制结构等因素密切相关,即东道国市场结构对FDI的工资效应有较大影响。然而,现有研究可能存在两个问题:(1)多数文献侧重于产品市场的结构,并未考虑劳动力市场的不完全性问题,而发展中国家的国内劳动力市场很可能是不完全的,即部分劳动者在工作搜寻、工资获得、就业流动、福利待遇等方面存在较高的制度成本和交易成本,这对FDI的工资效应将产生重要影响(Saglam,2011;Davidson and Matusz,2012);(2)现有研究集中关注了跨国公司在行业内和行业间的工资效应,而对城乡尤其是城市层面的工资效应关注较少,企业层面的数据难以控制劳动者的异质性和选择效应,因此可能会造成估计结果的有偏问题;同时,中国的跨国公司主要分布在城市尤其是东部地区的城市,贸易和投资开放对城市层面的工资收入可能产生显著作用(Hering and Poncet,2010)。所以笔者将主要关注跨国公司进入对城市层面的影响,希望对跨国公司的劳动力市场效应进行探讨。

二、计量结果与讨论

本节在讨论贸易开放对劳动者工资作用的基础上,检验了外国直接投资与不同户籍劳动者工资的作用,并进行了稳健性检验。

1.基本回归结果

表6.12报告了外商投资与劳动者工资提升的基本回归结果。其中,第(1)列未加入控制变量,第(2)—(4)列逐次加入劳动者个人特征变量、城市特征变量以及职业、行业、所有制虚拟变量。回归结果显示,外商投资对城镇劳动者和流动人口工资水平都有显著的正向影响。由第(4)列结果可知,城市外资进入程度提高1个百分点,则流动人口的工资水平可提高0.18个百分

点,城镇劳动力的平均工资可提高 0.29 个百分点。这也表明跨国公司的溢出效应对城镇劳动者的影响高于流动人口。第(5)列为工具变量回归结果。笔者发现,以城市的国外市场距离作为工具变量,外资的作用水平略有提升,外资对城镇人口和流动人口的作用分别达到 0.22 和 0.37 个百分点,结果仍然较为稳健。

表 6.12 外商投资与工资提升的基本回归结果

解释变量	被解释变量:劳动者小时工资				工具变量
	(1)	(2)	(3)	(4)	(5)
外资变量	0.234***	0.255***	0.179***	0.178***	0.215***
	(36.79)	(43.84)	(20.85)	(20.90)	(11.92)
城镇户籍	0.597***	0.251***	0.259***	0.237***	0.235***
	(57.74)	(18.70)	(19.46)	(15.60)	(15.50)
外资变量×城镇户籍	0.088 5***	0.111***	0.106***	0.119***	0.151***
	(6.97)	(9.59)	(9.27)	(10.39)	(10.64)
个人控制变量					
高中		0.185***	0.180***	0.163***	0.163***
		(16.49)	(16.20)	(14.76)	(14.78)
大学及以上		0.520***	0.511***	0.438***	0.438***
		(33.40)	(33.08)	(27.80)	(27.84)
公共部门		0.135***	0.131***	0.452***	0.464***
		(10.63)	(10.49)	(10.23)	(10.52)
工作经验		0.017 0***	0.016 2***	0.015 0***	0.015 3***
		(24.12)	(23.06)	(21.15)	(21.26)
城市控制变量	无	无	有	有	有
行业虚拟变量	无	无	无	有	有
所有制虚拟变量	无	无	无	有	有
R^2	0.271 9	0.417 9	0.431 7	0.458 4	0.457 2
N	12 741	12 741	12 741	12 741	12 741

2. 稳健性检验

在城市外资存量的计算中,笔者采用企业固定资产净值年平均余额乘以企业外资占实收资本的比例,再进行加总的方式;这种方法有一个较强的假定,即企业固定资产净值中的外资存量等于实收资本的外资存量。为了验证结果的稳健性,笔者使用企业年均人数、企业实收资本等变量进行了稳健性检验,计算与加总方法与企业固定资产净值年平均余额相同,如表 6.13 所示。结果发现,企业人数、实收资本、产值和增加值等的结果与固定资产净值的结果差异较小,可以认为系数是较为稳健的。

表 6.13 稳健性检验

解释变量	(1) 年均人数	(2) 实收资本	(3) 企业总产值	(4) 企业增加值
外资变量	0.152***	0.171***	0.170***	0.187***
	(19.83)	(17.08)	(20.80)	(21.53)
城镇户籍	0.236***	0.234***	0.236***	0.238***
	(15.50)	(15.23)	(15.52)	(15.65)
外资变量×城镇户籍	0.103***	0.118***	0.110***	0.109***
	(10.65)	(8.67)	(9.69)	(9.23)
教育程度				
高中	0.163***	0.165***	0.162***	0.162***
	(14.71)	(14.82)	(14.64)	(14.70)
大学及以上	0.443***	0.444***	0.441***	0.440***
	(28.05)	(27.97)	(27.97)	(27.98)
公共部门	0.450***	0.445***	0.447***	0.447***
	(10.17)	(9.92)	(10.09)	(10.10)
城市控制变量	有	有	有	有
个人控制变量	有	有	有	有
其他控制变量	有	有	有	有
R^2	0.456 7	0.451 3	0.457 7	0.458 3
N	12 741	12 741	12 741	12 741

• 注:其他控制变量加入了劳动合同状况和职业、行业、所有制虚拟变量。

3. 分类讨论

在分析了外商投资对不同户籍劳动者的工资获得机制、技术劳动力和不同契约状态劳动者的影响之后,笔者进一步对外商投资在地区、行业的影响进行了分类讨论。首先,按照城市所在地区和行业将劳动者划分为不同地区和行业;其次,对外商投资按照来源地划分为中国港、澳、台地区资本以及外国资本,按照出口类型分为高出口类外资、一般出口外资和非出口外资(表6.14);之后用 Wald 检验分析了各类别中变量的大小关系(表 6.15)。

在地区分类中,笔者发现外资与城镇户籍的交互项在地区间差异显著,说明外资对东部地区城镇人口工资提升的作用远大于西部地区;可能的原因在于东部地区经济发达、跨国公司集中,且劳动者在人力资本等方面也具有较强优势,中西部地区资源较少,不同户籍间的差异较小。对于不同行业的劳动者,外资对工业建筑业的城镇劳动力作用最强,对运输批发餐饮业城镇人口的作用稍弱,对社会服务业的城镇人口作用不显著,这表明行业与社会生产关系越密切,外资对其户籍差异影响也越大。

表 6.14 按地区、行业和外资来源地、出口程度分类的结果

解释变量	(1) 东部地区	(2) 中西部地区	(3) 工业	(4) 运输批发餐饮业	(5) 社会服务业
外资变量	0.144***	0.159***	0.150***	0.191***	0.222***
	(7.96)	(10.19)	(10.14)	(12.22)	(14.15)
城镇户籍	0.138***	0.165***	0.247***	0.242***	0.329***
	(4.81)	(5.50)	(9.44)	(10.29)	(9.19)
外资变量×城镇户籍	0.277***	0.003 72	0.176***	0.123***	0.041 1**
	(8.46)	(0.14)	(8.17)	(5.78)	(2.00)
R^2	0.458 7	0.381 3	0.406 0	0.367 8	0.525 6
N	6 878	5 863	3 617	4 678	4 346

解释变量	(6) 外国资本	(7) 中国港、澳、台 地区资本	(8) 高出口外资	(9) 一般出口外资	(10) 非出口外资
外资变量	0.208***	0.104***	0.070 4***	0.149***	0.156***
	(21.13)	(18.23)	(18.42)	(21.43)	(14.42)
城镇户籍	0.241***	0.233***	0.240***	0.238***	0.241***
	(15.86)	(15.23)	(15.74)	(15.60)	(15.72)
外资变量×城镇户籍	0.107***	0.096 4***	0.041 7***	0.064 8***	0.131***
	(8.57)	(11.62)	(9.84)	(7.51)	(6.65)
R^2	0.457 7	0.454 9	0.454 0	0.457 3	0.446 3
N	12 741	12 741	12 741	12 741	12 741

对于不同类型的外商投资，笔者发现外商资本的出口程度越低，对国内的户籍差异作用越大，高出口类外资的作用最小。这可能与外资与国内市场的关联程度有关。高出口外资一般为加工类资本，进口原材料加工成制成品并出口，与国内市场关联较小；而内销企业在原料来源、市场销售等上下游环节均与国内市场紧密相关，因此对户籍差异的影响也更大。同时，中国港、澳、台地区资本以及外国资本对不同户籍的作用没有显著差别。

表 6.15 外资变量与城镇户籍交互项的检验结果

假 设	χ^2 值	p-值	假 设	χ^2 值	p-值
东部地区＝中西部地区	43.17	0.00	外国资本＝中国港、澳、台地区资本	2.03	0.15
工业＝运输批发餐饮业	3.25	0.07	高出口外资＝一般出口外资	15.69	0.00
工业＝社会服务业	22.11	0.00	高出口外资＝非出口外资	25.40	0.00
运输批发餐饮业＝社会服务业	8.14	0.00	一般出口外资＝非出口外资	14.53	0.00

第六节 结 论

近年来，伴随着市场经济的发展和劳动力流动壁垒的降低，中国城市流

动人口的就业有了大规模提升；但由于户籍分层依旧存在，城市二元劳动力市场现象日益凸显，形成城市收入差距扩大的重要原因。本章利用CHIP 2007年城镇和流动人口数据，借鉴社会分层理论和二元劳动力市场理论，检验了贸易开放对不同户籍劳动者工资提升的影响，得到了较为显著的结论。

第一，城市贸易开放显著提升了城镇和流动人口的工资水平。城市外资进入程度提高1%，城镇劳动者和流动人口的工资可分别提高0.29%和0.18%左右；用工具变量回归和其他变量进行稳健性检验后，发现结果变化较小。

第二，在贸易开放对不同户籍劳动者的影响机制方面，贸易开放增强了企业管理者的职业地位回报，对流动人口企业负责人的作用要高于城镇人口；同时，贸易开放也增强了劳动者人力资本回报，对流动人口大学及以上学历劳动者的促进作用高于城镇劳动者。这一方面是由于城镇企业负责人多位于国有集体企业，大学及以上学历劳动者多位于公共部门，再分配机制占主导作用；另一方面也由于贸易企业与民营经济的关联性较强，因此对流动人口企业负责人和大学及以上学历劳动者的工资溢出效应较强。这一结果显示出中国市场化进程的推进提高了人力资本和职业回报的作用，同时原有的再分配体制仍是决定劳动者工资的重要机制。

第三，对于高技术劳动者而言，贸易自由化增加了不同户籍高技术劳动者的工资差距，提升了高技术劳动者的相对工资水平；但相对而言，贸易开放对不同户籍劳动者的整体作用高于其对高技术劳动者相对工资的提升作用。可能的原因在于技术劳动力与非技术劳动力的工资差异小于户籍之间整体的工资差异，因此贸易自由化对劳动力市场的整体影响要大于对高技术劳动力的影响。

第四，对于不同契约类型的劳动者，贸易开放增加了户籍制度的作用，即提升了城镇长期契约劳动者的相对工资水平，尤其是对制造业非技术劳动者更加明显，对服务业劳动者的这一作用较小。这可能与服务行业外资进入程度较低、作用较小，以及城镇长期契约劳动者市场议价能力较强而流动人口面临较高的市场成本等因素有关。

第五，笔者发现贸易开放对东部地区城镇户籍劳动者工资提升的作用大于中西部地区，对工业建筑业和运输批发餐饮业的影响大于社会服务业；这说明贸易自由化的作用与地区、行业和跨国公司本身的市场关联程度相关，地区、行业和贸易企业与市场关系越紧密，贸易开放对工资提升和差距的作用也越大。

因此,贸易开放提升了城镇劳动力和流动人口的工资水平,而由于户籍制度的限制作用,流动人口在人员流动、工资获得、契约安排、福利待遇等方面仍存在劣势,这阻碍了劳动者分享经济开放的成果。所以,建立统一开放的劳动力市场,进一步降低城镇人口与流动人口的制度差异,减少劳动者社会权力的不平等,提升流动人口的工资待遇和福利水平,将是促进社会经济协调发展的重要任务。

第七章
主要结论与今后研究方向

中国对外开放程度迅速提高,货物进出口总额从1978年的206.4亿美元增至2000年的4 743亿美元,2015年进一步达到39 530.3亿美元,对外贸易占GDP比重也从9.65%增至35.8%,对外贸易在中国经济中的重要性日益凸显,尤其是在创造就业、提升国内技术水平、增加劳动者收入等方面发挥了积极作用。

因此,本书在经济社会转型的背景下,对贸易开放对城镇和农村劳动力社会流动问题进行了深入探讨。本章将对各章得出的结论进行回顾与总结,并进一步讨论其政策内涵,以期对中国现阶段经济和社会政策提供有益的借鉴。最后,我们将分析文章的局限性和进一步研究的可能性。

第一节 主要结论和政策建议

一、主要结论

在贸易开放与城镇劳动力流动方面,笔者检验了贸易开放程度对劳动者职业地位获得和阶层地位提升的影响。主要有以下发现:(1)贸易开放程度提高对劳动者职业声望提升具有显著作用,劳动者所在省份的贸易开放程度提高1%,劳动者职业声望值将增加1.4个单位。这表明经济开放程度提高对社会开放程度提升的积极影响。(2)作用机制方面,首先贸易开放促进了地区经济增长、提高了市场化程度,促进了地区非公共部门发展、提高了非公共部门的收入水平,从而提升了劳动者职业地位;其次贸易开放增加了劳动力需求,提高了劳动力市场的流动性,为劳动者提供了多元就业选择和工作机会;再次贸易开放传播了市场化的认知模式,有利于劳动者人力资本和认知能力提升,从而为增加收入和获得更高职业地位提供有利条件。(3)对不同年龄、地区和行业的作用方面,贸易开放对改革开放后出生的劳动者的作用更加显著,对东部地区的影响高于中西部地区,对工业和建筑业的影响大于生产和生活性服务业。(4)在劳动者阶层地位方面,贸易开放程度提高显著提升了劳动者进入市场中产阶层的概率,提升了市场机制在决定劳动者阶层地位中的作用;同时,贸易开放程度对城镇人口和改革开放后出生的劳动者具有更显著的作用。

在贸易开放与农村劳动者非农就业方面,主要结论包括:(1)贸易自由化程度提升显著增加了农村劳动者的非农就业机会,有利于剩余劳动力的外出务工和非农就业;同时由于贸易开放增加了大量就业机会,为东部地区农村劳动力的本地非农就业提供了有利条件,而中西部地区劳动由于贸易开放程度较低,更倾向于以外出务工作为非农就业方式。(2)劳动者非农就业时间方面,由于贸易开放首先提升了本地非农产业的就业,因此对本地劳动者非农就业时间的影响高于外出务工劳动者。(3)对于劳动者的工资获得和劳动契约制度,贸易开放对非市场途径获得工作的劳动者有更显著的作用,也提升了短期和无合同劳动者的非农就业,表明市场化机制逐渐在农村劳动者就业方面起着日益重要的作用。(4)劳动者收入方面,贸易开放程度提高可以显著增加本地非农就业人员的收入水平;对省内务工人员的作用高于省外务工人员。(5)贸易开放对于年轻劳动者、中西部地区人员的作用更加显著,对其非农就业收入的作用也显著高于东部地区。(6)减少贫困方面,贸易开放显著降低了农村进城务工人员的贫困率、提升了其收入和生活水平。这进一步表明贸易开放对农村劳动力就业和收入的显著影响,也表明了经济开放对全面减少贫困、促进社会发展的积极意义。

在贸易开放与劳动者迁移方面,主要结论包括:(1)迁移决策方面,贸易开放程度是影响地区劳动者迁移决策的重要变量。一般而言,省份贸易开放程度越高,该地区劳动者更可能在省内流动;而开放程度较低的省份,劳动者更可能迁出。(2)劳动者收入方面,贸易开放对农村迁移劳动者的作用显著高于农业转为非农业的人员,表明贸易自由化对农村劳动者的非农就业和收入提高均有更大影响。(3)劳动力流动方面,对于中西部地区内部迁移的劳动者,贸易开放对其迁移决策的作用更加明显,而对于东部地区内部迁移的劳动者,贸易开放对其迁移决策的影响较小。(4)分样本检验方面,贸易开放给教育程度较低、个人能力较弱的劳动者,提供了更多就业机会,对其收入的影响也显著高于教育程度较高的人员。这说明贸易开放对农村低收入群体就业具有显著的积极影响。(5)笔者进一步讨论了城镇劳动力市场的福利差距,发现不同户籍对城镇劳动力市场的作用较为明显;同时部门差异是劳动者参与工伤保险和住房公积金的重要因素,劳动契约关系也影响了劳动者的社会福利,长期合同劳动者的社会福利参与程度高于其他劳动者。上述结论显示出户籍、部门和契约关系等对劳动者福利参与方面均有较为显著的作用。

在城市贸易开放与城市劳动力工资收入方面,主要发现包括:(1)城市贸易开放程度提高,显著提升了城镇和流动人口的工资水平,而且对城镇劳动者的作用高于流动人口。这表明城市的贸易自由化对劳动者收入有重要影响。(2)对不同户籍劳动者的影响机制方面,城市贸易自由化对企业管理者、流动人口中的企业负责人的作用更加显著,同时也增强了劳动者的人力资本回报,对流动人口中较高人力资本的劳动者的作用更强。(3)对高技术劳动者的作用方面,贸易开放一方面提高了高技术劳动者的相对工资水平,另一方面也扩大了城镇和流动人员中的高技术劳动者的工资差距。可能的原因在于户籍对劳动者工资的作用可能大于技术因素对工资差异的影响。(4)对于不同契约类型的劳动者,贸易开放对城镇长期契约人员的工资影响较大,这在制造业更加明显。这可能与服务行业开放程度更低、城镇长期契约劳动者市场议价能力更强等因素有关。(5)对于地区和行业的差异化影响方面,贸易开放对东部地区城镇户籍劳动者的作用更强,对工业建筑业和运输批发餐饮业的作用大于社会服务业。这表明贸易自由化的作用与地区、行业的开放程度有密切联系,地区、行业和贸易企业与市场关系越密切,贸易开放对行业内劳动者工资的提升作用也越明显。

二、政策建议

根据上述研究与结论可以发现,贸易自由化对劳动能力的流动产生了积极影响,可以促进劳动力获得较高职业地位、促进农村劳动力向工业部门转移,但同时由于原有的体制机制障碍,劳动力的流动仍然面临诸多问题,所以主要政策建议可归纳为:

第一,进一步扩大开放、推动贸易自由化进程。根据相关研究计算,2000—2007年仅出口增长就增加直接就业岗位3 411万个,其间接就业效应更加显著。尤其是近年来随着跨国公司的发展和产业内贸易的增加,贸易自由化在提升劳动者职业技能、提高企业技术水平和产品质量等方面的作用日益显著。因此,进一步促进贸易自由化进程、推动对外开放战略,是增加就业、促进农村劳动力向非农部门转移、提高社会流动性的必然要求。

在这方面,尤其重要的是提升外资的准入和投资水平。近年来,跨国公司在增加贸易流量、提升国内就业、促进技术进步等方面的作用十分显著,中国进出口贸易总额的50%均由跨国公司创造,但国内在外资准入、经营活动等方面仍然存在一些限制,所以应改善跨国公司在国内的经营环境,鼓励跨国公司的外包活动和高价值增值活动的转移,为增加国内就业、促进技术进步创造良好环境。

第二,降低户籍、部门等因素在劳动力流动方面的障碍,促进城市劳动力和流动人口在工资、福利方面的均等化。我们发现,户籍制度在劳动者工资决定等方面仍然起着显著作用,同时城镇户籍也是影响迁移人员获得较高社会福利的重要因素,部门差异的作用小于户籍制度。尤其是城市层面的研究表明,流动人口在人员流动、工资获得、契约安排、福利待遇等方面仍存在劣势,这阻碍了劳动者分享经济开放的成果。所以,建立统一开放的劳动力市场,进一步降低城镇人口与流动人口的制度差异,减少劳动者社会权力的不平等,提升流动人口的工资待遇和福利水平,将是促进社会经济协调发展的重要任务。

第三,完善劳动力市场制度,尤其是劳动者契约制度。对城市层面的研究表明,贸易自由化程度提高提升了城镇长期契约劳动者的相对工资水平,尤其是对制造业非技术劳动者更加明显,对服务业劳动者的这一作用较小。这可能与服务行业外资进入程度较低、作用较小,以及城镇长期契约劳动者市场议价能力较强,流动人口面临较高的市场成本等因素有关。劳动者社会保险参与度与契约状态也有较大关系,长期合同人员的参与度高于其他契约类型劳动者。所以,可发现契约制度对劳动者工资和福利均有明显作用,如何完善劳动力市场制度、提升短期和无契约人员的福利水平,对于建立统一完善的劳动力市场制度具有重要作用。

第四,推进经济的市场化进程,提升人力资本等自致性因素在劳动者工资和职业地位决定方面的作用,降低家庭背景、政治资本等因素的作用,进一步提高社会流动水平。由于国家宏观的政治经济变化过程直接并决定性地影响着所有社会群体和个人的生活际遇,而其中市场机制和再分配机制代表了两种不同的报酬分配体系,现代化的转型需要市场机制在社会资源分配中占主导地位,因此必须不断提升市场化水平,为劳动者提供向上流动的机遇与条件,通过市场机制改变社会群体间的相对社会经济地位。

第二节　今后研究方向

鉴于时间和能力限制,本书在资料搜集、分析框架、研究方法、主要结论等方面仍存在诸多不足,这也为本书进一步的研究提供了方向。它们主要有:

第一,贸易变量的度量方面,由于异质性企业贸易理论的发展,大量文献探讨了不同类型的企业与东道国企业全要素生产率、价值链参与、劳动者就业等方面的问题,而本书对贸易自由度变量的处理仍为进出口总额与 GDP 比重,所以对贸易自由化的度量需要更加细致。例如,可以采用出口复杂度(陈维涛等,2014)等指标,计算不同技术水平的出口对本地劳动者就业、职业获得、人力资本等方面的作用。此外,根据价值链参与程度,计算企业增加值比率,从而得到不同价值链参与程度的企业对本地劳动者作用。此类研究将使贸易自由化的度量更加具体,也更具有现实意义。

第二,分析框架方面,本书对"市场转型论"和新制度主义理论的分析仍然不够深入,仅对人力资本和政治资本回报率的差异进行了比较,而未对其背后的社会变迁动力机制进行解释。所以,笔者将进一步探讨在经济社会变迁的不同时期人力资本和政治资本的变化及其决定因素,研究国家政策变迁对劳动者个人生活机遇的影响。尤其是贸易自由化对人力资本和政治资本回报率作用的变化。此外,对于一些重要的制度变革事件,例如加入世界贸易组织等,也需要在计量分析方面进行讨论。同时也可借鉴事件史的分析方法,对不同年龄阶段劳动者的职业获得、阶层地位等方面进行分析。

第三,研究样本的选择方面,笔者只选取了最近年份调查数据,而 CHIP 和 CGSS 的数据库涵盖了多个年份,可以进行不同时段的分析。例如,CHIP 调查的最早年份为 1988 年,在各微观调查数据中时间最早,是研究改革开放以来社会变迁的重要依据;CGSS 的最早年份为 2003 年,且在调查地点、问卷设计等方面基本相同,可以进行多时段的分析;CHNS 从 1989 年开始,虽然样本量、问题数量等方面较少,但在面板分析方面具有优势。所以笔者将借不同时段的样本,对贸易自由化在不同阶段对劳动者的影响进行深入讨论。

参考文献

[1] 包群,邵敏.外商投资与东道国工资差异:基于中国工业行业的经验研究[J].管理世界,2008,5.

[2] 边燕杰,李路路,李煜等.结构壁垒、体制转型与地位资源含量[J].中国社会科学,2006,5.

[3] 滨下武志.中国近代经济史研究:清末海关财政与通商口岸市场圈[M].高淑娟,孙彬,译.南京:江苏人民出版社,2006.

[4] 蔡昉,都阳,王美艳.户籍制度与劳动力市场保护[J].经济研究,2001,12.

[5] 陈波,贺超群.出口与工资差距:基于我国工业企业的理论与实证分析[J].管理世界,2013,8.

[6] 陈国栋.清代前期的粤海关与十三行[M].广州:广东人民出版社,2014.

[7] 陈锦江.清末现代企业与官商关系[M].王笛,张箭,译.北京:中国社会科学出版社,2010.

[8] 陈维涛,王永进,毛劲松.出口技术复杂度、劳动力市场分割与中国的人力资本投资[J].管理世界,2014,2.

[9] 陈珣,徐舒.农民工与城镇职工的工资差距及动态同化[J].经济研究,2014,10.

[10] 崔鹏.当前还要不要发展加工贸易[N].人民日报,2012-05-28.

[11] 段成荣,吕利丹,邹湘江.当前中国流动人口面临的主要问题和对策[J].人口研究,2013,3.

[12] 范爱军,刘伟华.实体资本跨国流动对东道国行业工资趋同化的影响[J].管理世界,2010,3.

[13] 郭熙保、罗知.贸易自由化、经济增长与减轻贫困——基于中国省际数据的经验研究[J].管理世界,2008,2.

[14] 郝大海,李路路.区域差异改革中的国家垄断与收入不平等——基于2003年全国综合社会调查资料[J].中国社会科学,2002,2.

[15] 郝延平.十九世纪的中国买办——东西间桥梁.李荣昌,沈祖炜,杜恂

诚,译.上海:上海社会科学院出版社,1988.

[16] 郝延平.中国近代商业革命[M].陈潮,陈任,译.上海:上海人民出版社,1991.

[17] 胡鞍钢,胡琳琳,常志霄.中国经济增长与减少贫困(1978—2004)[J].清华大学学报(哲学社会科学版),2006,5.

[18] 黄玖立,李坤望.出口开放、地区市场规模与经济增长[J].经济研究,2006,6.

[19] 卡尔·波兰尼.大转型:我们时代的政治经济起源[M].刘钢,译.杭州:浙江人民出版社,2009.

[20] 李磊,刘斌,胡博等.贸易开放对城镇居民收入及分配的影响[J].经济学季刊,2012,1.

[21] 李强,王昊.中国社会分层结构的四个世界[J].社会科学战线,2014,9.

[22] 梁琦,陈强远,王如玉.户籍改革、劳动力流动与城市层级体系优化[J].中国社会科学,2013,12.

[23] 梁若冰.口岸、铁路与中国近代化[J].经济研究,2015,5.

[24] 梁雄军,林云,邵丹萍.农村劳动力二次流动的特点、问题与对策——对浙、闽、津三地外来务工者的调查[J].中国社会科学,2007,3.

[25] 林满红.银线:19世纪的世界与中国[M].詹庆华,译.南京:江苏人民出版社,2011.

[26] 刘和旺,王宇锋.政治资本的收益随市场化进程增加还是减少[J].经济学季刊,2010,4.

[27] 刘精明.市场化与国家规制——转型时期城镇劳动力市场中的收入分配[J].中国社会科学,2006,5.

[28] 刘欣.当代中国社会阶层分化的多元动力基础——一种权力衍生论的解释[J].中国社会科学,2005,4.

[29] 刘欣,朱妍.中国城市的社会阶层与基层人大选举[J].社会学研究,2011,6.

[30] 陆铭.玻璃幕墙下的劳动力流动——制度约束、社会互动与滞后的城市化[J].南方经济,2011,6.

[31] 罗楚亮.农村贫困的动态变化[J].经济研究,2010,5.

[32] 马学强.从传统到近代:江南城镇土地产权制度研究[M].上海:上海社会科学院出版社,2002.

[33] 迈克尔·休斯,卡罗琳·克雷勒.社会学导论[M].周扬,邱文平,译.上海:上海社会科学院出版社,2011.

[34] 毛日昇.出口、外商直接投资与中国制造业就业[J].经济研究,2009,11.

[35] 宁光杰.自我雇佣还是成为工资获得者?——中国农村外出劳动力的就业选择和收入差异[J].管理世界,2012,7.

[36] 宁光杰.自选择与农村劳动力非农就业的地区收入差异[J].经济研究,2012.

[37] 潘士远.贸易自由化、有偏的学习效应与发展中国家的工资差异[J].经济研究,2007,6.

[38] 邱登科."垄断福利"能享用多久?[N].民营经济报,2006-03-13(05).

[39] 全汉昇.中国经济史论丛[M].北京:中华书局,2012.

[40] 邵敏,包群.外资进入是否加剧中国国内工资扭曲:以国有工业企业为例[J].世界经济,2012,10.

[41] 盛斌,马涛.中间产品贸易对劳动力需求弹性的影响——基于工业部门动态面板数据的分析[J].世界经济,2008,3.

[42] 盛斌,牛蕊.贸易、劳动力需求弹性与就业风险:中国工业的经验研究[J].世界经济,2009,6.

[43] 唐东波.垂直专业化贸易如何影响了中国的就业结构?[J].经济研究,2012,8.

[44] 唐东波,王洁华.贸易扩张、危机与劳动收入份额下降——基于中国工业行业的实证研究[J].金融研究,2011,9.

[45] 童芬芬.职工福利保障水平国企最高民企最低[N].中华工商时报,2016-11-24(02).

[46] 万海远,李实.户籍歧视对城乡收入差距的影响[J].经济研究,2016,9.

[47] 汪三贵,刘湘琳,史识洁等.人力资本和社会资本对返乡农民工创业的影响[J].农业技术经济,2010,12.

[48] 王丰.分割与分层:改革时期中国城市的不平等[M].马磊,译.杭州:浙江人民出版社,2013.

[49] 王劲松,史晋川,李应春.中国民营经济的产业结构演进[J].管理世界,2005,10.

[50] 王美艳.城市劳动力市场上的就业机会与工资差异：外来劳动力就业与报酬研究[J].中国社会科学,2005,5.

[51] 王天夫,崔晓雄.行业是如何影响收入的——基于多层线性模型的分析[J].中国社会科学,2010,5.

[52] 王天夫,王丰.中国城市收入分配中的集团因素：1986—1995[J].社会学研究,2005,3.

[53] 王威海,顾源.中国城乡居民的中学教育分流与职业地位获得[J].社会学研究,2012,4.

[54] 王子成,赵忠.农民工迁移模式的动态选择：外出、回流还是再迁移[J].管理世界,2013,1.

[55] 卫瑞,庄宗明.生产国际化与中国就业波动：基于贸易自由化和外包视角[J].世界经济,2015,1.

[56] 吴晓刚.中国的户籍制度与代际职业流动[J].社会学研究,2007,6.

[57] 吴晓刚,张卓妮.户口、职业隔离与中国城镇的收入不平等[J].中国社会科学,2014,6.

[58] 吴愈晓,吴晓刚.城镇的职业性别隔离与收入分层[J].社会学研究,2009,4.

[59] 夏庆杰,宋丽娜,S.Appleton.经济增长与农村反贫困[J].经济学季刊,2010,3.

[60] 谢桂华."农转非"之后的社会经济地位获得研究[J].社会学研究,2014,1.

[61] 谢宇.认识中国的不平等[J].社会,2010,3.

[62] 邢春冰.迁移、自选择与收入分配：来自中国城乡的证据[J].经济学季刊,2010,2.

[63] 许和连,亓朋,李海峥.外商直接投资、劳动力市场与工资溢出效应[J].管理世界,2009,9.

[64] 许和连,魏颖绮,赖明勇等.外商直接投资的后向链接溢出效应研究[J].管理世界,2007,4.

[65] 许檀.从北洋三口发展的历史脉络看中国近代化进程[J].天津师范大学学报,2005,1.

[66] 严善平.人力资本、制度与工资差别——对大城市二元劳动力市场的实证分析[J].管理世界,2007,6.

[67] 严中平.中国棉纺织史稿[M].北京:商务印书馆,2011.

[68] 严中平.中国近代经济史统计资料选辑[M].北京:中国社会科学出版社,2012.

[69] 杨文,孙蚌珠,王学龙.中国农村家庭脆弱性的测量与分解[J].经济研究,2012,4.

[70] 杨泽文,杨全发.FDI对中国实际工资水平的影响[J].世界经济,2004,12.

[71] 叶林祥,李实,罗楚亮.行业垄断、所有制与企业工资收入差距[J].管理世界,2011,4.

[72] 殷德生,唐海燕.技能型技术进步、南北贸易与工资不平衡[J].经济研究,2006,5.

[73] 尹志超,甘犁.公共部门和非公共部门工资差异的实证研究[J].经济研究,2009,4.

[74] 余淼杰,梁中华.贸易自由化与中国劳动收入份额——基于制造业贸易企业数据的实证分析[J].管理世界,2014,7.

[75] 余向华,陈雪娟.中国劳动力市场的户籍分割效应及其变迁[J].经济研究,2012,12.

[76] 岳希明,罗楚亮.农村劳动力外出打工与缓解贫困[J].世界经济,2010,11.

[77] 张冰,冉光和.金融发展视角下外商直接投资的减贫效应分析[J].管理世界,2013,12.

[78] 张车伟,薛欣欣.国有部门与非国有部门工资差异及人力资本贡献[J].经济研究,2008,4.

[79] 张莉,李捷瑜,徐现祥.国际贸易、偏向型技术进步与要素收入分配[J].经济学季刊,2012,1.

[80] 张全红,张建华.中国的经济增长、收入不平等与贫困:1981—2001[J].经济科学,2007,4.

[81] 张义博.公共部门与非公共部门收入差异的变迁[J].经济研究,2012,4.

[82] 张茵,万广华.全球化加剧了城市贫困吗?[J].经济学季刊,2006,1.

[83] 张玉法.中国近代化的区域研究:山东省[M].台北:中央研究院,1982.

[84] 章莉,李实,D.A. William 等.中国劳动力市场上工资收入的户籍歧

视[J].管理世界,2014, 11.

[85] 章元,许庆,邬靖靖.一个农业大国的工业化之路:中国降低农村贫困的经验[J].经济研究,2012, 11.

[86] 赵津.中国城市房地产业史论[M].天津:南开大学出版社,1994.

[87] 赵耀辉.中国农村劳动力流动及教育在其中的作用[J].经济研究,1997, 2.

[88] 郑观应.增订盛世危言新编[M].清光绪二十三年成都刻本,1897:卷三商务三.

[89] 郑友揆.中国的对外贸易和工业发展[M].程麟荪,译.上海社会科学院出版社,1956.

[90] 中国人民银行上海市分行.上海钱庄史料[M].上海:上海人民出版社,1960.

[91] Acemoglu, D., 2003, "Patterns of Skill Premia," *Review of Economic Studies*, 70(2).

[92] Aftidi, F., S.Li, and X.Y. Ren, 2012, "Social Identity and Inequality: The Impact of China's Hukou System," Econstor Working Paper, No.6417.

[93] Aitken, B., A. Harrison, and R. Lipsey, 1996, "Wages and Foreign Ownership: A Comparative Study of Mexico, Venezuela, and the United States," *Journal of International Economics*, 40.

[94] Akinori, T., S.Takii, 2011, "Does Globalization Benefit Developing Countries? Effects of FDI On Local Wages," *Journal of Policy Modeling*, 33.

[95] Albornoz, F., M.A. Cole, R.J. Elliott, et al., 2009, "In Search of Environmental Spillovers," *The World Economy*, 32.

[96] Andrews, M., L.Bellmann, T.Schank, et al., 2007, "The Takeover and Selection Effects of Foreign Ownership in Germany: An Analysis Using Linked Worker-Firm Data," Econstor Working Paper, No.50.

[97] Antràs, P., 2003, "Firms, Contracts, and Trade Structure," *The Quarterly Journal of Economics*, 118(4).

[98] Antràs, P., D.Chor, 2013, "Organizing the Global Value Chain," *Econometrica*, 81(6).

[99] Antràs, P., P. Helpman, 2004, "Global sourcing," *Journal of Political Economy*, 112(3).

[100] Appleton, S., J. Knight, and L. Song et al., 2009, "The Economics of Communist Party Membership: The Curious Case of Rising Numbers and Wage Premium during China's Transition," *Journal of Development Studies*, 45(2).

[101] Attanasio, O., P. K. Goldberg, and N. Pavcnik, 2004, "Trade Reforms and Wage Inequality in Colombia," *Journal of Development Economics*, 74(2).

[102] Autor, D. H., L. F. Katz, and M. S. Kearney, 2008, "Trends in US Wage Inequality: Reassessing the Revisionists," *Review of Economics and Statistics*, 90(2).

[103] Baron, J. N., and W. T. Bielby, 1980, "Bringing the Firms Back In: Stratification, Segmentation, and the Organization of Work," *American Sociological Review*, 45.

[104] Barrell, R., and D. Holland, 2000, "Foreign Direct Investment and Enterprise Restructuring in Central Europe," *Economics of Transition*, 8(2).

[105] Bedi, A. S., A. Cieslik, 2002, "Wages and Wage Growth in Poland: The Role of Foreign Direct Investment," *Economics of Transition*, 10.

[106] Behrman, J. R., N. Birdsall, and M. Székely, 2000, "Economic Reform and Wage Differentials in Latin America," Iadb Working Paper, No. 435.

[107] Bernard, A., B., and J. B. Jensen, 1997, "Exporters, Skill Upgrading, and the Wage Gap," *Journal of International Economics*, 42(1—2).

[108] Besley, T., R. Burgess, 2003, "Halving Global Poverty," *The Journal of Economic Perspectives*, 2003, 17(3).

[109] Bian, Y., 1994, *Work and Inequality in Urban China*, Albany: State University of New York Press.

[110] Bian, Y., 2002, "Chinese Social Stratification and Social Mobility," *Annual Review of Sociology*, 28.

[111] Bian, Y., and J. Logan, 1996, "Market Transition and

Persistence of Power: The Changing Stratification System in Urban China," *American Sociological Review*, 61.

[112] Blalock, G., P.J. Gertler, 2007, "Welfare Gains from Foreign Direct Investment Through Technology Transfer to Local Suppliers," *Journal of International Economics*, 74(2).

[113] Blau, P., and O.D. Duncan, 1967, *The American Occupational Structure*. New York: Wiley.

[114] Blömstrom, M., and A. Kokko, 1998, "Multinational Corporations and Spillovers." *Journal of Economic Surveys*, 12(3).

[115] Boisot, M., and J. Child, 1961, "From Fiefs to Clans and Network Capitalism: Explaining China's Emerging Economic Order," *Administrative Science Quarterly*, 41.

[116] Borjas, G., Bronars S, and S. Trejo, 1992, "Assimilation and The Earnings of Young Internal Migrants," *Review of Economic and Statistics*, 74(1).

[117] Brandt, L., 1985, "Chinese Agriculture and The International Economy, 1870—1930s: A Reassessment," *Explorations in Economic History*, 22.

[118] Brown, D., A. Deardorff, and R. Stern, 2003, "The Effects of Multinational Production on Wages and Working Conditions in Developing Countries," Nber Working Paper, No.9669.

[119] Cai, F., M. Wang, 2010, "Growth and Structural Changes in Employment in Transition China," *Journal of Comparative Economics*, 38(1).

[120] Cao, Y., and C. Nee, 2000, "Comment: Controversies and Evidence in The Market Transition Debate," *American Journal of Sociology*, 105(4).

[121] Chen, Z., and Y. Ge, 2011, "Foreign Direct Investment and Wage Inequality: Evidence from China," *World Development*, 39(8).

[122] Cragg, M. I., and M. Epelbaum, 1996, "Why Has Wage Dispersion Grown in Mexico? Is It the Incidence of Reforms or The Growing Demand for Skills?" *Journal of Development Economics*, 51(1).

[123] Currie, J., A. E. Harrison, 1997, "Sharing the Costs: The

Impact of Trade Reform on Capital and Labor In Morocco," *Journal of Labor Economics*, 15(3).

[124] Dasgupta, K., 2010, "Learning and Knowledge Diffusion in A Global Economy," *Journal of International Economics*, 87.

[125] Davidson, C., S. Matusz, 1999, "Trade and Search Generated Unemployment," *Journal of International Economics*, 48.

[126] Davidson, C., and S. Matusz, 2012, "A Model of Globalization and Firm—Worker Matching: How Good Is Good Enough?" *Int. Rev. Econ. Financ.*, 23.

[127] Démurger, S., M. Fournier, and S. Li, et Al., 2006, "Economic Liberalization with Rising Segmentation in China'S Urban Labor Market," *Asian Economic Papers*, 5(3).

[128] Dickens, W. T., K. Lang, 1985, "A Test of Dual Labor Market Theory," *American Economic Review*, 75(4).

[129] Dickens, W. T., 1988, "Lang K. Labor Market Segmentation and the Union Wage Premium," *The Review of Economics and Statistics*, 70(3).

[130] Dickens, W. T., T. Lang, 1988, "The Reemergence of Segmented Labor Market Theory," *American Economic Review*, 78(2).

[131] Doeringer, P. B., and M. J. Piore, 1971, *Internal Labor Markets and Manpower Analysis*, Lexington: Lexington Books.

[132] Dollar, D., and A. Kraay, 2002, "Growth Is Good for The Poor," *Journal of Economic Growth*, 7.

[133] Dribe, M., and P. Svensson, 2006, "Changing Migration Patterns and Social Mobility in Southern Sweden, C. 1815—1895," Paper for Session 34 at the Xiv International Economic History Congress, Helsinki, Finland.

[134] Driffield, G., and S. Girma, 2003, "Regional Foreign Direct Investment and Wage Spillovers: Plant Level Evidence from the Uk Electronics Industry," *Oxford Bulletin of Economics and Statistics*, 65.

[135] Driffield, N., and K. Taylor, 2006, "Wage Spillovers, Inter-Regional Effects and The Impact of Inward Investment," *Spatial Economic Analysis*, 1(2).

[136] Du, L., A. Harrison, and G. H. Jefferson, 2012, "Testing for

Horizontal and Vertical Foreign Investment Spillovers in China, 1998—2007," *Journal of Asian Economics*, 23(3).

[137] Du, Y., A.Park, and S.Wang, 2005, "Migration and Rural Poverty in China," *Journal of Comparative Economics*, 33(4).

[138] Dubin, J.A, and D.L. Mcfadden, 1984, "An Econometric Analysis of Residential Electric Appliance Holdings and Consumption," *Econometrica*, 14.

[139] Earle, J.S., T.Álmos, and A.Gábor, 2012, "FDI And Wages: Evidence from Firm-Level and Linked Employer-Employee Data in Hungary, 1986—2008," Econstor, Budapest Working Papers on the Labor Market, No.Bwp—2012/9.

[140] Eckstein, Z., Y. Weiss, 2004, "On the Wage Growth of Immigrants: Israel, 1990—2000," *Journal of European Economic Association*, 2(4).

[141] Edmonds, E. V., N.Pavcnik, 2006, "Trade Liberalization and the Allocation of Labor between Households and Markets in a Poor Country," *Journal of International Economics*, 69(2).

[142] Ekrisson, R., J.H. Goldthorpe, and L.Portocarero, 1979, "Intergenerational Class Mobility in Three Western European Countries," *British Journal of Sociology*, 30(4).

[143] Ernst, C., 2005, "The FDI-Employment Link in a Globalization World: The Case of Argentina, Brazil and Mexico," International Labor Organization(ILO) Employment Strategy Papers, No.17.

[144] Faggio, G., K.G. Salvanes, and J.V.Reenen, 2007, "The Evolution of Inequality in Productivity and Wages: Panel Data Evidence," Cep Discussion Paper, No.821.

[145] Fairbank, J.K., 1969, *Trade and Diplomacy on the China Cost: The Opening of the Treaty Posts 1842—1854*, Stanford: Stanford University Press.

[146] Fang, Y., and Y.Zhao, 2009, "Do Institutions Matter? Estimating the Effect of Institutions on Economic Performance in China," Xiamen University Wise Working Paper, [2013-11-08]. Http://Dspace.Xmu.Edu.Cn/Handle/2288/56813.

[147] Featherman, D.L., and R. M.Hauser, 1978, *Opportunity and*

Change, New York: Academic Press.

[148] Feenstra, R.C., and G.H.Hanson, 1997, "Foreign Direct Investment and Relative Wages: Evidence from Mexico's Maquiladoras," *Journal of International Economics*, 42(3—4).

[149] Feenstra, R.C., and G. H.Hanson, 1999, "The Impact of Outsourcing and High-Technology Capital on Wages: Estimates for the United States, 1979—1990," *Quarterly Journal of Economics*, 114(3).

[150] Feenstra, R.C., and G.H.Hanson, 2003, "Global Production Sharing and Rising Inequality: A Survey of Trade and Wages," in Choi E K, and J.Harrigan, Handbook of International Trade, Vol.1. Malden, Mass: Blackwell.

[151] Feliciano, Z.M., 2001, "Workers and Trade Liberalization: The Impact of Trade Reforms in Mexico on Wages and Employment," *Industrial and Labor Relations Review*, 55(1).

[152] Feliciano, Z., and R.Lipsey, 1999, "Foreign Ownership and Wages in the United States, 1987—1992," Nber Working Paper, No.6923.

[153] Fosfuri, A., M. Motta and T.Ronde, 2001, "Foreign Direct Investment and Spillovers through Workers' Mobility," *Journal of International Economics*, 53(1).

[154] Frankenberg, E., J.P.Smith, and T.Duncan, 2003, "Economic Shocks, Wealth, and Welfare," *Journal of Human Resources*, 38(2).

[155] Frijters, P., T. Kong, and X. Meng, 2011, "Migrant Entrepreneurs and Credit Constraints under Labor Market Discrimination," Iza Discussion Paper, No.5967.

[156] Fu, X., V. N. Balasubramanyam, 2005, "Exports, Foreign Direct Investment and Employment: The Case of China," *World Economy*, 28(4).

[157] Gagnon, J., T.Xenogiani, and C.Xing, 2009, "Are All Migrants Really Worse off in the Labor Market, New Empirical Evidence from China," Oecd Development Center Working Paper, No.278.

[158] Ganzeboom, H.G., and D. J.Treiman, 1996, "Internationally Comparable Measures of Occupational Status for the 1988 International Standard Classifi-

cation of Occupations," *Social Science Research*, 1996, 25(3).

[159] Gao, Q., S. Yangand S. Li, 2012, "Labor Contracts and Social Insurance Participation among Migrant Workers in China," *China Economic Review*, 23.

[160] Ge, Y., 2006, "The Effect of Foreign Direct Investment on the Urban Wage in China: An Empirical Examination," *Urban Studies*, 43.

[161] Geishecker, I., 2002, "Outsourcing and the Relative Demand for Low-Skilled Labor in German Manufacturing: New Evidence," German Institute for Economic Research, Diw-Berlin, Discussion Paper, No.313.

[162] Girma, S., H. Görg, 2007, "Evaluating the Foreign Ownership Wage Premium Using a Difference-In-Differences Matching Approach," *Journal of International Economics*, 72.

[163] Girma, S., H. Gorg, and M. Pisu, 2007, "Exporting, Linkages and Productivity Spillovers from Foreign Direct Investment," Cepr Discussion Paper, No.6383.

[164] Girma, S., D. Greenaway, and K. Wakelin, 2001, "Who Benefits from Foreign Direct Investment in the Uk?" *Scottish Journal of Political Economy*, 48(2).

[165] Goldberg, P.K., and N. Pavcnik, 2004, *Trade, Inequality, And Poverty: What Do We Know? Evidence from Recent Trade Liberalization Episodes in Developing Countries*, Collins S. M., Graham C. Brookings Trade Forum 2004. Washington, D.C.: Brookings Institution Press.

[166] Golley, J., and X. Meng, 2011, "*Has China Run out of Surplus Labor?*" *China Economic Review*, 22.

[167] Gorg, A. J., D. Greenaway, 2004, "Much Ado About Nothing? Do Domestic Firms Really Benefit from Foreign Direct Investment?" *The World Bank Research Observer*, 19(2).

[168] Görg, H., M. Henry, and E. Strobl, 2006, "Multinational Companies, Backward Linkages and Labor Demand Elasticities," The University of Nottingham Research Paper, No.49.

[169] Gorodnicjenko, Y., J. Svejnar, and K Terrell, 2007, "When Does Fdi Have Positive Spillovers? Evidence from 17 Emerging Market Econo-

mies," Econstor Iza Discussion Paper, No.3079.

[170] Granovetter, M., 1985, "Economic Action and Social Structure: The Problems of Embeddedness," *American Journal of Sociology*, 91.

[171] Grossman, G. M., 1986, "Imports as a Cause of Injury: The Case of the U.S. Steel Industry," *Journal of International Economics*, 20 (3—4).

[172] Gustafsson, B., Z.Wei, 2000, "How and Why Has Poverty in China Changed? A Study Based on Micro-Data for 1988—1995," *China Quarterly*, 144.

[173] Hale, G., C.Long, 2011, "Did Foreign Direct Investment Put an Upward Pressure on Wages in China?" *Imf Economic Review*, No.59.

[174] Haltiwanger, J., A. Kugler, and M. Kugler, et al., 2004, "Effects of Tariffs and Real Exchange Rates on Job Reallocation: Evidence from Latin America," *Journal of Policy Reform*, 7(4).

[175] Hamilton, G., N. W.Biggart, 1988, "Market, Culture, and Authority: A Comparative Analysis of Management and Organization in the Far East," *American Journal of Sociology*, 94.

[176] Hanson, G.H., and A.E. Harrison, 1999, "Trade Liberalization and Wage Inequality in Mexico," *Industrial and Labor Relations Review*, 52(2).

[177] Harris, J., and M.Todaro, 1970, "Migration, Unemployment and Development: A Two Sector Analysis," *American Economic Review*, 60(1).

[178] Hasan, R., D.Mitra, and K.V.Ramaswamy, 2007, "Trade Reforms, Labor Regulations, and Labor-Demand Elasticities: Empirical Evidence from India," *The Review of Economics and Statistics*, 89(3).

[179] Hauser, S., and Y.Xie, 2005, "Temporal and Regional Variation in Earnings Inequality Urban China in Transition between 1988 and 1995," *Social Science Research*, 34.

[180] Heckman, J., and C. Pages, 2000, "The Cost of Job Security Regulation: Evidence from Latin American Labor Markets," Nber Working Papers, No.7773.

[181] Helpman, E., 2006, "Trade, FDI and the Organization of Firms," *Journal of Economic Literature*, 44(3).

[182] Helpman, E., and P. R. Krugman, 1985, *Market Structure and Foreign Trade*, Cambridge: The Mit Press.

[183] Hering, L., and S. Poncet, 2010, "Market Access and Individual Wages: Evidence from China," *Review of Economic and Statistics*, 92(1).

[184] Heyman, F., F. Sjöholm, and P. G. Tingvall, 2007, "Is There Really a Foreign Ownership Wage Premium? Evidence from Matched Employer-Employee Data," *Journal of International Economics*, 73.

[185] Hijzen, A., P. S. Martins, and T. Schank, 2013, "Foreign-Owned Firms around the World: A Comparative Analysis of Wages and Employment at the Micro-Level," *European Economic Review*, 60.

[186] Hodgson, G. M., 1994, "The Return of Institutional Economics," in Smelser N. J., and R. Swedberg, *The Handbook of Economic Sociology*, Princeton, N.J.: Princeton University Press.

[187] Hoi, L. Q., 2010, "Pomfret R. Foreign Direct Investment and Wage Spillovers in Vietnam: Evidence from Firm Level Data," *Asean Economic Bulletin*, 27.

[188] Hsiao, L., 1974, *China's Foreign Trade Statistics, 1864—1949*, Cambridge, MA: East Asian Research Center Harvard University.

[189] Hsieh, C., K. T. Woo, 2005, "The Impact of Outsourcing to China on Hong Kong's Labor Market," *American Economic Review*, 95(5).

[190] Huttunen, K., 2007, "The Effect of Foreign Acquisition of Employment and Wages: Evidence from Finnish Establishments," *The Review of Economics and Statistics*, 89.

[191] Javorcik, B. S., 2004, "Does Foreign Direct Investment Increase the Productivity of Domestic Firms? In Search of Spillovers Through Backward Linkages," *American Economic Review*, 94(3).

[192] Keller, W., B. Li, and C. H. Shiue, 2013, "Shanghai's Trade, China's Growth: Continuity, Recovery, and Change since the Opium War," *Imf Economic Review*, 61(2).

[193] Kijama, Y., 2006, "Why Did Wage Inequality Increase? Evidence

from Urban India 1983—99," *Journal of Development Economics*, 81(1).

[194] Kirishna, P., D.Mitra, and S., 2001, "Chinoy Trade Liberalization and Labor Demand Elasticities: Evidence from Turkey," *Journal of International Economics*, 55(2).

[195] Knight, J., Q. Deng, and S.Li, 2011, "The Puzzle of Migrant Labor Shortage and Rural Labor Surplus in China," *China Economic Review*, 22(4).

[196] Knight, J., and L.Song, 2005, *Toward a Labor Market in China*, Oxford: Oxford University Press.

[197] Kosova, R., 2010, "Do Foreign Firms Crowd out Domestic Firms? Evidence from the Czech Republic," *The Review of Economics and Statistics*, 92(4).

[198] Kugler, M., 2006, "Spillovers from Foreign Direct Investment: Within or between Industries?" *Journal of Development Economics*, 80.

[199] Lamont, M., and V.Molnar, 2002, "The Study of Boundaries in the Social Science," *Annual Review of Sociology*, 28.

[200] Lee, B., A. G. Walder, 2001, "Career Advancement as Party Patronage: Sponsored Mobility into the Chinese Administrative Elite, 1949—1996," *American Journal of Sociology*, 106.

[201] Lee, L., 2012, "Decomposing Wage Differentials between Migrant Workers and Urban Workers in Urban China's Labor Markets," *China Economic Review*, 23.

[202] Levinsohn, J., 1999, "Employment Responses to International Liberalization in Chile," *Journal of International Economics*, 47.

[203] Li, H., P.Liu and N. Ma, 2007, "Economic Returns to Communist Party Membership: Evidence from Chinese Twins," *Economic Journal*, 117(553).

[204] Lieberthal, K. G., and M. L. 1992, *David, Bureaucracy, Politics, And Decision Making in Post-Mao China*, Berkeley and Los Angeles: University of California Press.

[205] Lin, N., and Y.Bian, 1991, "Getting Ahead in Urban China," *American Journal of Sociology*, 97(3).

[206] Lin, P.Z., and L.Y. Zhang, 2009, "Do Chinese Domestic Firms Benefit from FOI Inflow? Evidence of Horizontal and Vertical Spillovers," *China Economic Review*, 20.

[207] Lin, P., and K.Saggi, 2007, "Multinationals, Exclusivity, and the Degree of Backward Linkages," *Journal of International Economics*, 71.

[208] Lopez, R., 2008, "Foreign Technology Licensing, Productivity, and Spillovers," *World Development*, 3(4).

[209] Ma, A. C., 2006, "Geographical Location of Foreign Direct Investment and Wage Inequality in China," *World Economy*, 29.

[210] Marré, A. W., 2009, "Rural Out-Migration, Income, and Poverty: Are Those Who Move Truly Better Off?" Selected Paper Prepared for Presentation at the Agricultural & Applied Economics Association 2009 Aaea & Cci Joint Annual Meeting, Milwaukee, Wisconsin.

[211] Martins, P. S., 2004, "Does Foreign Firms Really Pay Higher Wages: Evidence from Different Estimators," Iza Discussion Paper Series, No.1388.

[212] Mcelderry, A. L., 1995, "Securing Trust and Stability: Chinese Finance in the Late Nineteenth Century," Rajeswary A. B., *Chinese Business Enterprise in Asia*, London and New York: Routledge.

[213] Meng, X., *Labor Market Reform in China*, Cambridge: Cambridge University Press, 1997.

[214] Meng, X., 2012, "Labor Market Outcomes and Reforms in China," *The Journal of Economic Perspectives*, 26(4).

[215] Meng, X, and J. Zhang, 2001, "Two-Tier Labor Market in Urban China: Occupational Segregation and Wage Differentials between Urban Residents and Rural Migrations in Shanghai," *Journal of Comparative Economics*, 29(3).

[216] Mincer, J.A., 1974, *Schooling, Experience and Earnings*, New York: Columbia University Press.

[217] Mishra, P., and U. Kumar, 2005, "Trade Liberalization and Wage Inequality: Evidence from India," Imf Working Papers, No.05/20.

[218] Monoto, E., 2000, *Conflict and Cooperation in Sino-British*

Business, 1860—1911: The Impact of the Pro-British Business Commercial Network in Shanghai, New York: St. Martin's Press, Palgrave Macmillan.

[219] Naughton, B., 2007, *The Chinese Economy: Transitions and Growth*, Cambridge, Ma: The Mit Press.

[220] Neary, J.P., 1978, "Short-Run Capital Specificity and the Pure Theory of International Trade," *Economic Journal*, 88(351).

[221] Neary, J.P., 1982, "Intersectoral Capital Mobility, Wage Stickiness, and the Case for Adjustment Assistance," in Bhagwati J. N., *Import Competition and Response*, Chicago: University of Chicago Press.

[222] Nee, V. A., 1989, "Theory of Market Transition: From Redistribution to Markets in State Socialism," *American Sociology Review*, 54.

[223] Nee, V.A., 1991, "Social Inequalities in Reforming State Socialism: Between Redistribution and Markets in China," *American Sociology Review*, 56.

[224] Nee, V. A., 1996, "The Emergence of a Market Society: Changing Mechanisms of Stratification in China," *American Journal of Sociology*, 101.

[225] Neumayer, E., and I. D. Soysa, 2006, "Globalization and the Right to Free Association and Collective Bargaining: An Empirical Analysis," *World Development*, 34(1).

[226] Oi, J.C., 1995, "The Role of the Local State in China's Transitional Economy," *The China Quarterly*, 144.

[227] Parish, W., L., E.Michelson, 1996, "Politics and Markets: Dual Transformation," *American Journal of Sociology*, 101.

[229] Pittiglio, R., F. Reganati, and E.Sica, 2015, "Do Multinational Enterprises Push Up the Wages of Domestic Firms in the Italian Manufacturing Sector?" *The Manchester School*, 83.

[230] Poole, J.P., 2013, "Knowledge Transfers from Multinational to Domestic Firms: Evidence from Worker Mobility," *Review of Economics and Statistics*, 95(2).

[231] Porto, G.G., 2006, "Using Survey Data to Assess the Distributional Effects of Trade Policy," *Journal of International Economics*, 70(1).

[232] Rama, M., 2003, "Globalization and Workers in Developing Countries," World Bank Policy Research Working Paper, No.2958.

[233] Raymo, J.M., and Y. Xie, 2000, "Income of the Urban Elderly in Postreform China: Political Capital, Human Capital, and the State," *Social Science Research*, 29.

[229] Revenga, A. L., 1992, "Exporting Jobs? The Impact of Import Competition on Employment and Wages in U.S. Manufacturing," *Quarterly Journal of Economics*, 107(1).

[234] Robertson, R., 2000, "Trade Liberalization and Wage Inequality: Lessons from the Mexican Experience," *World Economy*, 23(6).

[235] Robertson, R., 2004, "Relative Prices and Wage Inequality: Evidence from Mexico," *Journal of International Economics*, 64(2).

[236] Rodríguez-Clare, A., 1996, "Multinationals, Linkages, and Economic Development," *American Economic Review*, 86(4).

[237] Rona-Tas, A., 1994, "The First Shall Be Last? Entrepreneurship and Communist Cadre in the Transition from Socialism," *American Journal of Sociology*, 100.

[238] Saglam, B. B., and S. Sayek, 2011, "Mnes And Wages: The Role of Productivity Spillovers and Imperfect Labor Markets," *Economic Modelling*, 28.

[239] Sanchez-Paramo, C., and N. Schady, 2003, "Off and Running? Technology, Trade, and the Rising Demand for Skilled Workers in Latin America," World Bank Policy Research Working Paper Series, No.3015.

[240] Sen, A., 1969, "Peasants and Dualism withor without Surplus Labor," *Journal of Political Economy*, 74(5).

[241] Sen, K., 2008, "International Trade and Manufacturing Employment Outcomes in India: A Comparative Study," World Institute for Development Economic Research Working Papers, Rp2008/87.

[242] Shannon, R. B., 1979, "The Transfer of Technology to China in the Nineteenth Century: The Role of Direct Foreign Investment," *Journal of Economic History*, 39(1).

[243] Shepherd, B., 2013, "Global Value Chains and Developing Coun-

try Employment: A Literature Review," Oecd Trade Policy Papers, No.156.

[244] Shingal, A., 1993, "Labor Market Effects of Integration into Gvcs: Review of Literature," Swiss Programme for Research on Global Issues for Development Working Paper, No.10.

[245] Shirk, S., 2015, *The Political Logic of Economic Reform in China*, Berkeley and Los Angeles: University of California Press.

[246] Sicular, T., X.Yue, and G. Björn, 2006, "The Urban-Rural Income Gap and Inequality in China," Econstor Working Paper, No.135.

[247] Slaughter, M. J., 1997, "International Trade and Labor-Demand Elasticities," Nber Working Paper, No.6262.

[248] Smarzynska, B., 2002, "FDI Spillovers through Backward Linkages: Does Technology Gap Matter?" World Bank Working Paper, No.1818.

[249] Smith, J.P., T.Duncan, and E.Frankenberg, 2002, "Wages, Employment and Economic Shocks: Evidence from Indonesia," *Journal of Population Economics*, 15(1).

[250] Stark, D., 1996, "Recombinant Property in East European Capitalism," American Journal of Sociology, 101.

[251] Stark, D., and L. Bruszt, 1998, *Post-Socialist Pathways: Transforming Politics and Property in East Central Europe*, Cambridge: Cambridge University Press.

[252] Suyanto, S., R.Salim and H. Bloch, 2009, "Does Foreign Direct Investment Lead to Productivity Spillovers? Firm Level Evidence from Indonesia," *World Development*, 37.

[253] Szelenyi, I., 1978, "Social Inequalities in State Socialist Redistributive Economies," *International Journal of Comparative Sociology*, 19.

[254] Szelenyi, I., E. K.Kostello, 1998, "Outline of an Institutionalist Theory of Inequality: The Case of Socialist and Post-Communist Eastern Europe," in Brinton M. C., and C. Nee, *The New Institutionalism in Sociology*, New York: Russel Sage Foundation.

[255] Szelenyi, I., E.Kostello, 1996, "The Market Transition Debate: Toward a Synthesis?" American Journal of Sociology, 101(4).

[256] Thoenig, M., and T. Verdier, 2003, "A Theory of Defensive Skill-Biased Innovation and Globalization," *American Economic Review*, 93(3).

[257] Tilly, C., 1998, *Durable Inequality*, Berkeley: University of California Press.

[258] Todaro, M. P., 1969, "A Model of Labor Migration and Urban Unemployment in Less Developed Countries," *American Economic Review*, 59(1).

[259] Tomohara, A., and S. Takii, 2011, "Does Globalization Benefit Developing Countries? Effects of FDI on Local Wages," *Journal of Policy Modeling*, 33.

[260] Topalova, P., 2010, "Factor Immobility and Regional Impacts of Trade Liberalization: Evidence on Poverty and Inequality from India," Imf Working Paper, No.10/218.

[261] United Nations Conference on Trade and Development, 2001, *World Investment Report 2001-Promoting Linkage*, New York and Geneva.

[262] United Nations Conferenceon Trade and Development, 2013, *World Investment Report 2013-Global Value Chains: Investment and Trade for Development*, New York and Geneva.

[263] United Nations Research Institute of Sustained Development, 2010, Combating Poverty and Inequality, Geneva.

[264] Vadean, F. P., and M. Piracha, 2009, "Circular Migration or Permanent Return: What Determines Different Forms of Migration?" Paper Provided by Institute for the Study of Labor (Iza), Discussion Paper, No.4287.

[265] Verhoogen, E. A., 2007, "Trade, Quality Upgrading and Wage Inequality in the Mexican Manufacturing Sector," *Quarterly Journal Economics*, 123(2).

[266] Walder, A. G., 1995, "Career Mobility and Communist Political Order," *American Sociological Review*, 60(3).

[267] Walder, A G., 1996, "Markets and Inequality in Transitional Economies: Toward Testable Theories," *American Journal of Sociology*, 101.

[268] Walder, A. G., 2002, "Markets and Income Inequality in Rural China: Political Advantage in an Expanding Economy," *American Sociological Review*, 67(2).

[269] Wang, W., C. Fan, 2006, "Success or Failure: Selectivity and Reasons of Return Migration in Sichuan and Anhui China," Environment and Planning, 38(5).

[270] Wang, Y., 2013, "Exposure to FDI and New Plant Survival: Evidence in Canada," *Canadian Journal of Economics*, 46(1).

[271] West, L., A., Y. Zhao, 2000, *Rural Labor Flows in China*, Berkeley, Ca: University of California Press.

[272] Whyte, M. K., 1985, "The Politics of Life Chances in The People's Republic of China," in Shaw Y. M., *Power and Policy in the Prc*. Boulder, Co: Westview Press.

[273] Wood, A., 1995, "How Trade Hurt Unskilled Workers?" *Journal of Economic Perspectives*, 9(3).

[274] Wu, Z., 2010, "Self-Selection and Earnings of Migrants: Evidence from Rural China," *Asian Economic Journal*, 24(1).

[275] Wu, X., Y. Xie, 2003, "Does the Market Pay Off? Earnings Inequality and Returns to Education in Urban China," *American Sociological Review*, 68, pp.425—442.

[276] Xie, Y., E. Hannum, 1996, "Regional Variation in Earning Inequality in Reform-Era Urban China," *American Journal of Sociology*, 101.

[277] Xie, Y., X. Wu, 2005, "Reply: Market Premium, Social Process, and Statisticism," *American Sociological Review*, 70(5).

[278] Xie, Y, and X. Wu, 2008, "Danwei Profitability and Earnings Inequality in Urban China," *The China Quarterly*, 195.

[279] Xing, C., 2010, "Migration, Self-Selection, and Income Distributions: Evidence from Rural and Urban China," Iza Discussion Paper, No.4979.

[280] Xu, B., W. Li, 2008, "Trade, Technology, and China's Rising Skill Demand," *Economics of Transition*, 16(1).

[281] Xu, X, Y. Sheng, 2012, "Productivity Spillovers Form Foreign

Direct Investment: Firm-Level Evidence from China," *World Development*, 40(1).

[282] Zhang, H., 2010, "The Hukou System's Constraints on Migrant Workers' Job Mobility in Chinese Cities," *China Economic Review*, 21.

[283] Zhao, Y. H., 2002, "Causes and Consequences of Return Migration: Recent Evidence from China," *Journal of Comparative Economics*, 30(2).

[284] Zhao, Y., 2001, "Foreign Direct Investment and Relative Wages: The Case of China," *China Economic Review*, 12(1).

[285] Zhao, Y., 2002, "Earnings Differentials between State and Non-State Enterprises in Urban China," *Pacific Economic Review*, 7(1).

[286] Zhao, Z., 2005, "Migration, Labor Market Flexibility, and Wage Determination in China: A Review," *Developing Economics*, 43(2).

[287] Zhou, X., 2000, "Economic Transformation and Income Inequality in Urban China: Evidence from Panel Data," *American Journal of Sociology*, 105(4).

[288] Zhou, X., 2004, *The State and the Life Chances in Urban China: Redistribution and Stratification, 1949—1994*, Cambridge: Cambridge University Press.

[289] Zhou, X., N.B. Tuma, and P. Moen, 1996, "Stratification Dynamics under State Socialism: The Case of Urban China, 1949—1993," *Social Forces*, 74.

[290] Zhu, N., 2002, "The Impact of Income Gaps on Migration Decisions in China," *China Economic Review*, 13.

[291] Zhu, S. C., 2005, "Can Product Cycles Explain Skill Upgrading?" *Journal of International Economics*, 66(1).

附 表

A. 1865—1928 年中国贸易总额和贸易指数

年 份	贸易总额	贸易指数	年 份	贸易总额	贸易指数
1865	109.8	11.3	1897	366.3	37.6
1866	112.8	12.1	1898	368.6	37.9
1867	114.7	11.8	1899	460.5	47.3
1868	125.1	12.9	1900	370.1	38
1869	127.2	13.1	1901	538	45
1870	119	12.2	1902	529.6	54.4
1871	137	14.1	1903	541.1	55.6
1872	142.6	14.6	1904	583.6	59.9
1873	136.1	14	1905	675	69.3
1874	131.1	13.5	1906	646.8	66.4
1875	136.7	14	1907	680.8	69.9
1876	151.2	15.5	1908	671.2	68.9
1877	140.6	14.5	1909	757.2	77.8
1878	138	14.2	1910	843.8	86.7
1879	154.5	15.9	1911	848.8	87.2
1880	157.2	16.1	1912	843.6	86.7
1881	163.4	16.8	1913	973.5	100
1882	145	14.9	1914	925.4	95.1
1883	143.8	14.8	1915	873.4	89.7
1884	139.9	14.4	1916	998.2	102.5
1885	153.2	15.7	1917	1 012.4	104.1
1886	164.7	16.9	1918	1 040.8	106.9
1887	188.2	19.3	1919	1 277.3	131.3
1888	217.2	22.3	1920	1 303.9	133.9
1889	207.8	21.3	1921	1 507.4	154.8
1890	214.2	22	1922	1 600	169.4
1891	234.9	24.1	1923	1 676.3	172.2
1892	237.7	24.4	1924	1 790	183.9
1893	268	27.5	1925	1 724.3	177.1
1894	290.2	29.8	1926	1 988.5	204.2
1895	315	32.4	1927	1 931.5	198.4
1896	333.7	34.3	1928	2 187.4	224.6

•注：贸易总额单位为百万海关两。
数据来源：郑友揆(1956)。

B. 1882—1910年部分开放口岸的海关收入

北部地区	关税额	中部地区	关税额	南部地区	关税额
天 津	37 641	上 海	218 118	广 东	63 957
牛 庄	16 656	汉 口	65 296	汕 头	38 899
芝 罘	14 638	福 州	41 951	九 龙	10 602
胶 州	8 013	九 江	25 714	拱 北	9 446
大 连	4 240	宁 波	24 797	宜 昌	8 255
秦皇岛	1 862	厦 门	24 764	重 庆	6 906
绥芬河	1 563	镇 江	23 622	梧 州	5 992
安 东	906	芜 湖	17 220	琼 州	4 884
哈尔滨	702	杭 州	8 233	北 海	4 692
满洲里	627	南 京	2 263	蒙 自	3 345
三 姓	165	三都澳	1 649	三 水	2 948
瑷 珲	141	苏 州	1 406	江 门	1 410
大东沟	39	温 州	1 302	长 沙	1 190
珲 春	33			岳 州	500
龙井村	10			腾 越	430
				南 宁	349
				沙 市	189
				龙 州	112
				思 茅	106
				九龙铁道	1
总 计	87 236	总 计	456 335	总 计	164 213

- 注:海关收入单位为千海关两。
 资料来源:滨下武志(2006),第471—473页。

图书在版编目(CIP)数据

贸易开放与劳动力流动的机制与作用研究 / 刘晨著
.— 上海：上海社会科学院出版社，2021
 ISBN 978 – 7 – 5520 – 3635 – 0

Ⅰ.①贸… Ⅱ.①刘… Ⅲ.①对外贸易—影响—劳动力流动—研究—中国 Ⅳ.①F752 ②F249.21

中国版本图书馆 CIP 数据核字(2021)第 138335 号

贸易开放与劳动力流动的机制与作用研究

著　　者：刘　晨
责任编辑：王　勤
封面设计：朱忠诚
出版发行：上海社会科学院出版社
　　　　　上海顺昌路 622 号　邮编 200025
　　　　　电话总机 021 – 63315947　销售热线 021 – 53063735
　　　　　http：//www.sassp.cn　E-mail：sassp@sassp.cn
照　　排：南京理工出版信息技术有限公司
印　　刷：上海龙腾印务有限公司
开　　本：710 毫米×1010 毫米　1/16
印　　张：11.5
字　　数：187 千
版　　次：2021 年 9 月第 1 版　2021 年 9 月第 1 次印刷

ISBN 978 – 7 – 5520 – 3635 – 0/F·670　　　　　　　　　　定价:79.80 元

版权所有　翻印必究